मानक हिन्दी

मानक हिन्दी

ब्रजमोहन

वाणी प्रकाशन

वाणी प्रकाशन
4695, 21-ए, दरियागंज, नयी दिल्ली 110 002

शाखा
अशोक राजपथ, पटना 800 004

फ़ोनः +91 11 23273167 फ़ैक्सः +91 11 23275710

www.vaniprakashan.in
vaniprakashan@gmail.com

MAANAK HINDI
by Braj Mohan

ISBN : 978-93-5000-809-6
Linguistics

प्रथम (वाणी) संस्करण
मूल्य : ₹ 395

हर्ष प्रिंटर्स, दिल्ली-110 093 में मुद्रित

वाणी प्रकाशन का लोगो मक़बूल फ़िदा हुसेन की कूची से

प्रस्तावना

आज मैं जो काम करने चला हूँ, वह एक प्रकार से दुस्साहस ही कहलाएगा। सम्भव है कुछ लोग इसे उद्दंडता भी कह दें, क्योंकि मैं हिन्दी के जाने-माने लेखकों के लेखन पर कलम चला रहा हूँ—ऐसे दिग्गजों के जिनकी लेखनी का लोहा सारा जगत मानता है। फिर भला मैं किस गिनती में हूँ?

किन्तु क्या करूँ, आदत से लाचार हूँ। जब कभी कोई पुस्तक पढ़ने बैठता हूँ, लाल पेंसिल मेरे दाहिने हाथ में रहती है। जहां कहीं किसी शब्द अथवा अभिव्यंजना में खटक दिखाई दी, फट से उसके नीचे लाल लकीर खींच दी। अन्तिम पन्ने तक पहुँचते-पहुँचते सारी पुस्तक लाल चिह्नों से रंग जाती है। यही कारण है कि मैं अधिकतर पुस्तकें खरीद कर ही पढ़ता हूँ क्योंकि मित्रों अथवा पुस्तकालयों से माँगी हुई पुस्तकों की तो मैं इस प्रकार छीछालेदर नहीं कर सकता।

इन दो-तीन वर्षों के अन्दर मैंने दर्जनों कहानियाँ और निबन्ध संग्रह पढ़े हैं। सारी पुस्तकें लाल चिह्नों से भरी पड़ी हैं। जब ऐसे प्रयोगों का वर्गीकरण किया जो मेरे विचार में आपत्तिजनक थे, तो आप से आप इस पुस्तक के कई अध्याय बन गये। यही कहानी है इस पुस्तक के निर्माण की।

अभी तक हिन्दी का मानकीकरण नहीं हुआ है। बहुत से स्थलों पर यह कहना भी कठिन हो जाता है कि अमुक वाक्य की भाषा को शिष्टसम्मत हिन्दी माना जाए या नहीं। इस पुस्तक में मैंने अपनी समझ से सुष्ठू हिन्दी का स्वरूप स्थिर करने की चेष्टा की है। पाठक इस बात को न भूलें कि यह पुस्तक एक ऐसे व्यक्ति की उद्धार माला है जिसे हिन्दी से अगाध प्रेम है किन्तु हिन्दी में जिसकी औपचारिक शिक्षा नगण्य है।

यह आशा करना कि मेरे सारे पाठक मुझसे सहमत हो जाएँगे दुराशा मात्र कहलाएगी। इसके अतिरिक्त पुराने लेखक तो जो लिख गये सो लिख गये। कुछ नये लेखक इन पन्नों से प्रेरणा ले लें और लेखन कार्य में सावधानी बरतने लगें, इतना ही बहुत है। अच्छा है हमारे उदीयमान लेखक इस बात को गाँठ में बाँध लें कि बड़े-बड़े धुरन्धर विद्वान भी असावधानी के कारण भूलें कर जाते हैं। कुछ लेखक तो यह

समझने लगते हैं कि हमारी ख्याति अच्छी तरह प्रतिष्ठित हो चुकी है। अब कौन हमारी गलतियाँ निकालेगा? यह विचारंधारा ही घातक है। भूलचूक किससे नहीं होती।

कुछ लेखक अँगरेजी में सोचकर हिन्दी में लिखने के इतने अभ्यस्त हो गये हैं कि उनके वाक्य अँगरेजियत से ओत-प्रोत रहते हैं, और ऐसे पाठकों का मस्तक लज्जा से झुक जाता है जो हिन्दी की प्रकृति को अच्छी तरह समझ चुके हैं।

किन्तु मैं स्वयं भी तो अँगरेजी के वातावरण में ही पला हूँ। मेरी लेखनी से भी प्राय : ऐसे वाक्य निकलते रहते हैं जिनकी आत्मा में अँगरेजी की छाया रहती है। यह निश्चितप्राय है कि इस पुस्तक में भी बहुत से ऐसे वाक्य निकल आयें। यदि सहृदय पाठक ऐसे वाक्यों की ओर मेरा ध्यान दिलाएँगे तो आभार मानूँगा और इस पुस्तक के अगले संस्करण में अपनी भूलों का सुधार कर लूँगा।

मैंने अधिकतर लेखकों की एक ही कृति-कहानी अथवा निबन्ध पर अपना ध्यान केन्द्रित किया है। उनमें ही इतने उदाहरण मिल गये कि यदि उन सबका इस पुस्तक में समावेश कर लेता तो पुस्तक का आकार बहुत बढ़ जाता। अतएव उदाहरणों के चयन में भी बहुत काट-छाँट करनी पड़ी है।

मैंने पुस्तक में आदि से अन्त तक समस्त उदाहरणों के अभिदेश दिये हैं। जहाँ एक ही लेखक की एक ही कृति से कई उदाहरण दिये हैं, वहाँ अभिदेश केवल अन्तिम उदाहरण के बाद दिया है।

इस पुस्तक के पहले अध्याय का अधिकांश मासिक 'आजकल' के अंकों में प्रकाशित हो चुका है। (1) शब्दों का चमत्कार (जून 1955), (20-1), (2) शब्दों का बढ़ता हुआ महत्त्व (अक्तूबर 1955), (30-2), (3) शब्दों का प्रयोग (जून 1956), (14-5)।

अध्याय 18 निम्नलिखित लेख के रूप में प्रकाशित हो चुका है :

भारतीय नामों में अँग्रेजियत—(साइकालोजिकल रिसर्चेज इन इंडिया—एस एस जलोटा कमेमोरेशन वाल्यूम वाराणसी, (1965)) पृ. 203-9

हमारी अर्ध-साप्ताहिक गोष्ठी के तीन स्थाई सदस्य हैं : बा. शिवनाथ प्रसाद बेरी, एडवोकेट, डॉ. बदरी नाथ कपूर और काशी हिन्दू विश्वविद्यालय के उपपुस्तकालयाध्यक्ष श्री शिवनाथ राघव। इन तीनों की सक्रिय सहायता के बिना तो यह कार्य पूरा हो ही नहीं सकता था। इस पुस्तक के निर्माण में कितना योग मेरा है और कितना इन तीनों का—यह कहना कठिन है।

मैं अपने मित्र श्री धर्मराज मिश्र का कृतज्ञ हूँ जिन्होंने पांडुलिपि को टंकित रूप देने में मेरी बड़ी सहायता की है।

ब्रजमोहन

अगस्त, 1979

वाराणसी (उ. प्र.)

भूमिका

लगभग 60 वर्ष पहले की बात है। मैं मुरादाबाद के एक स्कूल का छात्र था। उन दिनों पश्चिमी उत्तर प्रदेश में उर्दू का बोलबाला था। प्रत्येक कक्षा में सामान्यत : 33 विद्यार्थी होते थे जिनमें से 28-29 उर्दू में पढ़ते थे। अतएव, मेरी भी मुख्य भाषा उर्दू ही थी।

उन दिनों 7वीं और 8वीं कक्षाओं में द्वितीय भाषा के रूप में दोनों में से एक भाषा लेनी होती थी। उर्दू वाले हिन्दी लेते थे, हिन्दी वाले उर्दू। इस रूप में मेरा भी हिन्दी से सम्पर्क हुआ। उस पाठ्यक्रम में केवल एक छोटी सी कहानी की पुस्तक हुआ करती थी। अतएव, उक्त सम्पर्क भी नाम मात्र का ही था।

मेरी माताजी और बहनें हिन्दी पढ़ा करती थीं जिन्हें देखकर मुझे बड़ी ईर्ष्या होती थी। एक दिन मेरे बहुत गिड़गिड़ाने पर माताजी ने मुझे 'दानलीला' पढ़ानी आरम्भ की। यह पाँच-सात पन्ने की एक कविता की पुस्तक थी। कई बार पढ़ने पर वह मुझे आप से आप रट गयी।

उन्हीं दिनों मेरे हाथ 'चन्द्रकान्ता सन्तति' पड़ गयी। उसे मैंने दिन रात पढ़ना आरम्भ कर दिया। उठते-बैठते सोते-जागते मुझे उसी कहानी की धुन रहती, कि "'हाय! न जाने उसके बाद क्या हुआ?'" वह इतनी रोचक पुस्तक है कि पाठक खाना- पीना तक भूल जाता है।

जब मैंने उक्त पुस्तक को आरम्भ किया था, तब अटक-अटक कर पढ़ता था। जब उसके चौबीसों भाग समाप्त कर लिये तब हिन्दी फर्राटे से पढ़ने लगा।

मेरे हिन्दी प्रेम का श्रीगणेश इसी प्रकार हुआ था। यह प्रेम दिन पर दिन बढ़ता ही गया। सन् 1934 में मैं इंग्लैण्ड से पी-एच. डी. की उपाधि लेकर लौटा और काशी हिन्दू विश्वविद्यालय में मेरी नियुक्ति हुई। तब भी मेरा यह नियम था कि मेज पर एक ओर गणित की पुस्तकें रहती थीं, दूसरी ओर हिन्दी कहानी की पुस्तकें। दो घंटे गणित पढ़ने से जब तबीयत ऊबती तो एक कहानी पढ़ लेता। जब मस्तिष्क स्वस्थ हो जाता तो फिर गणित ले बैठता।

इस प्रकार मैंने आज तक हिन्दी की हजारों कहानियाँ पढ़ी हैं। हिन्दी का उलटा-सीधा ज्ञान जो कुछ भी मैंने प्राप्त किया है, उन्हीं कहानियों से। औपचारिक रूप से हिन्दी न मैंने स्कूल में पढ़ी है, न कालिज में।

सन् 1934 में जब मैंने विश्वविद्यालय की कक्षाओं में अध्यापन कार्य आरम्भ किया, चारों ओर अँगरेजी का साम्राज्य दिखाई दिया। बहुत से विद्यार्थी आस-पास के ग्रामीण क्षेत्रों से आते थे। उनकी भाषा सुनकर में भौचक रह जाता था।

गणित में कैल्कुलस (परिकलन) विषय के अन्तर्गत 'सीमा सिद्धान्त' (थिअरी ऑफ लिमिट्स) आता है। आरम्भ में विद्यार्थियों को गणितीय व्यंजकों की सीमाएँ निकालने का अभ्यास कराया जाता है। एक दिन एक विद्यार्थी ने मुझसे पूछा, "मास्साब, इसकी लिमिटिया कैसे निकलेगी?"

कुछ और नमूने देखिए :

(क) अभी आपने कौन वर्डवा बोला था?

(ख) यह तौलिया कितने की है?
टू रुपीज़ से मोर ए-मोर है।

(ग) मैं तो इसके यूज्ड-टु हूँ।

(घ) विश्वविद्यालय के फाटक के बाहर 'लंका का बाज़ार' है। गंगा की बाढ़ कई बार उक्त बाजार तक आ चुकी है! एक दिन एक लड़का लंका से आ रहा था। मैंने पूछा कि "कहो, लंका पर बाढ़ कहाँ तक पहुँच गयी।" उसने उत्तर दिया "बिलकुल कवर है, अबाउट टु।"

(ङ) एक दिन लंका के एक दर्ज़ी (जो अंग्रेजी अच्छी जानता था) से पूछा, "तुमने समझ लिया है कि कपड़ा किस प्रकार बनेगा?"

उसका उत्तर : आपकी डाइरेक्शन के अकार्डिंग टु, सारा काम होगा।

कभी-कभी छात्रावासों में जाने का संयोग होता था। चारों ओर अँग्रेज़ी ही अँग्रेज़ी दिखाई देती थी। इस ढंग के वाक्य सुनने में आते थे :

(1) उसके ग्रैंडफादर की डेथ हो गयी। (2) मेरी सिस्टर, मार्निंग ट्रेन से आ रही है। (3) अभी हाफ़-ऐन-आवर बिफोर की बात है। (4) दैट इज़ आमार पोज़ीशन।

छात्र घरवालों को पत्र अँग्रेज़ी में लिखते थे। रसोई के खर्चे का हिसाब अँग्रेज़ी में लिखते थे! कभी सामान्य बातचीत में हिन्दी बोल भी लेते थे, किन्तु जब क्रोध आता था तो अँग्रेज़ी में बात करते थे।

अतएव, सन् 1934 से ही मुझे यह चिन्ता सताने लगी कि ऐसे वातावरण में हिन्दी का प्रचार कैसे किया जाय और किस प्रकार उसे कालिजों की शिक्षा का माध्यम बनवाया जाय। मैंने अपने कुछ हिन्दी-प्रेमी मित्रों से परामर्श किया। महीनों, बल्कि वर्षों के विचार-विनिमय के फलस्वरूप निम्नलिखित कार्य-कलाप अपनाये गयेः

1. उन दिनों गणित और अन्य वैज्ञानिक विषयों में प्रत्येक कक्षा में तीन-तीन वर्ग होते थे। यह निश्चय किया गया कि तीन वर्गों में से एक में अध्यापन कार्य हिन्दी में

हो। आरम्भ में अध्यापक लोग हिन्दी में व्याख्यान देने से बहुत कतराते थे। कारण, अँग्रेज़ी में तो वर्षों के अभ्यास से पद-बन्ध निश्चित हो चुके थे। हिन्दी में नये पद-बन्धों और पारिभाषिक शब्दावली का प्रश्न था।

इन कठिनाइयों को देखकर यह निश्चय किया गया कि सम्प्रति हिन्दी के वर्ग में भी शुद्ध हिन्दी के प्रयोग का आग्रह न किया जाय। पारिभाषिक शब्द हिन्दी और अँग्रेज़ी दोनों के प्रयोग में लाये जायें और पद-बन्ध भी जहाँ हिन्दी का ध्यान में न आयें, अँग्रेज़ी का प्रयुक्त कर दिया जाये।

प्रारम्भ में केवल गणित विभाग में हिन्दी का वर्ग खोला गया, किन्तु बाद में भौतिकी और रसायन में भी एक-एक वर्ग हिन्दी का चालू हो गया।

इन वर्गों के संचालन से एक लाभ तो स्पष्ट दिखाई देने लगा। जब अध्यापन अँग्रेज़ी में होता था, तब लड़के अपनी कठिनाइयाँ व्यक्त करने में सकुचाते थे कि कहीं उनके मुँह से गलत अँग्रेज़ी न निकल जाये। हिन्दी के वर्गों में यह संकोच धीरे-धीरे दूर होने लगा।

विद्यार्थी बहुत सी बातें विषय की दुरूहता के कारण नहीं, वरन अँग्रेज़ी के अज्ञान के कारण ही नहीं समझ पाते थे। एक दिन गतिकी (डाइनेमिक्स) की एक कक्षा में एक वाक्य आया 'ए कैटरपिलर क्रॉल्स' एक विद्यार्थी ने पूछा, "कैट माने बिल्ली, पिलर माने खम्भा। तब कैटरपिलर क्या चीज हुई!" यदि पुस्तक में लिखा होता 'एक कीड़ा रेंगता है,' तो विद्यार्थी को समझने में कठिनाई न होती।

2. सहयोगियों की सुविधा के लिए एक हिन्दी परिषद की स्थापना की गयी। उसमें प्रति सप्ताह विश्वविद्यालय के किसी अध्यापक का व्याख्यान हुआ करता था। आरम्भ में लोगों को संकोच होता था किन्तु यह छूट दे दी गयी कि बीच में बहुप्रचलित अँग्रेज़ी के शब्द भी डाले जा सकते है। उक्त व्याख्यानमाला कई वर्ष तक चली। उन व्याख्यानों के लिए अध्यापक बड़ा परिश्रम करते थे। पहले व्याख्यान अँग्रेज़ी में लिखते थे, फिर उनका हिन्दी में अनुवाद करते थे। हिन्दी समानार्थियों के निर्धारण में हम लोग भी सहायता किया करते थे।

3. एक मित्र-गोष्ठी स्थापित की गयी। नियम यह था कि जो कोई भी हिन्दी बोलते बोलते अँग्रेज़ी के शब्दों का प्रयोग कर जाये, उस पर प्रति शब्द एक आना जुर्माना हो। किन्तु यह नियम अँग्रेज़ी के ऐसे शब्दों पर लागू नहीं था जो हिन्दी में घुल-मिल गये हैं जैसे : रेल, इंजन, बी.ए. ...।

किस देश में किस ढंग का अनाज पैदा होता है, कौन-कौन से फल होते हैं, किस प्रकार की तरकारियाँ होती हैं—ये सब बातें देश की जलवायु पर निर्भर है। जलवायु का प्रभाव देश के निवासियों पर भी पड़ता हैं, उनके रहन-सहन का ढंग, उनकी भाषा, उनके कपड़े, उनके रीति-रिवाज—ये सब जलवायु के प्रतिबिम्ब हैं। भारतवर्ष में कपड़े

की अधिकतर मिलें बम्बई प्रान्त में ही क्यों हैं, इसका कारण कुछ लोग यह बताते हैं कि वहाँ एक प्रकार की काली मिट्टी होती है जो कपास की खेती के लिए बहुत उपयुक्त है। गेहूँ पंजाब में क्यों अधिक होता है, इसके भी कई कारण हैं। कलई के बर्तन मुरादाबाद में ही क्यो अधिक बनते हैं, इसका भी कारण है।

जलवायु का प्रभाव हमारे जीवन पर इतना अधिक पड़ता है कि यदि हमारा वातावरण बदल दिया जाय तो हमें कष्ट होता है।

हमारा वायुमण्डल पृथ्वी से लगभग 325 कि.मी. ऊपर तक फैला हुआ है। उक्त वायु का दबाव हमारे शरीर पर हर दम पड़ता रहता है। प्रत्येक व्यक्ति अपने कन्धों पर लगभग 5 क्विंटल बोझ लिये घूमता है, किन्तु उसे उसका पता भी नहीं चलता। यदि उक्त दबाव एकदम से घटा-बढ़ा दिया जाय तो हम उसे सहन नहीं कर पाएँगे।

जब हम पहाड़ों पर चढ़ते हैं तब वायुमंडल का दबाव कम होता जाता है। इसीलिए, काफी ऊँचाई पर पहुँचने पर हमें साँस लेने में कठिनाई होने लगती है। अतः साथ में आक्सीजन के सिलिन्डर रखने पड़ते हैं। जितने आधुनिक वायुयान हैं, प्रायः सभी दाबानुकूलित रहते हैं जिसके कारण उनके अन्दर उतना ही वायुदाब रहता है जितना पृथ्वी-तल पर। अतएव, जब वायुयान काफी ऊँचे पहुँच जाता है, तब उस पर बाहर का वायुदाब घट जाता है, फिर भी अन्दर बैठे यात्रियों पर उसका कोई प्रभाव नहीं पड़ता।

जब पनडुब्बे समुद्र के अन्दर उतरते हैं, तब थोड़ी दूर तक तो उनको कोई कष्ट नहीं होता। किन्तु वे ज्यों-ज्यों नीचे जाते हैं, पानी का दाब बढ़ता जाता है। इसीलिए, उनके लिए विशेष प्रकार के अवगाहन कोष्ठ (डाइविंग बेल्स) बनाये जाते हैं जिनमें वे बैठकर जाते हैं। यदि ऐसा न हो तो काफी गहराई पर पहुँचने पर पानी के अत्यधिक दबाव के कारण उनके शरीर का कचूमर निकल जाय।

मुर्ग़ी की आदत है कि रात को तो आराम करता है, किन्तु जब सबेरे के लक्षण दिखाई देते हैं, तब बाँग देने लगता है। एक बार एक जहाज़ उत्तरी ध्रुव की ओर जा रहा था। उसमें एक मुर्ग़ा भी था। उत्तरी ध्रुव के आस-पास 6 महीने का दिन होता है, 6 महीने की रात। जब जहाज़ उस क्षेत्र के पास पहुँचा तो मुर्गा प्रतिदिन की भाँति बाट देखने लगा कि कब सूरज डूबे और मैं सोऊँ। किन्तु सूरज को तो डूबना नहीं था। मुर्ग़ा तीन दिन तक मौन रहा। फिर उससे नहीं रहा गया। उसने ज़ोर-ज़ोर से बाँग देना आरम्भ किया। जब बाँग देते-देते थक गया तब जहाज़ से समुद्र में कूद कर डूब गया। वातावरण के परिवर्तन से इतना कष्ट होता है। कुछ लोग एक ही स्थान पर, एक ही चारपाई पर, एक खास तकिया लगाकर सोते हैं। यदि एक भी वस्तु बदल दी जाय तो उन्हें नींद नहीं आती।

ऐसे दृष्टान्त भी मिलेंगे कि कोई व्यक्ति अपनी स्मरण-शक्ति खो बैठा। बहुत

प्रकार की चिकित्सा हुई किन्तु कोई लाभ न हुआ। जब उसके लिए वही वातावरण तैयार किया गया--वही मकान, वही कमरा, वही कुर्सी-मेज़, वही चित्र--तब उसकी स्मृति आपसे आप लौट आयी।

जलवायु का प्रभाव हमारे खान-पान पर भी बहुत गहरा पड़ता है। लाहौर से आप पंजाब मेल में बैठकर कलकत्ता के लिए चलिए। रास्ते में खिड़की से बाहर मुँह मत निकालिए। स्टेशनों पर ख़ोम्चे वालों की जो आवाज़ें आपके कानों में आएँगी, उन्हीं से आप पहचानते चले जायेंगे कि कौन से प्रदेश में चल रहे हैं।

जब तक आप पंजाब में रहेंगे, आपके कानों में मुख्य ध्वनि कबाव-रोटी की आएगी। उत्तर प्रदेश में घुसते ही 'चाट पकौड़ी' सुनाई देने लगेगा। जब आप प्रदेश के पूर्वी भाग में पहुँचेंगे, पूरी कचौड़ी की धूम मचने लगेगी। बिहार में 'दाल-भात' का जोर रहेगा। जहाँ बिहार प्रदेश समाप्त हुआ, दूर से एक महीन आवाज आएगी, रोसोगोल्ला। समझ लीजिए बंगाल आरम्भ हो गया।

इसी प्रकार हमारी भाषा का गठन भी जलवायु पर निर्भर है। तमिलनाडु और अन्य दक्षिणी प्रदेशों की भाषाओं में ड और ड़ बहुत अधिक आते हैं, इसका सम्बन्ध वहाँ के जलवायु से अवश्य ही कुछ-न-कुछ होगा। बंगाल की बोली बहुत कोमल है, पंजाब का उच्चारण सख़्त है, उत्तर प्रदेश की बोली न इतनी कोमल है जितनी बँगला, न इतनी सख़्त जितनी पंजाबी। बँगला में कुछ क्रिय।एँ हैं--चलिबे, खाबे, पाबे, जाबे....उत्तर प्रदेश में कहेंगे : 'चलोगे, खाओगे, जाओगे या नहीं जाओगे।' पंजाब में कहेंगे : जावेगा कि नहीं जावेगा? खावेगा कि नहीं खावेगा?।'

बंगाल में अक्षरों का उच्चारण है : को, खो, गो, घो, ङो। उत्तर प्रदेश के अधिकांश का उच्चारण : क, ख, ग, घ, ङ,। मेरठ के आस-पास कहते हैं : कै, खै, गै, घै, ङै,। पंजाब का उच्चारण हैं : का, खा, गा, घा, ङा।

मैं एक दुकान पर खड़ा था। वहाँ दो अन्य ग्राहक भी थे जिनमें से एक पठान था। दूसरा ग्राहक सौदा लेकर दुकान से गया तो अपना रूमाल भूल से वहीं छोड़ गया। ख़ान ने देख लिया। ख़ान थोड़ी थोड़ी उर्दू बोल लेता था। उसने ज़ोर से उक्त ग्राहक को आवाज़ दी : अबे, ओ बे जनाब, अबे, ओबे, जनाब...'।

उत्तर प्रदेश की भाषा मुख्यत : हिन्दी है परन्तु स्थानीय बोलियाँ कई हैं। एक कहावत है : 'हर बारह कोस पर बोली बदल जाती है।' इस प्रकार तो इस प्रदेश की उपभाषाएँ ही असंख्य हो जाएगी। परन्तु मान लीजिएँ कि इस प्रान्त को हम भाषा के आधार पर तीन भागों में बाँटते हैं पश्चिमी भाग, मध्य भाग और पूर्वी भाग। पश्चिमी भाग में कहते हैं : 'हम नहीं जायेंगे', मध्य भाग में कहेंगे : 'हम नाही जइहैं।' और पूर्वी भाग वाले कहते हैं : 'हम नाह्रीं जाइब।' ये तीनों स्थानीय बोलियाँ अलग हैं, किन्तु भाषा तीनों की हिन्दी ही है।

बनारस के आस-पास एक प्रकार की 'पूर्वी' बोली जाती है। शुरू में जब मैं नियुक्त होकर बनारस आया था, उक्त बोली से अनभिज्ञ था। यहाँ पहली बार मैंने पान को 'पनुआ' और दवाई को 'दवइया' कहते सुना था। उन्हीं दिनों का जिक्र है कि मैंने नौकर से कहा कि "एक धोबी ढूँढ़ लाओ।" सन्ध्या समय नौकर ने कहा, "बाबू जी, धोबी पइलन।" उसका मतलब था कि उसे एक धोबी मिल गया है। मैंने उसकी बात पर विशेष ध्यान नहीं दिया। मैं यह समझा कि इसे 'पइलन' नाम का कोई धोबी मिल गया है। 'पइलन' नाम पर आश्चर्य तो हुआ किन्तु मैंने सोचा दुनिया में अजीब अजीब ढंग के नाम होते हैं। एक दिन मैंने अख़बार में किसी व्यक्ति का नाम 'स्टेशन सिंह' पढ़ा था। मैंने सोचा, जब 'स्टेशन सिंह' नाम हो सकता है, तब 'पइलन' नाम भी होगा!

अगले दिन सुबह जब धोबी आया तो नौकर बोला : "बाबूजी, धोबी अइलन।" मैंने सोचा कि 'अभी पइलन नाम के धोबी से तो मैं निबट ही न पाया था, कि अइलन नाम का दूसरा धोबी आन पहुँचा।' खैर, उस समय मैं ऊपर के कमरे में किसी काम में व्यस्त था। मैंने उसकी बात सुनी अनसुनी कर दी। आधे घण्टे बाद जब मैं अपने काम से निपटा तब मैंने नौकर से पूछा : "धोबी कहाँ है?" नौकर बोला, "बाबूजी, धोबी गइलन।"

ये अन्तर बहुत स्थूल हैं। इनके अतिरिक्त भिन्न भिन्न स्थानों की बोलियों में सूक्ष्म अन्तर भी हुआ करते हैं। किसी बड़े देश में भाषा एक हो सकती है, किन्तु उपभाषाएँ, अर्थात् स्थानीय बोलियाँ अनेक होती हैं।

भारत तो महाद्वीप है। उत्तर प्रदेश स्वयं एक बड़ा प्रदेश है। छोटे-छोटे प्रदेशों में भी बोलियों के अन्तर स्पष्ट रूप से दृष्टिगोचर होते हैं। फ्रांस में भी दो तरह की बोलियाँ हैं : दक्षिणी फ्रेंच और पेरिस की फ्रेंच। जिस नगर को हम लोग पेरिस कहते हैं, उसे दक्षिण फ्रांस में कहते हैं 'परै'। 'एस' तो बोला ही नहीं जाता। पेरिस की फ्रेंच भाषा में 'र' का उच्चारण ऐसा होता है जैसा हमारे 'ग' का। इसलिए उत्तरी फ्रांस में 'पेरिस' का उच्चारण है 'पग़ै'।

इंग्लैण्ड एक छोटा सा देश है तथापि उसमें भी कई बोलियाँ हैं। उदाहणार्थ एक शब्द लीजिए 'फ़र' (Fur)। वेल्स में इसका उच्चारण 'फ़र्र' है। इसमें 'आर' का उच्चारण आवर्त दशमलव (रेकरिंग डेसिमल) की तरह घूमता है। दक्षिणी इंग्लैण्ड वाले कहते हैं 'फ़ : ' इसमें आर का उच्चारण बहुत हलका होता है। उत्तरी इंग्लैण्ड तक जाते जाते इस शब्द का 'आर' बिलकुल उड़ जाता है। स्काटलैण्ड वाले उसको कहते हैं 'फ़ै।' यह तो केवल शब्दों के उच्चारण के दृष्टान्त हैं। अँग्रेज़ी के प्रयोगों में भी महान अन्तर देखे जाते हैं। किन्तु उक्त सब प्रयोगों का परिमार्जन होने पर एक निखरी हुई भाषा निकल कर आती है जिसे कहते हैं—'किंग्स इंग्लिश'—यह मानक, परिष्कृत अँग्रेज़ी होती है।

हिन्दी में भी बहुत प्रकार के प्रयोग चल रहे हैं जिनके कारण अराजकता फैली हुई है। आवश्यकता है उन सबका परिष्करण करके एक ऐसी भाषा का निर्धारण करने की, जिसे 'परिनिष्ठित' अथवा 'मानक हिन्दी' कहा जा सके। अभी तक इस ओर बहुत कम प्रयत्न हुआ है। बहुत से लोग तो यह समझते हैं कि हिन्दी तो हमारी मातृभाषा है। उसे सीखने की क्या आवश्यकता? वह तो हम माँ के पेट से सीख कर आते हैं। ऐसे व्यक्तियों से हमारा नम्र निवेदन है कि माँ से हम केवल बोलचाल की भाषा सीखते हैं–खाना, पीना, उठना, बैठना–दैनिक क्रियाकलाप के द्योतक शब्द सीखते हैं। किन्तु साहित्यिक भाषा इस प्रकार अनायास कभी नहीं आया करती। इतना ही नहीं, अक्षरज्ञान भी बिना परिश्रम के नहीं होता–निबन्धादि लिखने की योग्यता तो दूर की बात है। यह बात दूसरी है कि नागरी बहुत कुछ अंशों में एक ध्वन्यात्मक लिपि है, अतएव हिन्दी का अक्षर-ज्ञान उर्दू और अँगरेजी की तुलना में जल्दी हो जाता है।

1946 में स्व. श्री रामचन्द्र वर्मा की 'अच्छी हिन्दी' प्रकाशित हुई। उक्त पुस्तक ने हिन्दी जगत में धूम मचा दी। उसमें विद्वान लेखक ने सैकड़ों प्रकार की भूलों की ओर संकेत किया था। मैंने हिन्दी के लेखकों के एक ही प्रकार के दोषों पर विशेष ध्यान दिया है–उनकी भाषा पर अँगरेजी का प्रभाव। किन्तु वर्माजी ने ऐसी भूलों पर ध्यान दिलाया था जो हिन्दी के ऐसे लेखक भी करते हैं जिनकी भाषा पर अँगरेजी का प्रभाव नहीं के बराबर है।

'अच्छी हिन्दी' उत्तरी भारत के अधिकतर विश्वविद्यालयों की संस्तुत पुस्तकों में समाविष्ट हो गयी। इन 32 वर्षों में उसके सत्रह संस्करण निकल चुके हैं और बहुत से हिन्दी के लेखक उसे 'गीता' की भाँति अपनी मेज़ पर रखे रहते हैं।

वर्माजी ने जीवन भर हिन्दी की सेवा की। 'अच्छी हिन्दी' उक्त तपस्या का फल है। उसने बहुत से भटके हुए हिन्दी सेवकों का मार्ग-प्रदर्शन किया है।

मैंने 'अच्छी हिन्दी' पढ़ी। मुझे बड़ी रोचक लगी। आद्योपान्त पढ़ गया। दुबारा पढ़ी, तिबारा पढ़ी। आज तक न जाने कितनी आवृत्तियाँ उस पुस्तक की कर चुका हूँ। अँगरेजी में तो इस प्रकार की दर्जनों पुस्तकें हैं जो नये लेखकों का पथप्रदर्शन करती हैं, किन्तु हिन्दी में यह अपने ढंग की निराली और बेजोड़ पुस्तक है।

किन्तु कई स्थलों पर वर्माजी के विवेचन मुझे युक्तिसंगत नहीं लगे। ऐसे स्थानों पर मैं चिह्न लगाता गया। यह उस पुस्तक का 11वाँ संस्करण था। सप्ताह में दो बार हमारी गोष्ठी वर्माजी के घर पर होती थी जिसमें हम लोग शब्द-चर्चा किया करते थे। मैंने अपनी शंकाएँ वर्माजी के सम्मुख रखीं। मेरी कुछ उक्तियों से वर्माजी सहमत हुए, तथा तदनरूप संशोधन 12वें संस्करण में समाविष्ट हो गये। फिर भी बहुत सी बातों में मेरा वर्माजी से मतभेद बना ही रहा।

एक बात और। 'अच्छा हिन्दी' को प्रकाशित हुए तीन दशकों से ऊपर हो चुके हैं। हिन्दी इन 32 वर्षों में 'अच्छा हिन्दी' से भी बहुत आगे बढ़ गयी है। अब आवश्यकता है उस काम को और आगे बढ़ाने की। 'अच्छी हिन्दी' मानक हिन्दी के निर्धारण की ओर पहला पग था। मेरे मन में विचार आया कि क्यों न मैं भी उसी दिशा में एक पग और आगे बढ़ने का प्रयत्न करूँ। वर्माजी के पास तो अपने अनुभव के अतिरिक्त और कोई आधार-शिला नहीं थी, किन्तु मेरे पास तो वर्माजी का अगाध ज्ञान 'अच्छी हिन्दी' के रूप में मौजूद है।

सन् 1969 में महाप्रयाण के कुछ ही समय पहले वर्माजी के शब्द थे : "मेरे काम को आगे बढ़ाये चलना।" यही शब्द मेरे सम्बल हैं। हमारी गोष्ठी अब भी उसी कमरे में होती है जिसमें वर्माजी के सामने होती थी। प्रत्येक गोष्ठी के दिन मुझे कमरे के कोने-कोने से वर्माजी की आत्मा आशीर्वाद देती दिखाई देती है। मेरी इस पुस्तक का हिन्दी जगत स्वागत करेगा या नहीं, यह तो मैं नहीं जानता, किन्तु वर्माजी का वरद हस्त सदैव मेरे ऊपर रहेगा, इसमें मुझे तनिक भी संशय नहीं।

यह कोई पाठ्य-पुस्तक नहीं है। अत : इसमें किसी भी परीक्षा के पाठ्य-क्रम का समावेश नहीं किया गया है। इसमें बहुत से विस्तृत ब्यौरे नहीं दिये गये हैं जो सामान्यतः पाठ्य-पुस्तकों में दिये जाते हैं। न इसमें व्याकरण की सूक्ष्मताएँ दिखाई गयी हैं। मैंने इसे यथासाध्य व्याकरण के झंझटों से दूर ही रखा है। अतएव इसमें तकनीकी शब्दों का प्रायः अभाव है। यह पुस्तक सामान्य पाठकों और उदीयमान लेखकों को दृष्टि में रखकर लिखी गयी है। जितने प्रकार की भूलें हिन्दी के लेखक किया करते हैं इसमें उनका संकलन करने का प्रयत्न किया गया है। ऐसी भूलों की जितनी बड़ी सूची मेरे पास संगृहीत है, उसकी चौथाई भी इसमें समाविष्ट नहीं हो सकी हैं। केवल हर प्रकार की दो-दो, तीन-तीन भूलें दे दी गयी हैं। भूलों का कलन अधिकतर पुस्तकों से किया गया है क्योंकि समाचारपत्रों में जो लेख आदि दिये जाते हैं, उनमें तो लेखक जल्दी के कारण प्रमाद कर जाते हैं, किन्तु पुस्तकों में तो लिखते समय अधिक सावधानी बरती जाती है। अतएव, यह पुस्तक नये और पुराने सभी प्रकार के लेखकों के लिए उपयोगी सिद्ध होगी। इसके अतिरिक्त परीक्षार्थियों के लिए सहायक पुस्तक का काम भी देगी।

अनुक्रम

शब्द प्रकरण

1. शब्द और पद 19
2. संज्ञा प्रयोग 39
3. सर्वनाम प्रयोग 48
4. विशेषण और क्रिया-विशेषण 52
5. अव्यय प्रयोग 63
6. विभक्ति प्रयोग 65
7. क्रिया प्रयोग 66

वाक्य प्रकरण

8. वाक्य रचना 85
9. वाक्यों में पद-क्रम 91
10. अनिर्वहित वाक्य 100
11. पद-बन्ध और मुहावरे 103
12. पुनरुक्ति 110
13. अटपटे और जटिल वाक्य 115
14. वाच्य 124

अँगरेज़ी का प्रभाव

15. अँगरेज़ी का प्रभाव : शब्द 131
16. अँगरेज़ी का प्रभाव : पदबन्ध 133
17. अँगरेज़ी का प्रभाव : अभिव्यंजना 138
18. अँगरेज़ी का प्रभाव : हमारे नाम 150

उपसंहार

19. हिन्दी की प्रकृति 161

सन्दर्भ ग्रन्थ सूची 166

शब्द प्रकरण

1
शब्द और पद

शब्द की उत्पत्ति शब्द धातु से हुई है जिसका अर्थ है ध्वनि करना। अतः शब्द का अर्थ हुआ ध्वनि।

इस प्रकार किसी भी ध्वनि को हम 'शब्द' कह सकते हैं। प्रतिदिन सवेरे से सन्ध्या तक हम लोग न जाने कितनी ध्वनियाँ सुनते हैं। रेलगाड़ी की खटपट, मेंढक की टर्र टर्र, कुत्ते की भौं भौं, बिल्ली की म्याऊँ म्याऊँ...व्यापक अर्थ में इन सभी ध्वनियों को हम शब्द कह सकते हैं। किन्तु इस प्रकार की ध्वनियों का अर्थ निकालना कठिन होगा।

रेलगाड़ी के चलने पर जो ध्वनि होती है, वह कैसी है, यह उसकी चाल पर निर्भर है। सम्भव है किसी समय किसी यात्री को इस प्रकार की ध्वनि सुनाई दे : 'झट पट, झट पट, झट पट'। हो सकता है किसी दूसरे यात्री को वह ध्वनि ऐसी सुनाई पड़े : 'बस कर, बस कर, बस कर' एक तीसरा यात्री कदाचित इस तरह की आवाज सुने : 'हर दम, खट पट, मत कर'।

सुबह सुबह कोई मुल्ला जी कहीं जा रहे थे। रास्ते में उन्हें पपीहे के बोल सुनाई दिये जो कुछ ऐसे जान पड़े : 'अल्लाह, तेरी बरकत'। दूसरी ओर से कोई पंडित जी आ रहे थे। उनके कानों में ये शब्द पड़े : 'सीता, राम, दशरथ'। एक कुंजड़े ने ये शब्द सुने : 'मूली, साग, अदरक'। किन्तु एक कसाई के कानों में कुछ ऐसी गूँज आई : 'लाल मुँह की बत्तख'।

अतः यह स्पष्ट है कि यदि प्रत्येक ध्वनि को हम शब्द मान लें तो बहुत से शब्दों का कोई अर्थ ही न निकलेगा और कुछ शब्द ऐसे होंगे जिनके विभिन्न लोग मनमाने अर्थ लगायेंगे।

अतएव हमें उपर्युक्त परिभाषा में कुछ संशोधन करना होगा। भाषा विज्ञानियों ने शब्द की अनेक परिभाषाएँ दी हैं। जिस परिभाषा को अधिकतर आधुनिक विद्वान मानते हैं, वह यह है :

किसी स्वतंत्र, सार्थक ध्वनि को शब्द कहते हैं।

इस परिभाषा का प्रत्येक शब्द सार्थक है। ऊपर हमने कई निरर्थक ध्वनियों के उदाहरण दिये हैं। इस परिभाषा के अनुसार उनका शब्दों के वर्ग में कोई स्थान नहीं रह जाता।

और ध्वनि स्वतन्त्र भी होनी चाहिए। कुछ ध्वनियाँ ऐसी होती हैं जो स्वयं सार्थक नहीं होतीं, किन्तु जब वे अन्य शब्दों के साथ जोड़ी जाती हैं, तब सार्थक हो जाती हैं। ऐसी परतन्त्र ध्वनियों को हम शब्द नहीं कहते, शब्दांश कहते हैं।

'प्र' का स्वयं कोई अर्थ नहीं है। किन्तु 'गति' में 'प्र' लगा देने से एक नया शब्द बन जाता है—'प्रगति', जिसका अर्थ है 'आगे की ओर बढ़ना।'

इसी प्रकार की परतन्त्र ध्वनियाँ हैं : सं, उप, अन...। जब ये ध्वनियाँ शब्दों के आरम्भ में लगा दी जाती हैं तब हमें नये शब्द मिल जाते हैं, जैसे : संगति, उपनिवेश, अनपढ़। ऐसी ध्वनियों को 'उपसर्ग' कहते हैं।

इसी प्रकार कुछ ध्वनियाँ शब्दों के अन्त में लगती हैं जिन्हें 'प्रत्यय' कहते हैं; यथा : ओं, तः, वाला। इनसे इस प्रकार के शब्द बनते हैं :

लड़कों, साधारणतः, दूधवाला। प्रत्येक शब्द अक्षरों (सिलेबल) से बना होता है, जैसे : माला, टोपी, मुटापा। इन शब्दों में क्रमश : 2, 2 और 3 अक्षर हैं।

यह आवश्यक नहीं है कि प्रत्येक शब्द में एक से अधिक अक्षर हों। हम यहाँ कुछ एक-अक्षरी शब्द (वन-सिलेबल वर्ड) देते हैं : ढोर, बाल, खेत।

यह भी आवश्यक नहीं है कि प्रत्येक शब्द में एक से अधिक वर्ण हों। कुछ शब्द एक-वर्णी (वन लेटर वर्ड) भी होते हैं, जैसे : आ, जा, तू, ले। ये शब्द एक-अक्षरी भी हैं, एक-वर्णी भी।

टिप्पणी 1. ध्वनियों के एक ही समुदाय से, वर्णों के हेर-फेर द्वारा, अनेक शब्द बन सकते हैं, जैसे : न, व से 'नव' और 'वन'।

2. जब हमें कोई भाव व्यक्त करना होता है, तब हमें शब्दों से काम लेना पड़ता है। जब हम कहते हैं : 'क्या तुम कल जाओगे?' तब इस वाक्य में हम चार शब्दों का प्रयोग करते हैं : 'क्या, तुम, कल, जाओगे?' इनमें से प्रत्येक ध्वनि सार्थक है।

3. किसी वर्ण को सामान्यतः हम शब्द नहीं कह सकते। इन वर्णों-क म रा' में से कोई भी शब्द नहीं हैं। इनमें से किसी का भी कोई अर्थ नहीं है। किन्तु जब हम इन्हें मिला कर कहते हैं : 'कमरा', तब यह एक शब्द बन जाता है। सामान्यतः कोई, अकेला वर्ण सार्थक नहीं हुआ करता। अतएव, उसे शब्द नहीं कहते। किन्तु मान लीजिए हम कहते हैं कि 'क' नागरी लिपि का एक वर्ण है। तो यहाँ यह वर्ण ही शब्द के रूप में प्रयुक्त हुआ है। इसी प्रकार कुछ निरर्थक ध्वनियाँ भी विशेष स्थिति में सार्थक हो जाती हैं और शब्द बन जाती हैं। 'लोती' कोई सार्थक ध्वनि नहीं है। किन्तु जब कोई बच्चा 'लोती' कहता है तब हम समझ जाते हैं कि वह रोटी माँग रहा है।

इस प्रकार 'लोती' को भी हम शब्द मान लेते हैं। एक पागल गाता फिरता है 'अल्लम-गल्ला'। साधारणतः यह एक निरर्थक ध्वनि ही मानी जाएगी। किन्तु यदि हमें यह पता है कि उक्त पागल 'अल्लम-गल्ला' तभी कहता है जब वह प्यासा होता है, तब यह ध्वनि भी सार्थक हो जाएगी, और इसे शब्द मानना पड़ेगा।

4. जब कोई शब्द किसी वाक्य में प्रयुक्त होता है, तब उसे 'पद' कहते हैं। बहुत बार किसी वाक्य में आने पर शब्द का रूप बदल जाता है। ऊपर दिये हुए एक वाक्य में 'जाओगे' शब्द आया है। यह 'जाना' शब्द का रूपान्तर है।

बहुत से शब्दों में आवश्यकतानुसार कारकों की विभक्तियाँ लगती हैं। एक वाक्य लीजिए। 'राम ने कुतिया पर डंडा फेंक कर मारा।' इसमें निम्नलिखित पदों का प्रयोग हुआ :

(1) राम ने (2) कुतिया पर (3) डंडा (4) फेंक कर (5) मारा

पद 1, 2 और 4 तो स्पष्ट रूप से इन शब्दों के रूपान्तर हैं : राम, कुतिया, फेंकना। इसेक अतिरिक्त 'मारा' शब्द 'मारना' का रूपान्तर है। 'डंडा' शब्द अपने मौलिक रूप में प्रयुक्त हुआ है। किन्तु इस वाक्य 'चार डंडे उठा लाओ' में 'डंडा' का रूप 'डंडे' हो गया है। इसी प्रकार 'उसे डंडे से मारो' में 'डंडे से' भी एक पद है जिसका मौलिक रूप 'डंडा' शब्द है। मौलिक शब्द को प्रातिपदिक (सब्सटैंटिव) कहते हैं।

शब्दों की आत्मा

अन्धे को अन्धा कहो, लगेगा गाली दैन।
मीठे बन कर पूछ लो, कैसे खोए नैन?

उपर्युक्त शब्द बहुत सारगर्भित हैं। संसार में बहुत से काम मीठी बोली से चल जाते हैं। जहाँ तक भौतिक क्रिया का प्रश्न है, 'भोजन कर लीजिए' और 'ठूँस ले' में कोई अन्तर नहीं है। किन्तु पहला वाक्य जितना आदरसूचक है, दूसरा उतना ही अपमानजनक।

एक दिन मैं अपने एक धनी मित्र के घर बैठा हुआ था। वहीं एक सज्जन मिले जो उर्दू के बड़े पक्षपाती थे। बात कुछ उर्दू और हिन्दी पर चल पड़ी। वह बोले : 'उर्दू में जितना शिष्टाचार है, हिन्दी में उसका पासंग भी नहीं है। भला बताइए, उर्दू के इन पदबन्धों के लिए हिन्दी में कोई समानार्थी मिल जाएंगे : 'फर्माइये, नोश कीजिए, तशरीफ लाइये।'

मैंने कहा, "शिष्टाचार का अपना-अपना ढंग होता है। हमारे यहाँ जब किसी बड़े आदमी को न्योता देने जाते थे तब कहते थे : 'दास की कुटिया पर पधारियेगा और जूँठन वहीं छोड़ियेगा।' क्या इस अभिव्यंजना में शिष्टाचार की कोई कमी है?" इतने में ही जिन मित्र के घर हम लोग बैठे हुए थे, उन्होंने अपने नौकर से पूछा, "क्या घोड़ा सवारी के लिए तैयार है?" नौकर ने उत्तर दिया : "घोड़ो जी प्रसाद पाउते हैं।" मैंने

उक्त सज्जन से कहा : "देखा आपने? हिन्दी में तो पशुओं तक के लिए इतने आदरसूचक शब्द विद्यमान हैं। क्या आप इसके जोड़ की कोई बात उर्दू में दिखा सकेंगे?" वे उठ कर चल दिये।

बहुधा सुनने में आता है कि हिन्दी में उतनी अभिव्यंजना शक्ति नहीं है जितनी अँगरेज़ी अथवा उर्दू में। विशेष रूप से उर्दू वाले इस प्रकार की दलीलें देते हैं : हिन्दी में उर्दू के तकल्लुफ़, शिकायत, मामला जैसे शब्दों के लिए समानार्थी नहीं हैं।

किन्तु क्या हिन्दी के प्रत्येक शब्द के लिए उर्दू में समानार्थी मिल जाएगा। तनिक 'श्रद्धा' शब्द पर विचार कीजिए। इस शब्द में दो भाव निहित हैं : 'सम्मान' और 'विश्वास'। उर्दू के 'इज्जत' शब्द में विश्वास का भाव नहीं है, और 'यकीन' तथा 'एतबार' में 'सम्मान' का भाव नहीं।

इसी प्रकार हिन्दी के इन शब्दों के लिए उर्दू समानार्थी स्थिर करना बहुत ही कठिन है : माया, वासना, मोह, प्रतिभा।

प्रश्न केवल हिन्दी और उर्दू का ही नहीं है। संसार की कोई दो भाषाएँ ले लीजिए। एक भाषा के सैकड़ों शब्द और वाक्य ऐसे होंगे जिनका दूसरी भाषा में ठीक-ठीक अनुवाद हो ही नहीं सकता। दो एक उदाहरण अँगरेजी से लीजिए :

1. ही हैज रिसीव्ड ऐन 'आफर' आफ रुपीज वन थाउजैण्ड,
2. इट वाज़ ए लगेज-'केस', ऐंड नाट ए केस आफ टिकेटलेस ट्रैवेल,
3. ही इज ए 'रीजनेबिल' मैन।

जब तक सन्दर्भ चिह्नों में दिये गये उपर्युक्त शब्दों के लिए नये शब्दों का निर्माण न कर लें, तब तक हम उक्त वाक्यों का अनुवाद ठीक से नहीं कर सकते। पहले वाक्य में 'आफर' के लिए 'बुलावे' या 'प्रस्ताव' से काम नहीं चल सकता क्योंकि ये शब्द 'कॉल' और 'प्रपोजल' के समानार्थी हैं। जो भाव 'आफर' में निहित है, वह इन शब्दों में विद्यमान नहीं है।

दूसरे वाक्य में 'केस' के लिए उर्दू का 'मामला' चल रहा है जो उपयुक्त है। किन्तु हिन्दी में 'विषय' या 'बात' से काम चलाना पड़ेगा जिनमें से कोई भी उपयुक्त नहीं है।

तीसरे वाक्य में यदि हम 'रीजनेबिल' के स्थान पर 'समझदार' अथवा 'न्याय्य' कहें तो 'सेन्सिबिल' और 'जस्ट' को क्या कहेंगे? यह मानना पड़ेगा कि इन तीनों शब्दों के अर्थों में थोड़ा अन्तर है। यों तो एक शब्द के अनेक अर्थ हो सकते हैं किन्तु वे ऐसे तो न हों कि उनमें भ्रम की गुंजाइश हो। यदि हम 'रीजनेबिल' को न्याय्य कहेंगे तो 'रीजनेबिल ऐण्ड जस्ट' जैसे पदबन्ध का अनुवाद किस प्रकार होगा?

उपर्युक्त बातों से मेरा यह तात्पर्य नहीं है कि यह हिन्दी का दोष है कि उसमें अँगरेजी के बहुत से शब्दों के समानार्थी नहीं हैं। क्या हिन्दी के समस्त शब्दों और

वाक्यों का ठीक-ठीक अनुवाद अँगरेज़ी में हो सकता है? हमारे हिन्दुस्तानी 'चीता' का अँगरेज़ी में कौन सा समानार्थी हैं। अँगरेज़ी के तत्सम्बन्धी शब्दों पर विचार कीजिए :

बाघ	टाइगर
सिंह	लायन
तेंदुआ	लेपर्ड
गुल्दार	पैंथर
लकड़बग्घा	हायना

अँगरेज़ी के इन शब्दों में 'चीता' का समानार्थी, कोई नहीं है। कुछ अँगरेज लेखक इस तत्व को समझते हैं और चीते को अँगरेजी में 'चीता' लिखते हैं। अन्य लेखक 'लेपर्ड' से काम लेते हैं। उक्त पशु चीते से मिलता-जुलता किन्तु तत्वतः भिन्न होता है।

क्या हमारे 'कुर्ता, अचकन, अंगरखा' के अँगरेज़ी में समानार्थी मिल जाएंगे? और मिलें भी कैसे? उन लोगों ने इस प्रकार के कपड़े कभी पहने ही नहीं। फिर भला उन्हें इस बात का कैसे भान होता कि हिन्दुस्तान में इस प्रकार के भी कपड़े पहने जाते होंगे, अतः इनके लिए पहले से शब्द बना कर तैयार कर लें।

बहुत से लोग यह भी नहीं जानते कि अँगरेज़ी में 'पाजामा' के लिए कोई शब्द नहीं हैं। 'ट्राउजर्स' वास्तव में पतलून को कहते हैं। अँगरेज़ी में 'पिजामा' केवल उस पाजामे को कहते हैं जो रात को सोते समय ही पहना जाता है और प्रायः धारीदार होता है। हमारे साधारण पाजामे के लिए अँगरेज़ी में कोई शब्द नहीं है।

नारंगी का भी अँगरेज़ी में कोई समानार्थी नहीं है। 'ऑरेन्ज' वास्तव में शर्बती नीबू को कहते हैं। इंग्लैण्ड में नारंगी होती ही नहीं। केवल एक प्रकार का सन्तरा होता है जिसे 'टांजेरीन' कहते हैं। और एक प्रकार का मीठा नीबू भी होता है जिसे 'ऑरेन्ज' कहते हैं। अँगरेज़ों ने हिन्दुस्तान आने पर ही नारंगी पहले पहल देखी। वह शर्बती नीबू से मिलती-जुलती थी। अतः वे उसको भी 'ऑरेन्ज' कहने लगे।

यह तो रही शब्दों की बात। अब तनिक वाक्यों पर ध्यान दीजिए :

छोटे बच्चे स्वभावतः वस्तुएँ 'पट्टटते' फिरते हैं।

क्या हिन्दी में क्रिया पद 'पट्टना' का अँगरेजी में अनुवाद हो सकेगा? क्या उनके 'डिस्टर्ब' शब्द से काम चल सकेगा? कदाचित नहीं। हिन्दी का 'पट्टना' अँगरेजी के 'डिस्टर्ब' से कहीं अधिक व्यापक है।

कुछ वाक्य और लीजिए :

मुझे जाना चाहिए।	आइ ऑट टु गो.
मुझे जाना ही चाहिए।	आइ शुड गो.
मुझे जाना होगा।	आइ मस्ट गो.
मुझे जाना पड़ेगा।	आइ शैल हैव टु गो.

मुझे जाना है।   आइ हैव टु गो.

थोड़ी देर के लिए मान लीजिए कि उपरिलिखित अनुवाद ठीक हैं। अब निम्न- लिखित भावों को अँगरेजी में किस प्रकार व्यक्त किया जाएगा :

मुझे जाना ही होगा।
मुझे जाना ही पड़ेगा।
मुझे जाना ही है।
मुझे जाना तो है।
मुझे जाना तो पड़ेगा।
मुझे जाना तो होगा।
मुझे जाना तो होगा ही।

यह सम्भव है कि इन वाक्यों में से कुछ का अँगरेज़ी अनुवाद हो जाय किन्तु समस्त वाक्यों का ठीक-ठीक अनुवाद हो ही नहीं सकता।

मीरा की एक पंक्ति है : 'मेरे तो गिरधर गोपाल, दूसरो न कोई।' क्या अँगरेजी में इस वाक्य के 'तो' का समानार्थी मिल जाएगा? क्या 'तुम तो बड़े वैसे हो'—इसका अनुवाद अँगरेज़ी में हो सकेगा?

इसी से मिलते-जुलते कुछ वाक्य ये हैं :

तुम तो बड़े अद्भुत हो।
तुम तो बड़े नटखट हो।
तुम तो बड़े विलक्षण हो।

इन वाक्यों का तो अँगरेज़ी में अनुवाद हो सकेगा। किन्तु जो भाव 'तुम तो बड़े वैसे हो' में निहित है, वह भला अँगरेजी में किस प्रकार व्यक्त हो सकता है?

इसी ढंग का एक वाक्य यह है जिसका अनुवाद हो ही नहीं सकता : 'तुम तो बड़े वो हो।'

कहने का तात्पर्य यह है कि प्रत्येक भाषा की अपनी एक विशेष प्रकृति होती है। साथ ही, प्रत्येक शब्द की अपनी आत्मा होती है। जब हम किसी भाषा के किसी शब्द के लिए एक दूसरी भाषा में समानार्थी स्थिर करते हैं। तब प्रयत्न करते हैं कि वह आर्थी दृष्टि से उसके निकटतम हो। वस्तुतः हम उसकी आत्मा तक तो पहुँच नहीं सकते। इतना ही नहीं, एक ही भाषा के भी कोई दो शब्द ऐसे नहीं होते जिनकी आत्मा एक हो। आरम्भ में यदि दोनों शब्दों का अर्थ सर्वथा एक ही रहा हो तो भी प्रयोग से दोनों के अर्थों में सूक्ष्मान्तर पड़ ही जाता है। उर्दू के 'आदमी' शब्द पर विचार कीजिए। यह 'मनुष्य' का समानार्थी समझा जाता है और कुछ सीमा तक है भी। यदि हम कहें कि प्रत्येक आदमी का स्वभाव अलग होता है, तो इस वाक्य में 'आदमी' के स्थान पर 'मनुष्य' का प्रयोग भी कर सकते हैं। किन्तु यदि हम कहें कि

'सेठजी का आदमी किराया माँगने आया था,' तो इस वाक्य में 'आदमी' के लिए 'मनुष्य' का प्रयोग नहीं हो सकता। हाँ, यहाँ 'सेवक' का प्रयोग किया जा सकता है।

अब एक वाक्य और लीजिए :

'भई, इस काम को तो तुम स्वयं ही करना। हाँ, एक आदमी तुम्हारी सहायता के लिए अवश्य दे दूँगा।'

इस वाक्य में 'आदमी' के लिए कदाचित 'सेवक' का भी प्रयोग न हो सकेगा क्योंकि यह सम्भव है कि उक्त आदमी सेवक की श्रेणी का न हो, अपितु कोई सम्भ्रान्त व्यक्ति हो। अतः, यहाँ 'आदमी' के लिए 'व्यक्ति' का प्रयोग करना होगा।

एक उदाहरण और। मान लीजिए कोई उर्दूविद कहता है; 'आपने मुझे क़ायल कर दिया।' इस 'क़ायल' का पर्याय 'निरुत्तर' होगा। किन्तु क्या यह शब्द समस्त स्थानों पर 'क़ायल' के बदले ठीक-ठीक बैठ सकेगा?

एक व्यक्ति कहता है; 'हम तो शिवचन्द्रजी के बड़े कायल हैं।' यहाँ 'निरुत्तर' वाला आशय नहीं है। यहाँ कहना होगा; 'हमें शिवचन्द्रजी में बड़ी आस्था है।' किन्तु आस्था से भी सर्वत्र काम नहीं चल सकेगा। हम कभी-कभी यों भी कहते हैं कि 'हम तो केले के बड़े क़ायल हैं।' इसका अर्थ यह है कि हम केले को बड़ा गुणकारी समझते हैं। इस वाक्य में 'क़ायल' के लिए कौन सा शब्द रखियेगा?

प्रत्येक शब्द का इतिहास होता है, व्यक्तित्व होता है, आत्मा होती है। शब्दों ने देशों के इतिहास बदल दिये हैं। यदि द्रौपदी ने दुर्योधन को 'अन्धे का अन्धा' न कहा होता, तो कदाचित महाभारत न हुआ होता। यदि महाराजा जनक ने सीता स्वयम्बर में सम्मिलित वीरों को कायर न कह दिया होता तो कदाचित स्वयंवर अधूरा रह गया होता और रामायण की कहानी अधबीच में ही लटक गयी होती। यदि विजित पुरु ने विजेता सिकन्दर से एक ऐसा वाक्य न कह दिया होता जो आज जगत्प्रसिद्ध हो चुका है, तो देश की कायापलट ही हो गयी होती। यह है शब्दों का चमत्कार।

शब्दों की महिमा

आज के युग में शब्दों का महत्व बहुत बढ़ गया है। जिधर देखिए शब्दों का ही साम्राज्य दिखाई देता है।

मेरे एक मित्र के हाथ में फोड़ा हो गया था जो रिसने लगा था। वह एक डॉक्टर के पास पहुँचे। डॉक्टर ने देखते ही कहा : 'इसमें चीरा लगाना होगा।' मित्र घबराए। डॉ. साहब से बोले : 'मैं अभी तो आवश्यक कार्य से जा रहा हूँ। लौटते समय चीरा लगवा लूँगा।'

यह कहकर वह वहाँ से चल दिये और एक दूसरे डॉक्टर के पास जाकर बोले : 'अमुक डॉक्टर का विचार तो यह है कि इस फोड़े में चीरा लगाना होगा। आपकी क्या राय है?'

डॉक्टर महोदय बड़े अनुभवी थे। बोले; 'यह फोड़ा तो अपने आप रिस रहा है। भला इसमें चीरे का क्या काम? लाओ इसकी मरहम-पट्टी कर दूँ।' उन्होंने कम्पाउण्डर से पट्टी, औषधि आदि मँगवाई और स्वयं फोड़े को धोने लगे। धोते-धोते बोले : 'इसमें से मवाद तो निकल ही रहा है। यदि कहो तो इसका मुँह ज़रा बड़ा कर दूँ जिससे सारा मवाद शीघ्र ही निकल जाय।'

मित्र महोदय सहमत हो गये। डॉक्टर ने चाकू से फोड़े का मुँह खोल कर पट्टी बाँध दी। जब यह महोदय चीरा लगवा कर चल दिये तो डॉ. साहब बोले : 'इसी सीधी सी क्रिया के लिए उक्त डॉक्टर ने 'चीरे' जैसे भयानक शब्द का प्रयोग किया था। यदि मैं भी 'चीरे' का नाम लेता तो आप कदापि सहमत न होते।'

पहले डॉक्टर ने कहा : 'चीरा लगाऊँगा?' दूसरे ने पूछा : 'मुँह खोल दूँ?' बात एक ही है, केवल शब्दों का उलट-फेर है।

वर्षों पहले एक कहानी पढ़ी थी। किसी राजा ने एक ज्योतिषी से अपना और अपने परिवार का भविष्य पूछा। ज्योतिषी महोदय फलित ज्योतिष के तो विद्वान थे किन्तु उनमें सामान्य बुद्धि की कमी थी। गणना करके बोले : 'आपके परिवार के सब व्यक्ति आपके सामने ही मर जाएंगे।'

राजा ने कहा : 'हैं? क्या मुझे जीते जी अपने स्वजनों का वियोग भी देखना पड़ेगा?'

राजा को क्रोध आया और उसने ज्योतिषी को कारागार में डलवा दिया।

एक अन्य ज्योतिषी बुलाया गया और राजा ने उससे भी वही प्रश्न किया। इस ज्योतिषी को सारी कथा ज्ञात हो चुकी थी। वह बोला : 'महाराज, किस मूर्ख ने आपसे ऐसी अशुभ बात कही। आपके समान भाग्यशाली होना कठिन है। आपकी कीर्ति आपके सभी पुरखों से उत्तम होगी। आप अपने परिवार का नाम उज्ज्वल करेंगे। आपको धन, सन्तान, यश सब कुछ प्राप्त होगा। इतना ही नहीं, आप की आयु आपके समस्त कुटुम्बियों की आयु से अधिक होगी।'

राजा बहुत प्रसन्न हुआ। उसने ज्योतिषी को मालामाल कर दिया।

पहले ज्योतिषी ने भी बात तो लगभग यही कही थी, किन्तु दोनों के कहने के ढंग में आकाश-पाताल का अन्तर था।

अलिफ लैला की कहानी 'अली बाबा और चालीस चोर', जगतप्रसिद्ध है। उक्त कहानी में कोष का द्वार 'सिमसिम' शब्द कहने से ही खुलता था, किसी भी और शब्द के प्रयोग से नहीं।

यह तो एक कहानी है। कभी-कभी हमारे जीवन में भी ऐसे अवसर आते हैं कि शब्दों का महत्व बहुत बढ़ जाता है। भारतीय इतिहास ऐसे उदाहरणों से भरा पड़ा है।

कभी-कभी हमारे दैनिक जीवन में भी ऐसी घड़ियाँ आती हैं कि एक शब्द सारे जीवनक्रम में उथल-पुथल मचा देता है।

ऐसी घटनाएँ भी हुई हैं कि किसी परिवार में एक व्यक्ति आलसी और निकम्मा पैदा हुआ। माता-पिता समझाते-समझाते हार गये, उसके कानों पर जूँ तक न रेंगी। फिर एक महत्वपूर्ण अवसर ऐसा आया कि किसी की एक छोटी सी बात उसे तीर की तरह लग गयी जिससे उसकी जीवनधारा ही बदल गयी। बात की बात में वह आलसी से उद्यमी बन गया।

महात्मा तुलसीदास को पत्नी के थोड़े से शब्द इतने चुभ गये कि उनके जीवन की दिशा ही बदल गयी। सूरदासजी को भगवान शंकर ने कितना समझाया किन्तु उन्होंने वेश्यागमन न छोड़ा। परन्तु एक विशेष परिस्थिति में उसी वेश्या के दो-तीन वाक्य उपदेश का काम कर गये और उन्हें एक लम्पट से भक्त बना दिया। यदि चाणक्य का महाराज नन्द के दरबार में अपमान न हुआ होता तो आज इस देश का इतिहास ही किसी दूसरे ढंग से लिखा जाता।

महात्मा गाँधी के जीवन की एक घटना याद आती है। उनकी पत्नी कस्तूरबा उन दिनों रुग्ण थीं। महात्माजी ने उनसे कहा : "यह सारा फ़साद दाल का है। यदि कुछ दिनों के लिए दाल खाना छोड़ दो तो ठीक हो जाओ।" कस्तूरबा बोलीं : "कह देना आसान है। यदि तुम्हें करना पड़े तो पता चले।" महात्माजी ने उत्तर दिया : "अच्छा, आज से मैंने एक वर्ष के लिए दाल छोड़ दी।" कस्तूरबा रह रह कर पछताने लगीं : "हाय, यह मेरे मुँह से क्या निकल गया। अब मैं चाहे अपना सिर भी पटक दूँ, जो प्रतिज्ञा ये कर चुके, उसे कदापि न तोड़ेंगे।" कस्तूरबा ने बहुतेरा समझाया, किन्तु महात्माजी ने पूरे एक वर्ष तक किसी प्रकार की दाल न खायी, तो नहीं ही खायी।

कभी-कभी कुछ शब्द हमारा काम तो बना ही देते हैं, मनोरंजन भी कर देते हैं। एक बार कुछ भारतीय फ्रांस के मार्सेल्स नगर में घूम रहे थे। प्यासे थे, पानी पीना चाहते थे। यूरोप में बियर, चाय, कहवा तो जगह-जगह मिल जाते हैं, पीने का पानी प्रायः नहीं मिलता क्योंकि वे लोग पानी पीते ही नहीं। इन लोगों ने राहचलतों से पूछना चाहा कि पानी कहाँ मिलेगा? किन्तु उन्हें अपना मतलब समझाएँ कैसे? ये फ्रांसीसी भाषा नहीं जानते थे और वे अँग्रेज़ी नहीं समझते थे। जब इन्हें कोई उपाय न सूझा तो आपस में कहने लगे : "ओ! ये तो इतना भी नहीं समझते।" इतना सुनना था कि जिस फ्रांसीसी से पूछ रहे थे, उसने इन्हें पानी के नल के पास ले जाकर खड़ा कर दिया। कारण, फ्रांसीसी भाषा में 'ओ' पानी को कहते हैं।

मेरे एक मित्र वकील हैं। कालेज में इनके एक सहपाठी थे जो संस्कृत के बड़े प्रेमी थे। जब कभी यह उनसे मिलते तो पूछते : 'आनन्दं वर्तते?' उक्त सज्जन कहते : "यह ग़लत है। होना चाहिए 'आनन्दो वर्तते'।"

इन लोगों का विनोद वर्षों चलता रहा। मिलने पर एक कहता : 'आनन्दं वर्तते?' तुरन्त उत्तर मिलता : 'आनन्दो वर्तते।'

दोनों मित्र कालेज की पढ़ाई समाप्त करके निकले और बिछुड़ गये। लगभग 20 वर्ष बाद वकील महोदय एक बैंक में खड़े थे। देखा कि बगल में एक सज्जन खड़े हैं। तुरन्त ध्यान आया कि 'कहीं यह मेरे वही पुराने सहपाठी तो नहीं हैं?' संशय मिटाने के लिए इन्होंने आवाज़ लगाई : 'आनन्दं वर्तते?' तुरन्त उत्तर मिला : 'आनन्दो वर्तते।' बिछुड़े हुए मित्र गले मिल गये।

बहुत दिनो की बात है। आचार्य रामचन्द्र शुक्ल नागरी प्रचारिणी सभा के कोष-कार्य में लगे हुए थे। यों तो काम समाप्त ही हो चुका था, फिर भी शब्दों का सुधार और संशोधन चल रहा था। एक दिन सन्धया के समय जब वह घर लौट रहे थे, एक मित्र ने पूछा : 'आज कहाँ से कहाँ तक पहुँचे?' (अर्थात्, आज किस शब्द से किस शब्द तक दुहराया?) शुक्लजी ने उत्तर दिया :' 'उद्दण्डता' से आरम्भ किया था और 'कमीनेपन' तक पहुँचे।'

द्वितीय महायुद्ध के दिनों की बात है। किसी व्यक्ति के नाम अँगरेज़ी में एक तार आया जिसका आशय था : 'पिताजी की दशा चिन्ताजनक है। माता जी की मृत्यु हो गयी।' इस ढंग के तार तो आते ही रहते थे, किन्तु तार बाबू को कुछ सन्देह हो गया कि कदाचित यह तार सांकेतिक भाषा का है। उसने तार के शब्द इस प्रकार बदल दिये : 'पिताजी की दशा चिन्ताजनक है। माताजी का स्वर्गवास हो गया।' तार मिलते ही प्राप्तकर्ता डाकघर दौड़ा आया और इस आशय का तार भेजने के लिये तार बाबू को दिया : 'तुरन्त तार द्वारा सूचित करो कि माता जी की मृत्यु हुई या स्वर्गवास।'

तार बाबू ने पुलिस को सूचना दे दी। पुलिस उस व्यक्ति के घर जा पहुँची। बहुत सा सांकेतिक साहित्य उसके घर पर मिला। वह महाशय शत्रु के गुप्तचर थे और उनका सारा व्यापार सांकेतिक भाषा में ही हुआ करता था।

एक पुरानी कथा इस प्रकार है : किसी राजा के दरबार में एक कवि पहुँचे जो फटेहाल थे। नौकरी चाहते थे। राजा ने कहा : 'कोई कविता सुनाओ।' वह बोले 'दुग्धं पिवति बिड़ाला' (बिल्ली दूध पीती है)।

राजा ने कहा : "यह भी कोई कविता है?"

कवि बोले : "महाराज, इसमें किस बात की कमी है?"

राजा : अरे भई, इस प्रकार कहीं कविता होती है। कि तीन शब्द कह दिये और कविता हो गयी? कविता में तो चार चरण होते हैं।

कवि : बिल्ली के चार ही चरण तो होते हैं।

राजा : किन्तु कविता में रस भी तो होना चाहिए?

कवि : महाराज, दूध से अधिक रस और किस वस्तु में होगा?

राजा : परन्तु कविता का कुछ अर्थ भी तो होना चाहिए।

कवि : यदि मेरे पास अर्थ (धन) ही होता तो आपके यहाँ नौकरी माँगने क्यों आता?

राजा उसकी तुरत-बुद्धि से बहुत प्रसन्न हुए और उसे तुरन्त सेवा में नियुक्त कर लिया।

हाल ही में एक सच्ची घटना प्रकाशित हुई है। एक रूसी व्यक्ति बेगचन्द उत्तरी ध्रुव के समीप एक रेडियो स्टेशन पर नियुक्त था। एक दिन उसे आकाशवाणी से यह संदेश मिला : "मैं दक्षिणी ध्रुव के समीप से बोल रहा हूँ। क्या आपको मेरी आवाज़ सुनाई देती है?' इस प्रकार बेगचन्द से उसका सम्बन्ध स्थापित हो गया और परस्पर कई बार सन्देश-विनिमय हुआ। उक्त वक्ता ने अपना नाम कप्तान तानसेन बताया और कदाचित विनोद में ही एक दिन यह कह दिया कि "क्या पता, किसी दिन हम लोगों की भेंट भी हो जाय! उस दिन तुम यह सांकेतिक प्रश्न पूछना—'क्या तुमने जग्गू लेखक की लाल पहेली ग्यारह बार पढ़ी है?' इस प्रश्न से मैं तुम्हें तुरन्त पहचान लूँगा।"

यह संदेश-संचार अँगरेज़ी संकेतों में हुआ था क्योंकि तानसेन अमरीकन था और बेगचन्द अँग्रेज़ी जानता था।

इस बात को कई वर्ष बीत गये। द्वितीय महायुद्ध छिड़ गया। बेगचन्द स्तालिन की नीति से असन्तुष्ट था। वह एक दिन रूस से भाग खड़ा हुआ। रात में पैदल चलता था और दिन भर कहीं छिपा रहता था। इधर संयुक्त राष्ट्र से रूस का अनुबन्ध हो गया जिसके अनुसार अमरीकी सैनिक उन सभी रूसियों को पकड़ कर रूस वापस भेज देते थे जो रूस से भाग रहे थे।

एक दिन सन्ध्या समय बेगचन्द चला जा रहा था कि सामने से एक टैंक आता दिखाई दिया। टैंक अधिकारी ने पूछा : 'क्या तुम रूसी हो?' बेगचन्द ने कहा : 'हाँ।' उसी समय दो रूसी सेनाधिकारी उधर से जा रहे थे। अमरीकी टैंक के कप्तान ने उनसे कहा कि बेगचन्द को पकड़ कर रूस पहुँचा दें। सेनाधिकारियो ने बेगचन्द को आज्ञा दी कि उनकी गाड़ी में बैठ जाय। बेगचन्द गाड़ी पर चढ़ने वाला ही था कि उनमें से एक ने टैंक अधिकारी से कहा : 'कप्तान तानसेन, क्या बात है कि इतने अधिक रूसी अपने देश से भागे जा रहे हैं?'

बेगचन्द को एकदम पुरानी बात का ध्यान आ गया। उसने टैंक अधिकारी से पूछा : 'क्या आपने जग्गू लेखक की लाल पहेली ग्यारह बार पढ़ी है?' कप्तान तानसेन ने उसे ग़ौर से देखा। फिर एक मिनट सोचकर सेनाधिकारियों से बोले : 'मेरा विचार है कि तुम इस रूसी को मेरे ही अभिरक्षण में छोड़ दो।'

सेनाधिकारियों ने बेगचन्द को छोड़ दिया। कप्तान तानसेन ने उसे अपने टैंक में बैठा कर सुरक्षित स्थान पर उतार दिया। यह उन्हीं चुने हुए दो चार शब्दों का जादू

था कि उसकी जान बच गयी। यदि वह रूस वापस भेज दिया गया होता तो उसका परिणाम होता मृत्युदण्ड या आजन्म कारावास।

शब्दों का चुनाव

पर्याय की पुरानी परिभाषा यह थी :

> दो शब्द एक दूसरे के पर्याय माने जाते हैं यदि एक के स्थान पर दूसरे का प्रयोग किया जा सके।

जल, पानी और नीर ऐसे शब्द हैं जो अधिकतर स्थानों पर एक दूसरे के बदले प्रयुक्त हो सकते हैं। अतः उक्त परिभाषा के अनुसार ये तीनों शब्द पर्याय हो गये।

किन्तु अब पर्याय का अर्थ व्यापक होता जा रहा है। कुछ शब्द ऐसे होते हैं जिनके अर्थों में ऊपर से देखने में तो बहुत समानता होती है, किन्तु गहरे पैठने पर उनमें सूक्ष्मान्तर दिखाई पड़ता है। यों समझना चाहिए कि ऐसे शब्दों के सारभूत अर्थ तो एक ही होते हैं, किन्तु प्रयोगसिद्ध आर्थी छायायें भिन्न होती हैं। ऐसे शब्दों को पर्याय कहा जाता है।

आइए इस शब्दमाला पर विचार करें :

इच्छा, चाह, वांछा, अभिलाषा, उत्कण्ठा, कामना, लालसा, साध, स्पृहा। इनके अर्थ निम्नलिखित वाक्यों से स्पष्ट हो जाएँगे।

1. मेरी 'इच्छा' है कि आज सिनेमा जाऊँ।
2. बहुत दिन से आपसे मिलने की 'चाह' थी।
3. उसकी 'अभिलाषा' थी कि मेरे सामने ही मकान पूरा हो जाय।
4. रामस्वरूप के पुत्र हुआ, उसने 'मनवांछित' फल पाया।
5. आपने दशहरे के दिन आने को कहा था। मैं बड़ी 'उत्कण्ठा' से आज के दिन की बाट देख रहा था।
6. लाजवन्ती की 'कामना' है कि मेरे जीते जी मेरी बेटी के हाथ पीले हो जाएँ।
7. बेटा जज न हुआ तो नहीं ही हुआ। उसकी जीवन-भर की 'लालसा' पूरी न हुई।
8. शिवचरन की लड़की का विवाह एक इन्जीनियर से हो गया। उसकी 'साध' पूरी हो गयी।

इन सब वाक्यों में एक बात सामान्य रूप से पायी जाती है : हम चाहते हैं कि कोई वस्तु हमें मिल जाय, अथवा कोई काम हो जाय। इस भाव में दो तत्व निहित हैं।

(क) ऐसी सब बातों का सम्बन्ध भविष्य से है, चाहे वह निकटवर्ती हो या दूरवर्ती। वर्तमान का प्रत्येक क्षण भूत में विलिन होता जा रहा है और भविष्य का एक एक क्षण वर्तमान बनता जा रहा है। अतः यहाँ भविष्य का अर्थ शुद्ध दार्शनिक दृष्टिकोण से लगाना होगा। जो बात हम चाहते हैं, सम्भव है एक

पल में पूरी हो जाय और सम्भव है उसे पूरा होने में वर्षों लग जाएँ।

(ख) जो वस्तु हम लेना चाहते हैं, अथवा जो बात हम चाहते हैं, उससे हमें सुख प्राप्त होगा; चाहे मानसिक, चाहे आध्यात्मिक।

सबसे सरल शब्द 'इच्छा' है। यह सामान्य बातों अथवा ऐसे कामों के सम्बन्ध में प्रयुक्त होता है जिनके पूरा करने के लिए हमें कोई विशेष प्रयास नहीं करना पड़ता। यदि सिनेमा जाने की इच्छा है तो 5-7 कि.मी. चलकर जाना और टिकट ख़रीद लेना है। हमारी इच्छा हो सकती है कि एक लाख की लाटरी हमारे नाम निकल जाय। सम्भव है टिकट बेचने वाला हमारे घर पर ही आ जाय। ऐसी दशा में हमें कहीं जाने का भी कष्ट नहीं करना है। किन्तु फिर भी टिकट तो ख़रीदना ही होगा। कभी-कभी बिना प्रयास के भी इच्छा पूरी हो जाती है। मान लीजिए हमारी इच्छा है कि हमारा मित्र आज हमें मिल जाय और वह बिना बुलाये आ जाता है। हमारी इच्छा पूरी हो गयी और हमें कोई प्रयास नहीं करना पड़ा।

'चाह' को 'इच्छा' का तीव्र रूप कह सकते हैं। यदि कोई इच्छा बहुत दिन तक पूरी न हो तो वह चाह बन जाती है।

'चाह' का सम्बन्ध 'चाहना' से है जो एक सकर्मक क्रिया है जिसका अर्थ है 'इच्छा करना।' कितु चाहना स्त्रीलिंग संज्ञा के रूप में भी प्रयुक्त होता है, जिसका अर्थ 'चाह' अथवा 'आवश्यकता' है।

जाकी यहाँ चाहना है ताकी वहाँ चाहना है, जाकी यहाँ चाह ना है, ताकी वहाँ चाह ना।

अभिलाषा इच्छा का तीव्रतर रूप है। 'अभिलाषा' सामान्यतः या तो ऐसी वस्तु के लिए होती है जो हमारी पहुँच से बाहर हो या जिसकी प्राप्ति के लिए विशेष प्रयत्न करना पड़े। हमारे मन में मोटरकार खरीदने की अभिलाषा हो सकती है, मुक़दमा जीतने की हो सकती है, विश्वभ्रमण की भी हो सकती है।

इच्छा का क्षेत्र अभिलाषा के क्षेत्र से व्यापक है। यह बहुधा अभिलाषा के स्थान पर प्रयुक्त हो सकता है, किन्तु साधारणतया 'इच्छा' के स्थान पर 'अभिलाषा' का प्रयोग नहीं होगा। हम यह नहीं कह सकते कि इस समय हमारी अभिलाषा बाज़ार जाने की है। यहाँ इच्छा ही कहना होगा। किन्तु यदि बाज़ार में कोई मेला लगा हुआ है, धक्कमधुक्का हो रहा है, रास्ता चलना कठिन है, तो हम अवश्य कह सकते हैं कि मेरे मन में 'अभिलाषा' है कि मेला देख आऊँ।

'वांछा' और 'स्पृहा' भी अभिलाषा के स्तर के ही हैं। किन्तु ये दोनों शब्द इस मौलिक रूप में कम प्रयुक्त होते हैं। 'मन वांछित फल' पद का प्रयोग ऐसी वस्तु की उपलब्धि के सम्बन्ध में होता है जो बहुत दिनों से दबी पड़ी हो। 'वांछनीय' का अर्थ है 'जो वांछा के योग्य हो।' एक उदाहरण यह है :

क्या विद्यार्थियों का राजनीति में भाग लेना वांछनीय है?
इसी अर्थ में 'स्पृहणीय' आता है।

'उत्कण्ठा' में इच्छा के अतिरिक्त उत्सुकता अथवा कुतूहल की विवक्षा भी है। मान लीजिए हमारा कोई सगा-सम्बन्धी किसी गाड़ी से आने वाला है। गाड़ी का समय बीत गया। हमें चिन्ता होने लगी। ज्यों-ज्यों समय बीतता जाएगा, हमारी उत्सुकता बढ़ती जाएगी। उक्त समय हमारे मन में तीन प्रकार के भाव होंगे : अभिलाषा इस बात की कि अपने स्वजन आ जाएँ, उत्सुकता, यह जानने की कि देर का कारण क्या हुआ, आशंका, इस बात की कि कहीं कोई अनिष्ट न हुआ हो। उक्त 'अभिलाषा' और 'उत्सुकता' के मिश्रित भाव का नाम ही 'उत्कंठा' हैं 'आशंका' शब्द के क्षेत्र पृथक हैं।

'कामना' सामान्यतः ऐसी वस्तुओं की प्राप्ति के लिए होती है जिन पर अपना वश नहीं चलता। इसकी प्राप्ति के लिए हमें अपने प्रयास पर कम और दैवी कृपा पर अधिक निर्भर होना पड़ता है। पुत्र-प्राप्ति की कामना हो सकती है, पुत्री-विवाह की कामना हो सकती है। वृद्ध और रुग्ण पिता के आरोग्य की कामना हो सकती है। यों तो इन सबमें भी प्रयत्न अपेक्षित है, चाहे वह वर की खोज के रूप में हो, चाहे चिकित्सक के परामर्श और औषधियों की उपलब्धि के रूप में, चाहे गंडे, ताबीज़ों की प्राप्ति के रूप में। किन्तु हमारी संस्कृति हमें यह बताती है कि इन सबकी प्राप्ति तभी होगी जब हम पर दैव का वरद हस्त होगा। अतएव, ऐसे दृष्टान्तों में दैवी कृपा प्रमुख रहती है, मानवी प्रयास गौण हो जाता है।

जब अभिलाषा उत्कट हो जाती है, तब उसे 'लालसा' कहते हैं। इसमें लालच का पुट भी रहता है। यह आवश्यक नहीं कि लालसा पैसे की ही हो। एक डिप्टी कलक्टर की लालसा होती है कि वह कलक्टर हो जाय। कलक्टर होने पर पैसा तो अधिक मिलेगा ही, अधिकार भी विस्तृत हो जाएँगे। कई-कई चपरासी सेवा में उपस्थित रहेंगे। बड़ा-सा बँगला रहने को मिलेगा, इत्यादि।

'लालसा' में अभिलषित वस्तु पाने की तीव्र उत्सुकता रहती है। मान लीजिए वर्षों से हम यह इच्छा मन में सँजोये हुए हैं कि एक बार देश भ्रमण कर आएँ। प्रतिवर्ष हम कार्यक्रम बनाते हैं किन्तु बाधाएँ पड़ जाती हैं और हम सफल नहीं होते। अब हमारी 'अभिलाषा' 'लालसा' का रूप धारण करती जा रही है।

'साध' इच्छा का और भी उत्कृष्ट रूप है। जब अभिलाषा इतनी तीव्र हो जाती है कि वह हमारे अचेतन मन में सदैव विद्यमान रहती है तब हम उसी को 'साध' कहने लगते हैं। हमारी सदैव यह उत्कट इच्छा रहती है कि उक्त अभिलाषा किसी न किसी प्रकार पूरी होनी ही चाहिए। सामान्यतः यह ऐसी वस्तु की प्राप्ति के लिए होती है जिसकी उपलब्धि असम्भव भले ही न हो, दुस्साध्य अवश्य होती है।

उपरिलिखित सभी शब्द एक दूसरे के पर्याय हैं। इन सबकी आर्थी छायाओं में सूक्ष्मान्तर है। 'इच्छा' मन में उद्भूत होती है किन्तु सामान्यतः दूसरों पर प्रकट की जाती है। चाह मन में ही पलती और पनपती है। इच्छा पूरी करना बहुधा अपने हाथ में होता है। चाह की पूर्ति परिस्थितियों पर निर्भर होती है। इसी लिए चाह बहुत बार पूरी नहीं हो पाती। अतएव, बहुधा सुनने में आता है कि चाह मन की मन में ही रह गयी।

'लालसा' और 'कामना' दोनों का सम्बन्ध ऐसी वस्तुओं से होता है जिनकी प्राप्ति अपने वश में नहीं होती। किन्तु लालसा अपने मन में रहती है, कामना दूसरों से की जाती है, विशेषकर अपने बड़ों से। कभी-कभी कामना किसी वस्तु की प्राप्ति के लिए नहीं, वरन् किसी स्थिति से छुटकारा पाने के लिए होती है। 'अब तो प्रभु से यही कामना है कि मुझे उठा ले।' यहाँ मोक्ष अथवा स्वर्ग की प्राप्ति का भाव प्रमुख नहीं है। विशिष्ट भाव यह है कि संसार के जंजाल से छुटकारा मिल जाय।

मान लीजिए हम एक भाषा के किसी विशिष्ट शब्द पर विचार कर रहे हैं और हम किसी दूसरी भाषा का शब्द ढूँढ़ निकालते हैं जो उसी भाव का द्योतक है। तो इस शब्द को पहले शब्द का समानार्थी कहेंगे। पानी का समानार्थी अँगरेज़ी में 'वाटर' है और फ़ारसी में 'आब'।

कभी-कभी ऐसा भी होता है कि दूसरी भाषा में ऐसा कोई शब्द होता ही नहीं जो उक्त भाव को व्यक्त कर सके। ऐसी स्थिति में बहुत बार हमें किसी नये शब्द का सृजन करना पड़ता है। ऐसे शब्दों को 'तदर्थी' कहते हैं। हम यहाँ कुछ उदाहरण देते हैं :

अँगरेज़ी शब्द	**हिन्दी तदर्थी**
सर्कुलर	परिपत्र
स्टैंडर्ड	मानक
ट्रैनिंग	प्रशिक्षण

यदि किसी भाषा में दो शब्द ऐसे हों जिनके अर्थ बिलकुल एक हों तो उन्हें 'समार्थी' कहेंगे। किन्तु प्रत्येक शब्द की अपनी आत्मा होती है। प्रयोग से शब्दों के अर्थों में नयी विवक्षाएँ आ जाती हैं। अतएव ऐसे शब्द बहुत ही कम होंगे जिन्हें सच्चे अर्थ में समार्थी कहा जा सके। फिर भी इन चार शब्दों के अर्थों के सूक्ष्मान्तर मनन करने योग्य हैं :

समार्थी, पर्याय, समानार्थी, तदर्थी।

पर्यायों का महत्व

इन तीन वाक्यों पर विचार कीजिए :

पधारिए।

बिराजो।

बैठ जा।

तीनों का मूल अर्थ एक ही है, किन्तु इनके प्रभावों में कितना अन्तर है?

हमें आधुनिक गायकों का संगीत पसन्द है :

मन्ना डे, किशोर कुमार, मुकेश, सहगल।

हम कहते हैं कि चारों अच्छा गाते हैं। किन्तु क्या इतना कह देने से ही पता चल जाएगा कि चारों में अपनी-अपनी क्या विशेषताएँ हैं? हम अपना आशय इस प्रकार व्यक्त कर सकते हैं :

मन्ना डे की आवाज़ में लोच है।

किशोर कुमार की आवाज़ में दर्द है।

मुकेश की आवाज़ में माधुर्य है।

किन्तु स्वर-सम्राट सहगल की आवाज़ में इन तीनों तत्वों का अद्‌भुत सम्मिश्रण है।

हम भिन्न-भिन्न लेखकों की शैली पर टीका-टिप्पणी करते हैं। किसी की भाषा चुलबुली होती है, किसी की लच्छेदार, किसी की मुहावरेदार, किसी की सरल, किसी की क्लिष्ट। जो ठीक स्थान पर ठीक शब्द का प्रयोग कर सके, उसी को सफल लेखक कहते हैं। कुछ लेखक तो इतनी सुष्ठु भाषा लिखते हैं कि उनके लेख में हम कोई भी शब्द घटा-बढ़ा नहीं सकते।

सूर्य की किरणों के कण इतने सूक्ष्म होते हैं कि वे शीशे को भी पार कर जाते हैं। वायु शीशे में नहीं जा सकती, दीवार में नहीं जा सकती, किन्तु झाड़ियों में जा सकती है। जब हम 'वायु' शब्द का प्रयोग करते हैं तब उसमें वायु का हल्कापन प्रतीत होता है, किन्तु 'पवन' वन जैसा भारी-भरकम दिखाई पड़ता है। 'समीर' का उच्चारण करते ही मानों हमें फूलों की गन्ध से महकते हुए समीर का आभास होता है। आँधी और अन्धड़ मानो हमारी आँखों में धूल झोंक कर हमें अन्धा कर देंगे। 'चक्रवात' से चक्कर सा आने लगता है। झंझा और झक्कड़ से ऐसा लगता है मानो हम किसी झाड़-झंखाड़ में फँस गये हैं।

हम 'अनन्त आकाश' तो कहते हैं किन्तु यदि समुद्र की गहराई के विषय में बात कर रहे हों तो 'अनन्त' का प्रयोग नहीं करेंगे, 'अथाह समुद्र' कहना होगा। किसी का ज्ञान 'अगाध' हो सकता है, किन्तु तारों की संख्या 'अनगिनत' कहलाएगी। किसी से 'असीम' प्रेम हो सकता है, किन्तु किसी में मूर्खता 'असीम' नहीं हो सकती। यहाँ 'अत्यधिक मूर्खता' कहना होगा। किसी के पास 'अपरिमित' धन हो सकता है, पर भूमंडल 'अपरिमित' नहीं है, 'परिमारहित' है।

भूमध्य रेखा की लम्बाई मापित है। सम्भव है पृथ्वी पर दो स्थान ऐसे हों जिनके

बीच की दूरी 'अमापित' हो, किन्तु 'अमापनीय' नहीं होगी। परन्तु ब्रह्माण्ड की विमाएँ (डायमेंशंस) 'अमापित' भी हैं, 'अमापनीय' भी। हरि अनन्त, हरि कथा अनन्ता।

यदि हमारे शब्द-भण्डार में पर्याय न हों तो उपरिलिखित समस्त भावों का विभेदन हो ही नहीं सकेगा। इसके अतिरिक्त यदि कई स्थानों पर बार-बार एक ही शब्द आये तो उसमें एकरसता आ जाएगी और पाठक ऊबने लगेंगे।

शब्द और अर्थ

'अर्थ' और 'विवक्षा' में अन्तर होता है। किसी के घर पर बच्चा जन्म लेता है। वह ज्योतिषी को बुला कर उसका भविष्य पूछता है। ज्योतिषी कहता है कि 'बच्चा बड़ा होनहार है।' इसका अर्थ यह हुआ कि 'बच्चा बड़ा होकर धन और यश कमायेगा, प्रतिष्ठा प्राप्त करेगा, माँ-बाप का नाम उज्ज्वल करेगा।'

किन्तु यदि बच्चा किसी चोर के घर पर जन्म ले और उसका बाप कहे कि 'बच्चा होनहार प्रतीत होता है', तो इसका अर्थ क्या होगा? स्पष्ट है कि बाप की उक्ति का मतलब यह होगा कि बच्चा बड़ा होकर एक चतुर चोर या गिरहकट होगा। 'होनहार' शब्द वही है, किन्तु साहचर्य से उसकी विवक्षा में आकाश-पाताल का अन्तर पड़ जाता है।

यदि हम यह कहें कि 'श्रीविलास बड़ा चतुर आदमी है, उसके क्या कहने हैं'; तो इसका यह अर्थ हुआ कि हम श्रीविलास की प्रशंसा कर रहे हैं, उसे अनुसरणीय बता रहे हैं। किन्तु कोई यह कहे कि 'श्रीविलास बड़ा चतुर है, तनिक सावधान रहना', तो इसका आशय यह हुआ कि हम श्रीविलास की बुराई कर रहे हैं, उसे अवांछनीय व्यक्ति बता रहे हैं। पहले प्रसंग में 'चतुर' में बुद्धिमान, समझदार, होशियार की विवक्षा है, दूसरे में चालाक, मक्कार, काइयाँ की।

'पक्का' का प्रमुख अर्थ है 'पक्व, परिपक्व, पुष्ट, पूर्ण रूप से विकसित', जैसे : पक्का मकान, पक्का विचार। किन्तु इस सीधे-सादे अर्थ की विवक्षा में भी प्रसंग से अन्तर पड़ जाता है। शतरंज के किसी शौकीन के विषय में यदि हम यह कहें कि 'वह एक पक्का खिलाड़ी है,' तो यह वाक्य प्रशंसा का ही द्योतक समझा जाएगा। किन्तु यदि किसी व्यक्ति के विषय में कहें कि 'वह पक्का चोर है, या बेईमान है' तो ये वाक्य निन्दा के द्योतक होंगे। यहाँ शब्द का वास्तविक अर्थ नही बदलता। मौलिक अर्थ तो 'पुष्ट' ही रहता है, किन्तु 'चोर' और 'बेईमान' जैसे निन्दात्मक शब्दों के साहचर्य के कारण, 'पक्का' शब्द में निन्दा का भाव भी आ जाता है।

'पक्का' का दूसरा अर्थ है 'दृढ़'। जब हम कहते हैं कि 'अमुक व्यक्ति अपनी बात का पक्का है', तब आशय यह होता है कि वह बात का धनी है, वचन का पालन करनेवाला है। किन्तु यदि यह कहें कि 'वह पक्का बदमाश है, कितना ही मारो, भेद

नहीं बताएगा', तो ये शब्द प्रशंसात्मक नहीं समझे जाएँगे। वास्तव में दोनों प्रसंगों में 'पक्का' का अर्थ 'दृढ़' ही है; एक स्थान पर अच्छी बात पर दृढ़, दूसरे स्थान पर बुरी बात पर दृढ़। जेल में जिन अपराधियों को रहते कई वर्ष हो जाते हैं और जिनकी कोई शिकायत नहीं होती, अर्थात जो अपने आचरण पर दृढ़ रहते हैं, उन्हें जेल के अधिकारी 'पक्का' कहते हैं।

हमारी प्राचीन पुस्तकों में साहचर्य और सत्संग की बड़ी महिमा बखानी गयी है। यहाँ तक कहा गया है कि यदि कोई भक्त राम, राम के बदले मरा, मरा कहता रहे, तो भी तर जाएगा।

कभी-कभी 'ईमानदार चोर' जैसे पद भी दिखाई पड़ते हैं। यह पद एक निरर्थक शब्द-जाल नहीं है। वास्तव में 'ईमानदार चोर' भी हुआ करते हैं। ऐसे लोग चोरी तो करते हैं किन्तु अपने दल के सदस्यों से सदैव ईमानदारी का व्यवहार करते हैं। चोरी के माल में ईमानदारी से हिस्सा बाँट कर देते हैं। इसके अतिरिक्त एक दूसरे को दिये हुए वचनों का पालन करते हैं। यहाँ तक देखा गया है कि छंटे हुए गुण्डे भी जिसे एक बार अपना कह देते हैं, उसके साथ जीवन भर उसी रूप में निभाते हैं। तथाकथित चरित्रवान व्यक्ति भले ही डिग जायँ, ये लोग नहीं डिगते।

कुछ शब्दों के कई-कई अर्थ होते हैं। तनिक 'अच्छा' शब्द पर विचार कीजिए। इसका साधारण अर्थ है 'उत्तम, बढ़िया', जैसे : अच्छा स्वास्थ्य, अच्छे दिन।

अब मान लीजिए कि हम किसी से कहें : 'भाई, तुम अच्छे आये। हम लोग तुम्हारी ही याद कर रहे थे।' इसका आशय यह होगा कि तुम ठीक अवसर पर आये।

अब एक अन्य स्थिति पर विचार कीजिए। एक व्यक्ति वचन देकर भी नहीं आया। यदि उससे हम कहें कि 'आज तो तुम अच्छे आये, हम तो बाट देखते ही रह गये', तो यह उलाहने का रूप है। इसका अर्थ यह है कि 'तुम क्यों नहीं आये? तुम्हें आना चाहिए था।'

एक और प्रयोग देखिए। आप अपने छोटे भाई से कहते हैं कि 'आज शाम को बाजार से तरकारी ले आना।' वह कहता है 'अच्छा।' यहाँ यह शब्द स्वीकृति का द्योतक है। इसमें अच्छाई अथवा अच्छेपन का भाव नहीं है।

एक और प्रयोग उल्लेखनीय है। मान लीजिए आप किसी मित्र से कहें : 'भई, आज चन्द्रप्रताप जी कोठे से गिर पड़े।' उसके मुँह से तुरन्त निकलेगा, 'अच्छा!' यहाँ वही शब्द आश्चर्य का द्योतक हो गया है। इसमें न बढ़ियापन का भाव है, न स्वीकृति का।

'जी' का संज्ञा रूप में अर्थ है 'मन या हृदय'। इस अर्थ पर तो हम इस समय विचार नहीं करेंगे। अव्यय के रूप में 'जी' एक आदरसूचक शब्द है किन्तु इस दूसरे अर्थ में भी कई प्रकार के भाव निहित हैं। तनिक इस संवाद पर विचार कीजिए :

राम : आइए श्याम जी, आज आपको शतरंज का खेल सिखाऊँ।

श्याम : जी, आया भाई साहब।

राम : देखिए, शतरंज में 16 मुहरे होते हैं जिनमें से एक राजा, एक मन्त्री, एक ऊँट...जी?

श्याम : जी।

राम : जी। अब देखिए, राजा इस प्रकार चलता है।

इस सम्वाद में 'जी' के पाँच प्रकार के प्रयोग दिखाए गये हैं।

पहले स्थान पर जी केवल सम्बोधन का एक आदरसूचक शब्द है। जब हम किसी बड़े को सम्बोधित करते हैं तब इसका प्रयोग करते हैं, जैसे : लालाजी, बाबूजी...। यही शब्द तब भी प्रयुक्त होता है जब हम किसी अपरिचित अथवा कम परिचित से बात करते हैं, जैसे : कामताप्रसाद जी, लल्लन जी। हिन्दू परिवारों में छोटे भाई बड़े भाई का नाम लेकर नहीं पुकारते। भाई साहब, भाई जी, भइये जी...कहकर सम्बोधित करते हैं। घर की मालकिन को भी बाहर वाले लोग माताजी, बहूजी, बहन जी...कहकर पुकारते हैं।

दूसरे स्थान पर 'जी' उत्तर देने का एक सम्मानसूचक शब्द है। जब हम नौकर को आवाज देते हैं : 'ओ रमचेरा', तो वह जवाब देता है : 'जी।' यह अव्यय केवल इस बात का सूचक है कि 'मैंने आपकी आवाज़ सुन ली। कहिये, क्या आज्ञा है।'

तीसरे 'जी' में प्रश्नात्मक भाव हैं जिसका आशय है 'क्या आप समझ गये?' कभी-कभी कोई कुछ कहता है और हम सुन नहीं पाते, या समझ नहीं पाते, तब हम कहते हैं 'जी?' इसका अर्थ हुआ : 'समझा नहीं, कृपया फिर से कहिये।' यहाँ 'जी?' का वही अर्थ है, जो अँग्रेजी के 'आइ बेग यॉर पार्डन' का। कभी-कभी 'जी' में प्रश्नात्मक भाव के साथ आश्चर्य की विवक्षा भी रहती है। मान लीजिए, हमने किसी दुकानदार से एक बनियान के दाम पूछे। उसने कहा : 'दस रुपये।' हमारे मुँह से अनायास ही निकलेगा : 'जी? दस रुपये?' आशय यह है कि 'क्या वास्तव में बनियान का मूल्य इतना अधिक है?'

चौथे 'जी' में केवल स्वीकारोक्ति है। आशय यह है कि 'जी हाँ, मैं समझ गया।' आप किसी से पूछते हैं : 'क्या तुम कल दिल्ली जा रहे हो?' उत्तर मिलता है, 'जी।' इसका अर्थ यह हुआ कि 'आपका विचार ठीक है। मैं दिल्ली जा रहा हूँ।' 'जी'। सदैव स्वीकारात्मक ही होता है, अन्यथा कहना होगा, 'जी नहीं।'

अन्तिम 'जी' केवल सन्तोष का द्योतक है।

इसके अतिरिक्त कई अन्य प्रसंगों में 'जी' के और भी कई अर्थ होते हैं।

अर्थ परिवर्तन

कभी-कभी प्रयोग से शब्दों के अर्थ बदल भी जाते हैं। शब्द 'विकार' पर विचार कीजिए। इसका मौलिक अर्थ है 'परिवर्तित रूप'। 'वह जाने वाला है' इस वाक्य में

'जाने' शब्द 'जाना' का विकृत रूप अर्थात 'विकार' है। दही दूध का 'विकार' है। इस अर्थ में दोष का कोई भाव नहीं है। किन्तु आज सर्वत्र 'विकार' का अर्थ दूषित भावना या पदार्थ ही लिया जाता है जैसे : 'उसके मन में 'विकार' आ गया।' 'मल शरीर का विकार है'—इस वाक्य में भी 'विकार' का अर्थ दोषयुक्त पदार्थ ही है।

'व्यापार' का वास्तविक अर्थ है 'वह कार्य जिसमें कोई व्यक्ति लगा रहे, अर्थात् व्यस्त रहे।' किसी का व्यापार हो सकता है उपन्यास पढ़ना या शतरंज खेलना। इन कामों में लाभ-हानि अथवा क्रय-विक्रय का कोई भाव नहीं है। किन्तु साधारणतया मनुष्य वही काम करता है जिससे उसकी जीविका चले। विशेष कर, वस्तुओं का क्रय-विक्रय जीविकोपार्जन के लिए ही किया जाता है। अतः 'व्यापार' का प्रचलित अर्थ हो गया 'वस्तुओं के खरीदने और बेचने का व्यवसाय।' आजकल बहुधा लोग 'व्यापार' से ऐसे ही व्यवसाय का अर्थ लगाते हैं।

'आलोचना' का मौलिक अर्थ है 'किसी वस्तु अथवा व्यक्ति के गुण-दोष का विवेचन।' सच्चा आलोचक वही हो सकता है जो निष्पक्ष भाव से गुण और दोष दोनों का दिग्दर्शन करा सके। किन्तु कदाचित् कुछ आलोचकों ने अवगुणों पर ही अधिक ध्यान देना आरम्भ कर दिया। अतः दीर्घ प्रयोग से आलोचना में छिद्रान्वेषण का भाव आ गया है। इस प्रकार कटु आलोचना, कड़ी आलोचना जैसे पद बन गये। 'प्रशंसा करना आता नहीं, तुम तो निरे आलोचक हो।' इस वाक्य में 'आलोचना' से आशय दोष-दर्शन अर्थात् 'एकपक्षी आलोचना' का ही है।

'छुट्टी' का वास्तविक अर्थ है 'छुटकारा'। 'इस काम से छुट्टी पाऊँ तो चलूँ'—इस वाक्य में छुट्टी अपने वास्तविक अर्थ में ही प्रयुक्त हुआ है। स्कूल के बच्चे कहते हैं: 'आज तो स्कूल में मैच था। एक बजे ही छुट्टी हो गयी।' किन्तु आजकल छुट्टी 'विरामदिवस' और 'अवकाश' के अर्थ में भी प्रयुक्त हो रहा है। यह कदाचित् इस प्रकार हुआ होगा कि किसी अवकाश के दिन किसी ने किसी लड़के से पूछा होगा : 'आज तुम्हारे स्कूल में कितने बजे छुट्टी होगी?' उसने उत्तर दिया होगा : 'आज तो स्कूल जाना ही नहीं है। आज तो दिनभर छुट्टी ही छुट्टी है।' धीरे-धीरे छुट्टी इस अर्थ में भी रूढ़ हो गया।

'अनिवार्य' का अर्थ है 'अटल' अर्थात् जो टाला न जा सके, जैसे : मृत्यु अनिवार्य है। इस शब्द का अँगरेज़ी समानार्थी होगा, 'इनेविटेबुल', किन्तु आजकल परीक्षाओं के प्रश्न-पत्रों में बराबर लिखा रहता है : 'किन्हीं सात प्रश्नों के उत्तर दो। प्रश्न 3 अनिवार्य है।' यहाँ 'अनिवार्य' से तात्पर्य 'कम्पलसरी' का है। यह 'अनिवार्य' का गलत प्रयोग है। इसके स्थान पर 'विवशक' होना चाहिए।

इसी प्रकार 'अवस्था' का मौलिक अर्थ है 'दशा'। किन्तु आजकल बहुधा यह शब्द 'वय' के अर्थ में प्रयुक्त हो रहा है। यदि इस प्रकार के शब्दों की सूची तैयार की जाय जिनके अर्थ प्रचलन से बदल गये हैं तो उनकी संख्या सहस्रों में पहुँचेगी। किन्तु यह कोई दोष नहीं है। यह तो जीवित भाषा का एक लक्षण है।

2
संज्ञा प्रयोग

पिछले अध्याय में हम संकेत कर चुके हैं कि शब्दों के चुनाव में हमें बड़ी सावधानी बरतनी चाहिए। किस स्थान पर किस शब्द का प्रयोग किया जाय, यह बहुत कुछ प्रसंग पर निर्भर है। इस अध्याय में हम यह दिखाने का प्रयत्न करेंगे कि बड़े-बड़े दिग्गज लेखक भी संज्ञाओं तक के प्रयोग में प्रमाद कर जाते हैं।

प्रेमचन्द की 'कफ़न' नामक कहानी का एक वाक्य है : 'माधव को भय था कि वह कोठरी में गया, तो घीसू आलुओं का बड़ा भाग साफ कर देगा।'

इस प्रसंग में हम तीन शब्दों पर विचार करेंगे :

आशंका डर भय

इनमें से 'भय' सबसे अधिक प्रचलित शब्द है। यह वह सिहरन है जो हमारे शरीर में होती है जब हम कोई डरावनी वस्तु अथवा दृश्य देखते हैं। कभी-कभी तो मनुष्य इतना भयभीत हो जाता है कि थर-थर काँपने लगता है। उदाहरणार्थ :

1. ऐसा भयानक स्वप्न देखा है कि अभी तक भय से काँप रहा हूँ।
2. मुझे भूत के नाम से भी भय लगता है।
3. सिपाही को किस बात का भय?

कभी-कभी हमें किसी भावी अनिष्ट की सम्भावना दिखाई देती है। उस समय चित्त में जो व्याकुलता और चिन्ता होती है, उसी को 'आशंका' कहते हैं। इसमें किसी डरावने अथवा रोमांचकारी दृश्य अथवा वस्तु का कोई प्रसंग नहीं होता। उदाहरणार्थ :

1. मुझे आशंका है कि गाड़ी एक घंटे की देर से आएगी।
2. क्या कहा, 'ज्वर एक सप्ताह में उतरेगा?' ऐसी आशंका क्यों?
3. उसे आशंका थी कि कहीं मैं उसे सिनेमा जाते न देख लूँ।

'डर' शब्द उर्दू का है। यह 'भय' के स्थान पर प्रयुक्त होता है और उससे कुछ हलका है। कभी-कभी इसका प्रयोग आशंका के स्थान पर भी होता है। उदाहरणार्थ :

1. मुझे डर लग रहा है, पिताजी कुछ कह न बैठें।

2. चले आओ, डर किस बात का?

3. तुम इतनी सी बात से डर गए।

इस सम्बन्ध में रामचन्द्र वर्मा की पुस्तक 'शब्दार्थ दर्शन' (रचना प्रकाशन, इलाहाबाद, 1968) पठनीय है। पृ. 459 पर वर्मा जी लिखते हैं :

'भय' अर्थ और प्रयोग दोनों के विचार से बहुत व्यापक है। कोई अनिष्टकारी बात या संकट आने पर अथवा उसकी सम्भावना होने पर मन में जो चंचलता और विकलता होती है और उसके फलस्वरूप अनिष्ट अथवा संकट से बचने की जो इच्छा या प्रवृत्ति होती है, उन सबका वाचक 'भय' है।

हम इस विचार से सहमत नहीं हैं। हमारे विचार में यह व्याख्या 'आशंका' पर लागू है, 'भय' पर नहीं। यदि किसी वर्ष पानी न पड़े और अकाल की सम्भावना हो तो हम कहेंगे कि : 'अकाल की आशंका है।' यहाँ 'भय' का प्रयोग नहीं होगा यद्यपि संकट की पूरी सम्भावना है। स्पष्ट है कि प्रेमचन्द के उपरिलिखित वाक्य में 'भय' के बदले 'आशंका' का प्रयोग होता तो अधिक उपयुक्त होता।

'भय' के इसी प्रकार के अनुपयुक्त प्रयोगों के कुछ और उदाहरण लीजिए :

(क) जब महाराज की आयु पूरे सौ वर्षों की हो जायेगी तब मुझे 'भय' है कि राजकुमार मुझे सुख से न रहने देंगे। (रामचन्द्र वर्मा : 'अच्छी हिन्दी', संस्करण 15, पृ. 75)

(ख) कहीं फिर से खो दें, मुझे यही भय है। (सुदर्शन 'काया-पलट')

अब इस वाक्य पर ध्यान दीजिए :

जो कुछ हो, इस अग्रगामिता का प्रसाद द्विवेदीजी को यह मिला कि कई बार प्रस्ताव किये जाने पर भी विश्वविद्यालयों ने उन्हें सम्मानित डिग्री देना अस्वीकार कर दिया। यही आशा भी की जाती थी। (नन्ददुलारे वाजपेयी : आचार्य रामचन्द्र शुक्ल पर लेख)

'आशा' 'आशंका' से बिल्कुल उलटी होती है। हमें आशा ऐसी वस्तु की होती है जिसकी हम कामना करते हैं, आशंका ऐसी वस्तु की होती है जो हम नहीं चाहते।

यदि हम अपने किसी ऐसे मित्र की बाट देख रहे हैं, जिसे हम पसन्द करते हैं और चाहते हैं कि वह आये, तो हम कहेंगे कि 'आशा है वह आएगा।' किन्तु यदि किसी ऐसे व्यक्ति के आने की सम्भावना है जिसका आना हमें पसन्द नहीं है, तो हम कहेंगे कि 'आज उसके आने की आशंका है।'

श्री नन्ददुलारे वाजपेयी के उपरिलिखित उद्धरण में 'आशा' के बदले 'आशंका' होना चाहिए था।

एक समाचार का नमूना देखिए :

आसनसोल के पास पृथ्वी में आग लग गयी है। आग के बढ़ने की 'आशा' है। आग के बढ़ने की आशा होगी लिखनेवाले को, हमें तो आशंका है।

अब तनिक इन वाक्यों पर विचार कीजिए :

(*i*) मैं प्रवासी भारतवासियों की समस्याओं में भी बहुत 'अनुराग' लेता था।
(सेठ गोविन्ददास : 'महापुरुषों के साथ', महात्मा गाँधी)

यहाँ 'अनुराग' शब्द उनुपयुक्त है।

कुछ लोग बेमेल शब्दों का प्रयोग कर जाते हैं। हम 'दिन का उजाला' और 'रात का अँधेरा' तो कह सकते हैं, किन्तु 'दिवस की रोशनी' और 'रात्रि की तारीकी' जैसे प्रयोग कैसे लगेंगे? हम अपने किसी मित्र से कहते हैं कि 'तुमने मेरे पत्र का उत्तर नहीं दिया अथवा तुमने मेरे खत का जबाब नहीं दिया।' किन्तु यह कहना कितना अटपटा लगेगा : 'तुमने मेरे खत का उत्तर नहीं दिया।'

अब इस वाक्य पर विचार कीजिए :

स्वास्थ्य के लिहाज़ से भी हमारा देश बहुत पिछड़ा हुआ है। (गुलाबराय : 'देशभक्ति और नागरिक कर्तव्य')

'स्वास्थ्य' के साथ 'लिहाज' बेतुका लगता है।

अब हम दूसरा प्रसंग लेते हैं। दो वाक्य लीजिए :

1. लड़का बोला।
2. लड़के ने कहा।

पिछले वाक्य में 'लड़का' का रूप 'लड़के' हो गया है। अधिकतर आकारान्त पुल्लिंग संज्ञाओं के साथ जब कोई विभक्ति आती है तब उनके अन्तिम 'आ' का 'ए' हो जाता है। यह उक्त संज्ञाओं का तिर्यक रूप कहलाता है। कुछ उदाहरण लीजिए :

(क) परनाला भरा हुआ है / परनाले में पानी भर गया है।

(ख) ख़ोंचा उठा लो / ख़ोंचे में से पैसा उठा लो।

(ग) बाजा कब खरीदा / बाजे का क्या मूल्य है?

किन्तु इस नियम के कुछ अपवाद भी हैं, जैसे :

1. मामा ने कहा।
2. वह दरिया में बह गया।

यहाँ 'मामा' का 'मामे' न होगा, न 'दरिया' का 'दरिये।' (कुछ पंजाबी 'मामे' और 'दादे' जैसे प्रयोग करते हैं।)

अब देखिये चन्द्रधर शर्मा गुलेरी की कहानी 'उसने क़हा था' का अन्त :

चाचा-भतीजा दोनों यहीं बैठ कर आम खाना।

अधिक प्रचलित प्रयोग हैं 'चाचा-भतीजे'। यहाँ विभक्ति नहीं है।

वचन

दो कालवाची शब्दों पर विचार कीजिए :

एकवचन : दिन, वर्ष

बहुवचन : दिन, दिनों, वर्ष, वर्षों

हम इन बहुवचनों का प्रयोग इस रूप में करते हैं :

1. कई (अथवा बहुत) दिन से पानी नहीं बरसा।
   नीचे लिखे 'दिनों' को 'घंटों' में परिवर्तित करो।
2. वह तीन (अथवा कई) वर्ष से बीमार है।
   वह वर्षों से बीमार है।
3. चार दिन का छोकरा गाली देता है।
   इन दिनों बाजार में आग लगी हुई है।
4. दो वर्ष में क्या से क्या हो गया?
   यह वर्षों पहले की बात है।

स्पष्ट है कि जहाँ अवधि का परिमाण निश्चित अथवा निश्चितप्राय होगा, वहाँ 'दिन' और 'वर्ष' बहुवचन रूप में ज्यों के त्यों बने रहेंगे। किन्तु जहाँ बिल्कुल अनिश्चित अवधि होगी, वहाँ 'दिनों' और 'वर्षों' हो जाएँगे।

प्रश्नवाचक वाक्यों में भी एकवचन रूप में परिवर्तन नहीं होता, क्योंकि इनका अभिप्राय भी परिमाण जानने का ही होता है। उदाहरणार्थ :

यह कितने दिन की बात है?

अभी तुम्हें यहाँ रहते कौन बहुत दिन हो गये?

किन्तु ये प्रयोग सार्वत्रिक नहीं हैं। कुछ लेखक 'दिनों' और 'वर्षों' का प्रयोग करते हैं जहाँ हमने 'दिन' और 'वर्ष' प्रयुक्त किये हैं। दो एक उदाहरण देखिए :

(क) दो चार 'दिनों' के बाद फिर पहलवान ने मुझको एक कार्ड दिखलाया। (पदुमलाल पुन्नालाल बख्शी : 'एक चरित्र')

(ख) कुछ 'दिनों' के बाद कविता आ गयी। (सुदर्शन : 'हंस की चाल')

(ग) फिर केवल बीस 'वर्षों' की अवस्था। (बेचन शर्मा उग्र : 'देशभक्त')

(घ) धीरे-धीरे उठते हुए लाखों 'वर्षों' में अपनी वर्तमान उन्नत अवस्था तक पहुँचे हैं। (रामचन्द्र वर्मा : 'अच्छी हिन्दी', पृ. 18)

(ङ) और सब भूतों की दृष्टि से छिपी हुई हजारों 'वर्षों' तक इस आश्रम में रहेगी। (धीरेन्द्र वर्मा : 'अहल्या')

यहाँ तक तो हम इसे प्रयोग-वैभिन्नय कह सकते हैं। किन्तु आश्चर्य तब होता है जब एक ही लेखक एक स्थान पर एक प्रकार के बहुवचन का प्रयोग करता है, दूसरे स्थान

पर दूसरे प्रकार का; और कभी-कभी तो ये प्रयोग एक दूसरे के आगे-पीछे ही आ जाते हैं। देखिए :

(अ) कितने 'दिनों' में हम लोग पहुँचेंगे?
अनुकूल पवन पर दो 'दिन' में। (प्रसाद : 'आकाश-दीप')

(आ) लगभग चार 'वर्षों' तक उन्होंने निरंतर एक से एक अच्छे निबन्ध, कहानियाँ और कविताएँ ही नहीं लिखीं, अपितु अच्छे नाटक भी लिखे। इसके दो 'वर्ष' बाद चित्रा और फिर 'उर्वशी' प्रकाशित हुई। (हरिभाऊ उपाध्याय : 'गुरुदेव')

हिन्दी के कुछ शब्द ऐसे हैं जो सदा बहुवचन रूप में ही प्रयुक्त होते हैं, जैसे :
हस्ताक्षर, दर्शन, प्राण, दाम, हिज्जे, लोग

डा. वासुदेव नन्दन प्रसाद ने इस सूची में निम्नलिखित शब्दों को भी जोड़ दिया है :
समाचार, होश, भाग्य, आँसू
('आधुनिक हिन्दी व्याकरण और रचना', 11वाँ संस्करण, 1973, भारती भवन, पटना, पृ. 235)

हम नहीं मानते कि ये चारों शब्द एकवचन रूप में प्रयुक्त नहीं होते। प्रतिदिन ऐसे प्रयोग हमारे देखने में आते हैं :

(क) दुःखद समाचार मिला।
(ख) मुझे तो होश नहीं रहा।
(ग) अपना-अपना भाग्य है।
(घ) ऐसी खबर सुनने पर भी एक आँसू न निकला।

हमारे विचार में प्रायः वे ही शब्द उक्त वर्ग में आते हैं जो हमने ऊपर दिये हैं। किन्तु अब तो इन शब्दों का भी एकवचन रूप में प्रयोग चल पड़ा है। कुछ नमूने देखिए :

1. उनका दर्शन भी वेद-विद्या ही से प्राप्त है। (प्रतापनारायण मिश्र : 'शिवमूर्ति')
2. आजकल आपकी कलों का दाम तो हजारों रुपया है। (सरदार पूर्णसिंह; 'मजदूरी और प्रेम')

यहाँ तक तो ठीक है। किन्तु कुछ लेखक एक स्थान पर ऐसे किसी शब्द का प्रयोग एकवचन रूप में करते हैं, दूसरे स्थान पर बहुवचन रूप में। उपरिलिखित लेख में ही देखिए :

जब कभी मैं इस बेमुकुट के गोपालों 'का दर्शन' करता हूँ, मेरा सिर स्वयं ही झुक जाता है। जब मुझे किसी फ़कीर 'के दर्शन' होते हैं...

हिन्दी के कुछ ऐसे शब्द होते हैं जो सदैव एकवचन में ही उपयुक्त होते हैं, जैसेः समय, सामग्री, सामान

किन्तु बहुत से लेखक इनका बहुवचन रूप में प्रयोग कर जाते हैं। यथा :

(क) चाहे युद्ध हो, चाहे मरण ही क्यों न हो—जिसका मन ऐसे 'समयों' में भी हिमाचल की तरह अचल रहता है, वही धीर है। (राय कृष्णदास 'धीर')

(ख) और घूमकर हवन की सामग्रियाँ ले रही थीं। (सीताराम चतुर्वेदी : 'कालिदास ग्रन्थावली'—रघुवंश)

'सामग्रियाँ' तभी कह सकते हैं—जब कई प्रकार की सामग्री से तात्पर्य हो।

अब बहुवचन सम्बन्धी कुछ अन्य भूलों के उदाहरण देखिए :

1. और प्रकार के 'ज्ञानों' की वृद्धि नहीं होती। (महावीर प्रसाद द्विवेदी : 'विचार विमर्श' पृ. 61)

2. फूल और 'मोतियों' की माला से गुंथे हुए। ('कालिदास ग्रन्थावली'—रघुवंश) क्या माला में मोती अनेक थे और फूल एक ही था?

विदेशी शब्दों के बहुवचन रूप

एक स्थान पर यह सूचना लिखी हुई थी :

केवल 10 मोटर कार ठहरने का स्थान।

प्रायः समस्त भाषाएँ दूसरी भाषाओं से शब्द ग्रहण करती हैं। किन्तु उनके बहुवचन रूप अपने व्याकरण के नियमों के अनुसार बनाती हैं। अंग्रेज़ी ने हिन्दी का 'गुंडा' शब्द लिया तो उसका बहुवचन 'गुंडाज' बनाया, न कि 'गुंडे' और 'गुंडों'। इसी प्रकार के ये शब्द हैं : जंगल (जंगल्स), राजा (राजाज), पंडित (पंडित्स)।

अतः यदि हम किसी हिन्दीतर भाषा का कोई शब्द अपनाएँगे तो उसका बहुवचन रूप हिन्दी के व्याकरण के नियमों के अनुसार बनाएँगे। हमने 'इंजन' शब्द अँगरेज़ी से लिया है। पर हम कहते हैं :

पाँच इंजन खड़े हैं।

इंजनों में तेल डाल दो।

इन वाक्यों में 'इंजन' और 'इंजनों' के स्थान पर 'इंजंस' नहीं हो सकता।

इसी प्रकार का एक शब्द स्कूल है। इन वाक्यों पर विचार कीजिए :

इस वर्ष दस नये स्कूल खुले हैं।

इन दो स्कूलों में 2000 विद्यार्थी भरती हुए हैं।

इन वाक्यों में 'स्कूल' और 'स्कूलों' के स्थान पर हम 'स्कूल्स' नहीं लिख सकते।

अतएव, उपरिलिखित सूचना का यह रूप होना चाहिए :

केवल 10 मोटर कारों के ठहरने का स्थान।

हमने कुछ दुकानों के इस प्रकार के नाम देखे हैं :

श्यामजी स्टोर्स

इसमें भी वही गलती है। हम 'स्टोर' को अपना सकते हैं किन्तु इसका बहुवचन रूप यथावसर 'स्टोर' अथवा 'स्टोरों' बनाएँगे।

अब इस सन्दर्भ में निम्नलिखित अंश देखिए :

> 'चार फुट' और 'काग़ज़' (बहुवचन में भी) तो हिन्दी की प्रकृति के अनुकूल होगा, परन्तु 'चार फीट' और 'काग़जात' कहना इसलिए हिन्दी की प्रकृति के विरुद्ध होगा कि हमारे यहाँ कोई ऐसा नियम नहीं है जिससे 'फुट' का बहुवचन 'फ़ीट' या 'काग़ज़' का बहुवचन 'काग़ज़ात' बनता हो। (रामचन्द्र वर्मा : 'अच्छी हिन्दी', पृ. 36)

इस सम्बन्ध में पं0 किशोरीदास वाजपेयी की टिप्पणी पठनीय है। 'अच्छी हिन्दी का नमूना' की टिप्पणी 109 में आप लिखते हैं :

मेरे जैसे लोग कहते हैं कि ऐसे एकाध रूढ़ शब्द ज्यों के त्यों चलेंगे : 'काग़ज़ात देखे जा रहे हैं' की जगह 'काग़ज़ देखे जा रहे हैं' से काम न चलेगा?

क्यों न चलेगा, क्योंकि वाजपेयी जी के विचार से 'काग़ज़ात' उतना ही रूढ़ है जितना 'काग़ज़'। हम ऐसा नहीं मानते। पता नहीं वाजपेयी जी का इन शब्दों के विषय में क्या विचार है : ज़ेवरात, दुकानात, जंगलात। आगे वाजपेयी जी कहते हैं :

> यही बात आदाब अर्ज़ में है। यदि नाटक आदि में ऐसा प्रयोग करना हो, तो किसी वैसे पात्र के मुँह से आदाब अर्ज ही कराया जायगा। 'अदब' के एक वचन 'अदब अर्ज़' से काम न चलेगा। न 'अदबों का अर्ज़' होगा।

हमने 'आदाब अर्ज़' लिया है, 'अदब' का बहुवचन 'आदाब' नहीं लिया है। सच पूछिए तो 'आदाब अर्ज़' भी नहीं लिया है, 'आदाबर्ज़' लिया है जिसमें आदाब का 'अदबों' वाला अर्थ बिल्कुल गौण हो गया है। अधिकतर हिन्दी वाले इस शब्द को 'नमस्कार' के 'समानार्थी' 'आदाबर्ज़' के रूप में ही जानते हैं। वे तो यह जानते भी नहीं कि 'आदाब' 'अदब' का बहुवचन रूप है।

एक बात और भी है। आदाब का एकवचन रूप 'अदब' हिन्दी में प्रचलित ही नहीं है। न आदाब ही पृथक रूप से प्रचलित है, केवल 'आदाबर्ज़' ही प्रचलित है। अतएव ऐसे शब्द का उदाहरण देना बिलकुल व्यर्थ है।

हिन्दी में 'काग़ज़ात' के एकवचन रूप 'काग़ज़' का ही प्रचलन है। हम हिन्दी वाले कहते हैं 'वकील ने काग़ज़ (या काग़ज़-पत्र) देख लिये।' यह नहीं कहेंगे कि 'काग़जात् देख लिये।'

आगे वाजपेयीजी कहते हैं :

> इसी तरह हिन्दी 'अख़बार' शब्द है समाचार-पत्र के अर्थ में। 'अख़बार' है 'खबर' का बहुवचन। साधारण प्रयोगों में हम 'ख़बरें आ रही हैं'—ऐसा ही बोलें, लिखेंगे, 'अख़बार आ रही हैं', नहीं। परन्तु समाचार-पत्र के अर्थ में अख़बार ही रहेगा, ख़बरें न होगा।

विशेष अर्थ

वाजपेयी जी अपने तर्क को स्वयं ही काट देते हैं। हम भी तो यही कहते हैं। ख़बर के बहुवचन के रूप में 'ख़बरों, ख़बरों' आदि चलेंगे। समाचार-पत्र के अर्थ में अख़बार चलेगा। इसी प्रकार यदि 'काग़ज़ात' का अर्थ 'काग़ज़ों' से बिलकुल भिन्न होता, तो उस अर्थ में काग़ज़ात चलता। किन्तु काग़ज़ के बहुवचन रूप में काग़ज़ात नहीं चलेगा। जैसे :

'ज़ेवरों', 'दुकानों', 'जंगलों' चलते हैं, वैसे ही 'काग़ज़ों' चलेगा।

एक मज़े की बात और देखिए :

> "इसी तरह फारसी से आये हुए 'मकान' या 'काग़ज़' का बहुवचन यहाँ 'मकानात' या 'काग़ज़ात' न होगा। 'काग़ज़ात देखकर सब बतलाऊँगा' ग़लत है। 'काग़ज़ (या काग़ज़-पत्र) देखकर सब बतलाऊँगा' ठीक है।" (दे. वाजपेयी जी की पुस्तक 'ब्रजभाषा का व्याकरण', पृ. 57)

अब बताइए वाजपेयीजी का कौन सा मत ठीक माना जाय? 'अच्छी हिन्दी का नमूना' वाला या 'ब्रजभाषा का व्याकरण वाला'? और दोनों पुस्तकें एक ही वर्ष (1948) में प्रकाशित हुई थीं। यदि दोनों में दस-पाँच वर्ष का अन्तर होता तो हम समझते कि वाजपेयीजी के विचार बदल गये हैं।

लिंग

कुछ लेखक लिंग सम्बन्धी भूलें करते हैं। कुछ नमूने देखिए :

1. मैंने चेहरे पर शिकन न पड़ने 'दिया'। (प्रेमचन्द्र : 'नशा')।

'शिकन' कब से पुल्लिग हो गया?

2. और वहाँ की 'रहन-सहन', वेष-भूषा, फल-फूल, लता-गुल्म और वृक्ष सभी उसके लिए आकर्षण रखते हैं। ('देशभक्ति और नागरिक कर्तव्य')

किन्तु एक ही परिच्छेद के बाद आप लिखते हैं :

अपनी भाषा, 'अपना' रहन-सहन, अपने रीति-रिवाज...

एक स्थान पर स्त्रीलिंग और दूसरे पर पुल्लिग।

3. नगर में पुलिस की गश्त।
   कभी तो डकार लेनी पड़ेगी।
   कृपाणें पकड़ी गयीं।

श्री रामचन्द्र वर्मा ने लेखकों की लिंग सम्बन्धी भूलों के उदाहरण देते हुए उपर्युक्त वाक्य उद्धृत किये हैं। ('अच्छी हिन्दी', पृ. 167) हमारी समझ में इन वाक्यों में लिंग संबंधी कोई ग़लती नहीं है। वर्माजी पूर्वी उत्तर प्रदेश में रहते थे। सम्भव है उसके किसी अंश में 'गश्त', 'डकार', 'कृपाण' पुल्लिग हों, किन्तु पश्चिमी प्रदेश में तो ये

शब्द बराबर स्त्रीलिंग माने जाते हैं। कुछ शब्द प्रदेश के पश्चिमी भाग में पुल्लिग हैं, किन्तु पूर्वी भाग में स्त्रीलिंग, जैसे 'गेहूँ', 'दही', 'गाल'।

इसके विपरीत, पश्चिमी प्रदेश के कुछ स्त्रीलिंग शब्द पूर्व में आकर पुल्लिग बन जाते हैं, जैसे : 'तौलिया', 'नाग़ा', 'रिक्शा'।

4. पर न 'मेरी प्रणाम' का उत्तर दिया और न मुझे बैठने ही को कहा। न उन्होंने 'मेरी प्रणाम' का उत्तर दिया और न मुझे रोका ही। (महापुरुषों के साथ—मोतीलाल नेहरू)।

यहाँ भी लिंग सम्बन्धी ग़लती दृष्टव्य है।

3
सर्वनाम प्रयोग

जो काम किसी वाक्य में संज्ञा करती है, प्रायः वही काम सर्वनाम करता है। 'सर्वनाम' का अर्थ यह है कि वह नाम जो सब नामों (संज्ञाओं) के बदले में प्रयुक्त हो सके। यदि सर्वनाम न होते तो संज्ञाओं की बार-बार पुनरावृत्ति करनी पड़ती और हमारे वाक्य बड़े भद्दे हो जाते। इस ढंग का एक वाक्य लीजिए। कृष्ण कह रहा है :

कृष्ण ने विष्णु को बहुत समझाया किन्तु विष्णु विष्णु की हठ नहीं छोड़ता। यदि कृष्ण ही कहने वाला है, तो उसका अपने लिए 'कृष्ण' का ही प्रयोग करना बहुत अटपटा है। मालूम होता है कि वह किसी अन्य कृष्ण का उल्लेख कर रहा है।

इसके अतिरिक्त एक ही वाक्य में तीन बार 'विष्णु' का नाम आया है—वह भी एक ही व्यक्ति के लिए, और उनमें से दो विष्णु तो एक दूसरे से बिल्कुल सटे हुए हैं। अब सर्वनामों की सहायता से उसी वाक्य को यों कहेंगे :

मैंने विष्णु को बहुत समझाया किन्तु वह अपनी हठ नहीं छोड़ता।

वाक्य कितना सहज और सुन्दर हो गया।

अतएव, सर्वनाम संज्ञाओं की पुनरावृत्ति को बचाते हैं और वाक्यों को सहज, सुन्दर और सन्तुलित बनाते हैं।

सर्वनामों में उसी प्रकार पुरुष और वचन होते हैं जैसे संज्ञाओं में। हिन्दी के बहुत से वैयाकरण सर्वनाम को संज्ञा का ही एक उपभेद मानते हैं। इस अध्याय में हम सर्वनामों की प्रयोग सम्बन्धी भूलों पर विचार करेंगे।

हिन्दी में दो ही निश्चयात्मक सर्वनाम हैं : यह और वह। पास वाले व्यक्ति अथवा वस्तु के लिए 'यह' का प्रयोग होता है, दूर वाले के लिए 'वह' का। किन्तु बहुत से लेखक एक के बदले दूसरे का प्रयोग कर जाते हैं। सबसे सामान्य गलती तो यह है कि कोई लेखक एक ही पैरे में, कभी-कभी एक ही वाक्य में—एक ही वस्तु अथवा व्यक्ति के लिए—कभी 'यह' का प्रयोग करता है, कभी 'वह' का। कुछ उदाहरण लीजिए :

पर 'यह' सवार कोई साधारण सवार न था। 'वह' शाही सवार था जो राजा का ख़ास परवाना लेकर आया था। (सुदर्शन : 'गुरु मन्त्र')

एक वर्ष पहले 'इस' का नाम भी कोई नहीं जानता था। आज चारों ओर 'इसकी' चर्चा है। ब्रजकुमारी का नाम 'उस' के सामने फीका पड़ गया। (सुदर्शन : 'हंस की चाल')

माँ यह अभिलाषा करती है कि बालक कब बड़ा होगा, कब 'इसके' दो नन्हें-नन्हें दाँत जमेंगे, कब 'वह' माँ कह कर पुकारेगा? (श्यामसुन्दर दास : 'सूरदास')

दूसरे वर्ष 1874 ई० में 'उन्होंने' शेक्सपियर के प्रसिद्ध नाटक 'मैकबेथ' का बंगला में अनुवाद किया। अब 'ये' धीरे-धीरे कविता, कहानी आदि भी लिखने लगे। (हरिभाऊ उपाध्याय : 'गुरुदेव')

बरफ़ानी देशों में 'वह' मानो विष्णु के समान क्षीरसागर में लेटा है। उसकी प्यारी स्त्री उसके पास रोटी पका रही है। मकान 'इनका' बेमकान है, घर 'इनका' बेघर है, 'ये लोग' बेनाम और बेपता हैं ('मजदूरी और प्रेम')

अन्तिम उदाहरण में केवल सर्वनामों का ही हेर-फेर नहीं है, पैरे को एकवचन सर्वनाम से आरम्भ करके बहुवचन सर्वनाम पर समाप्त किया गया है।

ये ग़लतियाँ तो ऐसी हैं जो एक बार में ही दिखाई पड़ जाती हैं। अब हम दूसरे प्रकार की ग़लतियों के उदाहरण देते हैं :

मेरी खुशी के लिए इतना ही काफ़ी है कि आज 'वह' अवसर तो आया कि एक रईस ने मेरा सम्मान किया। (प्रेमचन्द : 'लेखक')

लेखक रईस के घर जाते समय किसी से उपरिलिखित वाक्य कहला रहा है। अतएव अवसर कहीं दूर नहीं है, तात्कालिक है। अतः 'वह' के बदले 'यह' का प्रयोग होता तो अच्छा था।

जीवन किस प्रकार चलाया जाय 'उस' का पंथ मुझे नहीं सूझ रहा था। (लोकमान्य तिलक : 'महापुरुषों के साथ')

यहाँ 'उस' के स्थान पर 'इस' अधिक उपयुक्त होता।

मैंने पूछा—तुम नहीं खाओगी या खा चुकी? महेश्वर बोले, कुछ हँस कर—'वह' पीछे खाया करती है। (अज्ञेय : 'रोज़')

जिस स्त्री (मालती) के लिए 'वह' का प्रयोग किया गया है, यहाँ मौजूद है। अतएव

'वह' के स्थान पर 'यह' प्रयुक्त होना चाहिए था।

'उसे' सौ रुपये जुर्माना हुआ। ('आधुनिक हिन्दी व्याकरण और रचना', पृ. 235) हमारे विचार में 'उसे' के बदले 'उस पर' होना चाहिए था। 'उसे' अथवा 'उसको' कर्मकारक होता है। अतएव इसका प्रयोग किसी सकर्मक क्रिया के साथ ही हो सकता है। हम कह सकते हैं कि

उसे सौ रुपये जुर्माना देना पड़ा।

उसे दण्ड भुगतना पड़ा।

उसे किसने मारा?

किन्तु निम्नलिखित वाक्यों में 'उस पर' का ही प्रयोग होगा :

उस पर यह आरोप लगाया गया है।

उस पर डंड़ों की मार पड़ी।

उस पर कैसी विपत्ति आयी हुयी है।

कभी-कभी लेखक सर्वनाम का प्रयोग किसी अन्य शब्द-भेद अथवा पद के लिए कर जाते हैं। भगवती प्रसाद वाजपेयी की कहानी 'मिठाई वाला' में एक वाक्य आता है : 'मुझे ज़्यादा वक़्त नहीं है।' हम यह तो कहते हैं कि 'मुझे अवकाश नहीं है' अथवा 'मुझे फुर्सत नहीं है', किन्तु वक्त अथवा समय के साथ 'मुझे' का प्रयोग नहीं होता। हम कहते हैं : 'मेरे पास समय नहीं है' अथवा 'मेरे पास वक्त नहीं है'।

कभी-कभी लेखक किसी सर्वनाम का प्रयोग ऐसे स्थान पर कर जाते हैं जहाँ उससे पहले तत्सम्बन्धी कोई संज्ञा होती ही नहीं। देखिए :

उस संकट में भी दोनों बन्दी खिलखिला कर हँस पड़े। आँधी के हाहाकार में 'उसे' कोई सुन न सका। ('आकाश दीप')

यहाँ 'उसे' किसके लिए आया है? स्पष्ट है 'हँसने की क्रिया' के लिए आया है। किन्तु सर्वनाम का प्रयोग तो संज्ञा के लिए होता है। यदि यों लिखा होता तो क्या बुरा था: 'आँधी के हाहाकार में उनकी हँसी कोई सुन न सका?'

एक और उदाहरण लीजिए :

पर कहने वालों की बात झूठी भी नहीं है। उसने भलीभाँति निश्चय किया है और वास्तव में हाथी का एक-एक अंग वैसा ही है जैसा वे कहते हैं। ('शिवमूर्ति')

यहाँ 'उसने' किसके लिए आया है, हम नहीं समझ पा रहे हैं।

अब एक दूसरे प्रकार का उदाहरण लीजिए :

इन आगन्तुकों में अमित असीम महोर्मिमाली वरुणालय को नाँघते-डाकते एक ऐसे आए जो अपनी काल-व्याल सी भीषण विकराल दृष्टि के पात से उस बूढ़े बागबान को संत्रासित करके उसकी नस-नस को ढीली कर डाला। (बालकृष्ण भट्ट : 'विशाल वाटिका')

यहाँ 'जो' का प्रयोग सर्वथा अशुद्ध है। होना चाहिए 'जिन्होंने'।

प्रसंगवश यह कह देना भी आवश्यक जान पड़ता है कि 'ऐसे' के बाद व्यक्ति भी होता तो अच्छा था और 'ढीली' नहीं 'ढीला' होना चाहिए था।

अब इस बेमेल वाक्य पर विचार कीजिए :

जिस आलू को मैं स्वयं बोता हूँ, मैं स्वयं पानी देता हूँ, जिसके इर्द-गिर्द की घास-पात खोदकर 'मैं' साफ करता हूँ, उस आलू में जो रस मुझे आता है वह टीन में बन्द किये हुए आचार मुरब्बे में नहीं आता 'है' ('मजदूरी और प्रेम')

दो स्थानों पर 'मैं स्वयं' का आना अटपटा लगता है, तीसरे स्थान पर 'मैं' भी बेतुका है। हमारे विचार में दूसरे स्थान पर 'मैं स्वयं' के बदले स्वयं होता और तीसरे स्थान पर 'मैं' के बदले भी स्वयं होता तो वाक्य अधिक सुष्ठु हो जाता। अंतिम 'है' भी अनावश्यक है।

कहीं-कहीं लेखक कोई सर्वनाम छोड़ भी देते हैं जबकि उसका प्रयोग आवश्यक होता है। उदाहरणार्थ :

> विद्यार्थियों का देश के प्रति सबसे बड़ा कर्तव्य है कि वे अपने को उन्नत बनायें और अपने कर्तव्य को ईमानदारी से पूरा करें। ('देशभक्ति और नागरिक कर्तव्य')

हमारे विचार में 'कर्तव्य' और 'है' के बीच में 'यह' होना चाहिए था। यह छापे की भूल नहीं है क्योंकि कुछ ही पंक्तियों बाद इसी ढंग का एक और वाक्य आता है :

> देशवासियों के प्रति हमारा दूसरा कर्तव्य है कि हम सबके साथ समता का और सहृदयता का व्यवहार करें।

4
विशेषण और क्रिया-विशेषण

व्याकरण की अधिकतर पुस्तकों में विशेषण की परिभाषा इस रूप में दी जाती है : वह पद जो किसी अन्य शब्द-भेद की विशेषता बताये, जैसे : मोटा बकरा, काला आदमी। यहाँ 'मोटा' और 'काला' विशेषण हैं।

ऐसे शब्द सामान्यतः अपने विशेष्य की व्याप्ति को मर्यादित करते हैं। 'आदमी' तो करोड़ों हो सकते हैं, किन्तु उनमें से 'काले' तो कुछ कम ही होंगे। अतएव, 'काला' कह देने से 'आदमी' शब्द का अर्थ मर्यादित हो जाता है।

जो शब्द संज्ञा अथवा सर्वनाम की विशेषता बताये उसे विशेषण कहते हैं। जो किसी क्रिया की विशेषता बताये उसे 'क्रिया-विशेषण' कहते हैं। 'सावित्री अच्छा गाती है'...इस वाक्य में 'अच्छा' क्रिया-विशेषण है, और 'गाती' उसका विशेष्य।

उपरिलिखित परिभाषा दोष रहित नहीं है। 'मीठा पेड़ा' में 'मीठा' शब्द पेड़े की कोई विशेषता नहीं बताता। पेड़ा तो मीठा होगा ही, अन्यथा वह पेड़ा नहीं कहलायेगा; और न यहाँ 'पेड़ा' शब्द का अर्थ मर्यादित ही होता है। जितने पेड़े होते हैं, सब मीठे होते हैं।

श्री रामचन्द्र वर्मा 'अच्छी हिन्दी' में लिखते हैं :

> वस्तुतः विशेषण का कार्य है—किसी वस्तु या कार्य का बिल्कुल यथार्थ और तथातथ्य परिचय देना, जिससे उस वस्तु या कार्य का ठीक-ठीक स्वरूप दूसरों के ध्यान में आ जाय और उनके सम्बन्ध में उनके मन में कोई भ्रम न रह जाय।

हमें तो यह विवरण और भी दोषपूर्ण दिखाई देता है। यदि हम कहीं पर पढ़ें 'भूरा कुत्ता' तो क्या तुरन्त समझ जायेंगे कि किस कुत्ते के विषय में कहा जा रहा है। क्या हम समझ जायेंगे कि कुत्ता कितना लम्बा है, कितना ऊँचा है, उसकी पूँछ कैसी है...।

हमारे विचार में विशेषण वह पद है जो किसी अन्य पद का कोई गुण, विशेषता अथवा मान बताये जैसे : 'कलकतिया केला', 'बढ़िया कपड़ा', 3 सेर गेहूँ।

किन्तु विशेषणों के अपने-अपने प्रयोग क्षेत्र होते हैं। एक जोड़ी विशेषण हैं : भारी और हलका। सामान्यतः 'भारी' वह है जिसका वजन अधिक हो और 'हलका' वह है जिसका वजन कम हो जैसे भारी बरतन, हलका बरतन, भारी बोरा, हलका बोरा।

किन्तु 'भारी व्यायाम' वह व्यायाम होता है जिसमें परिश्रम अधिक करना पड़े, और जिसमें परिश्रम कम पड़े वह 'हल्का व्यायाम।'

और देखिये :

भारी भोजन—जो देर में पचे।

हलका भोजन—जो जल्दी पच जाये।

किन्तु कुछ क्षेत्रों में 'भारी' का प्रयोग होता है 'हलका' का होता ही नहीं :

पेट भारी होना—अपच होना।

पैर भारी होना—गर्भिणी होना।

सिर भारी होना—सिर में दर्द होना।

गला भारी होना—गला बैठना।

इसके अतिरिक्त, 'वह अकेला दो पहलवानों पर भारी पड़ता है।'—यहाँ 'भारी' का अर्थ 'प्रबल' है।

'भारी हो जाओ'—चुप हो जाओ, दिल की बात मत कहो।

इसके विपरीत कुछ प्रयोगों में 'हलका' ही चलता है, जैसे; यदि ज्वर कम हो जाय तो हम कहेंगे कि बुखार हलका पड़ गया, किन्तु यदि ज्वर बढ़ जाय तो यह नहीं कहेंगे कि बुखार भारी पड़ गया। इसके अतिरिक्त :

पेट का हलका—जो दिल की बात कह दे।

हलका रंग—जो रंग शोख़ न हो।

हलका पानी—वह पानी जो जल्दी पच जाय।

हलका कपड़ा—झीना कपड़ा।

हलका माल—घटिया माल।

इनमें से किसी के साथ तो 'भारी' चल भी सकता है, जैसे : भारी पानी, भारी माल। शेष के साथ 'भारी' चलता ही नहीं। अतएव, विशेषणों का प्रयोग करते समय यह सोच लेना चाहिए कि उक्त प्रयोग प्रचलित और उपयुक्त है या नहीं।

विशेषणों के सम्बन्ध में सबसे सामान्य भूल है—अनुपयुक्त विशेषणों का प्रयोग। यहाँ हम कुछ उदाहरण देते हैं :

1. क्या मुझे निस्सहाय और कंगाल जान कर तुमने आज 'सब' प्रतिशोध लेना चाहा? (प्रसाद : 'आकाश दीप')

आइये यहाँ 'सब' और 'सारा' के अर्थों पर विचार कर लें। हिन्दी शब्द-सागर में इन विशेषणों के ये अर्थ दिये गये हैं :

सब–वि. (सं० सर्व, प्रा० सब्ब) (1) जितने हों, वे कुल। समस्त। जैसे (क) इतना सुनते ही सब लोग वहाँ से चले गये (ख) सब किताबें आलमारी में रख दो। (2) पूरा, सारा, समस्त

सारा–वि० (सं० सर्व) (वि० स्त्री सारी) समस्त। सम्पूर्ण। समूचा। पूरा।

इन परिभाषाओं से स्पष्ट है कि 'सब' का प्रयोग सामान्यतः ऐसी वस्तुओं के लिए होगा जो गिनी जा सकें, जैसे :

1. सब बातें आज ही मत कह डालना।
2. मैं ही नहीं, सब सदस्य यही कहते हैं।
3. सब सिक्के उठाकर एक जगह रख दो।

'सारा' का प्रयोग सामान्यतः ऐसी वस्तु के लिए होगा जिसके सम्बन्ध में गिनती का प्रश्न ही न हो, जैसे :

1. सारा देश साम्यवादी है।
2. सारा क्रोध मुझी पर निकाल दिया।
3. सारा दिन दुःख में ही कटा।

अब 'प्रतिशोध' पर विचार कीजिए। सामान्यतः हम प्रतिशोध को उसी वर्ग में रक्खेंगे जिसमें क्रोध, लोभ, मोह, अहंकार आदि को। अतएव 'सब प्रतिशोध' के बदले 'सारा प्रतिशोध' होता तो अच्छा था।

'प्रतिशोध' का उर्दू समानार्थी 'बदला' है। कभी-कभी हम इस प्रकार के प्रयोग भी करते हैं :

क्या सारे बदले आज ही ले लोगे?

यदि उपर्युक्त वाक्य के लेखक का ऐसा अभिप्राय होता तो लिखा होता : 'तुमने आज सब प्रतिशोध लेने चाहे।' किन्तु लेखक ने लेना चाहा (एक वचन) का प्रयोग किया है। अतः 'सारा प्रतिशोध' ही अधिक उपयुक्त होगा।

2. उनका 'सब' वेतन इन्हीं कामों में खर्च होता था। (पद्मसिंह शर्मा : 'स्व. प्रो. पूर्णसिंह')

यहाँ भी 'सब' का अर्थ है समूचा। जितना भी वेतन था, उतना। वेतन के गिनती में कितने रुपये होते थे, उससे कोई सम्बन्ध नहीं है। अतः 'सब' के स्थान पर 'सारा' अधिक उपयुक्त लगता है।

3. कौए उड़ चले। लड़की एक-एक कर उनको उड़कर जाता हुआ देखने लगी। पल-भर में छत 'कोरी' हो गयी। (जैनेन्द्र कुमार : 'जाह्नवी')

'हिन्दी शब्द-सागर' और 'मानक हिन्दी कोश'–(कदाचित हिन्दी के सबसे बड़े

कोश यही दोनों हैं) में 'कोरा' के कई अर्थ दिये हुए हैं जिनमें मुख्य अर्थ है 'जो बर्ता न गया हो, काम में न लाया गया हो, जैसे—कोरा घड़ा।'

किन्तु 'कोरा' के उन अर्थों में से कोई भी 'छत' पर ठीक नहीं बैठता। अधिकतर लेखक 'कोरी' के बदले 'खाली' लिखेंगे।

4. वह प्रत्येक प्रश्न का वैज्ञानिक ढंग पर विश्लेषण करने का 'पक्षपाती' था। (रामचन्द्र वर्मा : 'अच्छी हिन्दी', पृ. 174)

वर्माजी इस वाक्य को शुद्ध समझते हैं, किन्तु हमें तो इसमें कई गलतियाँ दिखाई देती हैं। हमारे विचार में 'का' और 'पर' दोनों का प्रयोग गलत है। इसके अतिरिक्त पक्षपात सदैव बुरे अर्थ में आता है, जैसे :

वह ब्राह्मणों का पक्षपाती है।

उसका व्यवहार पक्षपात-पूर्ण है।

पक्षपाती तो सौ मिल जायेंगे, निष्पक्ष व्यक्ति मिलना कठिन है।

स्पष्ट है कि पक्षपात में सदैव अनौचित्य का पुट रहता है।

उपरिलिखित वाक्य में 'पक्षपाती' के स्थान पर 'समर्थक' होता तो उपयुक्त होता। वाक्य इस रूप में होता तो शुद्ध कहलाता : 'वह प्रत्येक प्रश्न के वैज्ञानिक विश्लेषण का समर्थक था।' अथवा 'उसका विचार था कि प्रत्येक प्रश्न का वैज्ञानिक ढँग से विश्लेषण किया जाय।'

5. यह भी कैसा 'मूर्ख' प्रश्न है। (जैनेन्द्र कुमार : 'अपना-अपना भाग्य')

प्रश्न 'बढ़िया' या 'घटिया' हो सकता है, 'अच्छा' या 'बुरा' हो सकता है। किन्तु 'मूर्ख प्रश्न' जैसा प्रयोग तो अन्यत्र देखने में नहीं आया। 'मूर्खतापूर्ण' होना चाहिए था।

6. वह लाल हरी टोपी उनकी आँखों को 'रंगीन' कर रही है (वाचस्पति पाठकः 'कागज की टोपी')

'काली आँखें, नीली आँखें' जैसे प्रयोग तो हमारे देखने में आये हैं। क्रोध में आँखें लाल भी हो जाती हैं। लाल-पीली आँखें भी एक मुहावरा है। किन्तु कोई रंगीन वस्तु किसी की आँखों को रंगीन कर दे, ऐसा प्रयोग तो बेतुका ही दिखाई देता है। पता नहीं लेखक का क्या आशय है।

7. शिवाजी की खूब धाक जमी। (आधुनिक हिन्दी व्याकरण और रचना)।

डॉ० प्रसाद ने उपर्युक्त वाक्य को अशुद्ध बताया है। 'खूब' के स्थान पर आप 'काफ़ी' का प्रयोग शुद्ध बताते हैं और टिप्पणी में लिखते हैं : ख़ूब और काफ़ी में अर्थ का अन्तर है।

हम भी मानते हैं कि दोनों के अर्थ में अन्तर है। किन्तु इससे यह किस प्रकार सिद्ध हुआ कि उपर्युक्त वाक्य अशुद्ध है। मान लीजिए कि लेखक का अभिप्राय वही है जो 'ख़ूब धाक' से व्यक्त होता है, तब 'ख़ूब' का प्रयोग किस प्रकार अशुद्ध हुआ?

'काफ़ी' का अर्थ है पर्याप्त—जितना आवश्यक हो, उतना। जब हम कहते हैं 'उसने काफ़ी रुपया कमाया', तो इसका अर्थ यह होता है कि उसने इतना कमाया कि उसकी सारी आवश्यकताएँ पूरी हो जाती थीं।

और यदि हम कहें कि 'उसने खूब रुपया कमाया' तो इसका यह तात्पर्य होगा कि उसने इतना कमाया कि आवश्यकताओं की पूर्ति के बाद भी बच रहता था। यदि वह चाहता तो बहुत धन जोड़ लेता।

इसी प्रकार का अन्तर 'काफ़ी धाक' और 'ख़ूब धाक' के अर्थों में भी है। 'ख़ूब धाक' 'काफ़ी धाक' से आगे बढ़ी हुई धाक है।

8. अशुद्ध : हमारी सौभाग्यवती कन्या का विवाह होने जा रहा है।

शुद्ध : हमारी आयुष्मती कन्या का विवाह होने जा रहा है। (वही)

विवाह के बाद ही कन्या सौभाग्यवती होती है, पहले नहीं।

आयुष्मती तो किसी भी कन्या के लिए कभी भी लिखा जा सकता है, किन्तु विवाह के दिनों में वह विशेष रूप से आयु की कामना नहीं करती, सौभाग्य की कामना करती है। अतः उक्त अवसर पर उपयुक्त विशेषण 'सौभाग्याकांक्षिणी' होगा, 'आयुष्मती' नहीं।

9. अशुद्ध : असली गाय का दूध।

शुद्ध : गाय का असली दूध। (वही)

हम भी मानते हैं कि पहला वाक्य अशुद्ध है। जो घी दूध से बनाया जाता है, उसे 'असली घी' कहते हैं। नकली घी वह होता है जो रासायनिक द्रव्यों द्वारा तैयार किया जाता है। इसी प्रकार यदि कृत्रिम रूप से कोई गाय तैयार की जाय तो उसे नक़ली गाय कहेंगे, और यदि 'असली गाय' का कोई अर्थ होगा तो वही जो सामान्यतः 'गाय' शब्द से द्योतित होता है। स्पष्ट है कि यहाँ असली गाय के प्रयोग में लेखक का वह भाव नहीं है। अतएव 'असली गाय' तो ग़लत है ही। किन्तु यहाँ 'असली दूध' भी ठीक नहीं बैठ रहा। इसका अर्थ होगा 'वह दूध जो गाय के थन से निकाला गया हो।' इसके विपरीत यदि रासायनिक द्रव्यों द्वारा कोई दूध तैयार किया जाय तो उसे 'नक़ली दूध' कहेंगे। यहाँ लेखक का यह अभिप्राय नहीं है। उसका तात्पर्य तो है 'ऐसा दूध जिसमें मिलावट न हो।' इस भाव को व्यक्त करने के लिए उपयुक्त पदबन्ध होगा : 'गाय का शुद्ध दूध।'

10. एक और जगह पढ़ा था—उन्हें बेशुमार परेशानी हुई। इसमें 'बेशुमार' की जगह 'बेहद' होना चाहिए था। 'बेशुमार' का प्रयोग तो उन्हीं चीजों के सम्बन्ध में होना चाहिए जो गिनी न जा सकती हों। (रामचन्द्र वर्मा : 'अच्छी हिन्दी', पृ. 132)

जो बात वर्मा जी कहना चाहते थे, वह उसे ठीक शब्दों में व्यक्त नहीं कर पाये। जितने

भौतिक पदार्थ हैं (जैसे : दूध, पानी, वायु, सोना, चाँदी...) वे गिने नहीं जा सकते, तोले जा सकते हैं। किन्तु इनके विषय में 'बेशुमार' का प्रयोग नहीं हो सकता। वर्माजी का मतलब यह था कि 'बेशुमार' का प्रयोग उन्हीं चीजों के सम्बन्ध में होना चाहिए जो संख्या में इतनी अधिक हों कि उनका गिनना या तो असम्भव हो या दुस्तर।

11. फिर भी सन्देह के कुछ स्थल रह ही जाते हैं, जैसे–'मैं अपने नौकर को आपके पास भेज दूँगा' और 'मैं अपना नौकर आपके पास भेज दूँगा।' (वही, पृ. 176)

इन वाक्यों के बारे में वर्मा जी लिखते हैं :

> अधिक सूक्ष्म विचार करने पर ऐसा जान पड़ता है कि उक्त दोनों वाक्यों के अर्थों में कुछ अन्तर है। पहले वाक्य में किसी निर्दिष्ट नौकर की ओर संकेत हो सकता है, और दूसरा वाक्य इस बात का सूचक हो सकता है कि मैं अपने कई नौकरों में से कोई एक आपके पास भेज दूँगा।

हम ऐसा नहीं समझते। हमारे विचार में दोनों स्थितियों में एक ही निर्दिष्ट नौकर की ओर संकेत है। या तो वक्ता के पास एक ही नौकर है, या किसी निर्दिष्ट नौकर के विषय में बात हो रही है; किन्तु दोनों वाक्यों का अर्थ एक ही है।

किन्तु एक बात विचारणीय है। जब हम किसी निर्जीव वस्तु के विषय में बात करते हैं, तब 'को' का प्रयोग नहीं करते। हम कहते हैं कि 'मैं अपनी पुस्तक (अथवा कुर्सी अथवा रस्सी) आपके पास भेज दूँगा।' ऐसा ही प्रयोग हम जानवरों के सम्बन्ध में भी करते हैं। किन्तु जब मनुष्यों का उल्लेख होता है तब हम 'को' लगाते हैं, जैसेः 'मैं अपने भाई (अथवा भतीजे अथवा बेटे) को आपके पास भेज दूँगा।'

अतएव, वर्माजी द्वारा दिये हुए दोनों वाक्यों में से पहला ही अधिक समीचीन दिखलाई पड़ता है।

12. 'ह्वर्लविंड टूर' के लिए समाचार-पत्रों में प्रायः 'तूफानी दौरा' लिखा जाता है, पर ह्वर्लविंड का अर्थ है–चक्रवात, और आशय है–बवंडर की तरह बहुत से स्थानों पर चक्कर लगाना। तूफ़ान तो सदा बहुत कुछ सीधा ही चलता है। उसमें चक्कर लगाने की कोई बात नहीं होती। अतः 'तूफ़ानी दौरा' ठीक अनुवाद नहीं है। (वही, पृ. 245)

यहाँ भी हम वर्मा जी से सहमत नहीं हैं। किसी पद का अनुवाद करने में केवल एक प्रधान गुण पर ज़ोर दिया जाता है। 'ह्वर्लविंड' की चाल बहुत तेज होती है, और तूफ़ान की भी। अतएव, इस गुण को प्रधानता देकर 'तूफ़ानी दौरा' बना लिया गया है। यदि हम किसी भाषा के एक शब्द की सारी विवक्षाओं का समावेश एक ही शब्द में करने का प्रयत्न करें तो किसी शब्द का अनुवाद हो ही न पाये।

फिर, जो शब्द प्रयोगसिद्ध हो जाते हैं, उन्हें बदलना असम्भव-सा हो जाता है।

न जाने कितने तदर्थी शब्द ग़लत अर्थों में चल पड़े हैं, जिन्हें अब उनके प्रचलित अर्थों से हटाया नहीं जा सकता। उपनिवेश, अनुशासन, आकाशवाणी इसी प्रकार के शब्द है।

13. वास्तव में यह सामने की महान पार्वत्य दीवार सैनिक दृष्टि से बड़े महत्व की है। नीचे से जाने वाली बड़ी पल्टन को भी 'कुछ ही आदमी' इस दीवार पर से रोक सकते हैं। (राहुल सांकृत्यायन : 'तिब्बत के पथ पर')

माना कि 'कुछ ही' का प्रयोग 'थोड़े से ही' के अर्थ में होता है, जैसे :

अभी 'कुछ ही' लोग जमा हुए थे कि पानी बरसने लगा।

'कुछ ही' दिनों की बात है कि बाढ़ आयी थी।

संसार में 'कुछ ही' व्यक्ति ऐसे हैं जो एक सप्ताह की समाधि लगा सकते हैं। इस प्रकार के वाक्यों में 'कुछ ही' अथवा 'थोड़े से ही' दोनों का प्रयोग हो सकता है, क्योंकि दोनों का अर्थ है, गिने-चुने, गिनती में बहुत थोड़े। किन्तु राहुलजी के उपर्युक्त वाक्य का अर्थ यह है कि उस दीवार पर से बहुत से लोग तो किसी बड़ी पल्टन को रोक ही लेते हैं, थोड़े से भी रोक सकते हैं। इस अर्थ में हमारे विचार में, 'कुछ ही' का प्रयोग नहीं होता। वाक्य का अभिप्रायः यह है कि 'नीचे से जाने वाली बड़ी पल्टन को भी थोड़े से आदमी भी इस दीवार से रोक सकते हैं।' किन्तु इस प्रकार कहने से दो 'भी' आ जायेंगे जो भद्दे लगेंगे। अतः हम वाक्य को यह रूप दे सकते हैं : 'नीचे से जाने वाली बड़ी पल्टन तक को थोड़े से आदमी भी इस दीवार से रोक सकते हैं।'

14. परन्तु गृहिणी की पवित्रता के सामने उसकी पवित्रता कितनी 'थोड़ी', कैसी तुच्छ थी। (सुदर्शन : 'धर्म-सूत्र')

'थोड़ी' का सम्बन्ध तो मात्रा और परिमाण से होता है, पवित्रता जैसी भाववाचक संज्ञा के लिए यह विशेषण किस प्रकार उपयुक्त बैठेगा?

15. श्री जिन्ना 'ऊँचे' और बहुत दुबले-पतले आदमी थे। ('महापुरुषों के साथ'—क़ायदे आजम जिन्ना)

वे न बहुत 'ऊँचे' थे, न बहुत ठिगने। (वही—देशबन्धु दास)

पंडित जी न बहुत 'ऊँचे' थे और न बहुत ठिगने ही। (वही, पं. मोतीलाल नेहरू) ऊँचे क़द वाले व्यक्ति के लिए सामान्यतः 'लम्बे' का प्रयोग होता है। अतः उपर्युक्त तीनों वाक्यों में 'ऊँचा' का प्रयोग संगत नहीं है।

16. मानो उनकी सब इन्द्रियों की शक्ति 'एक' आँखों में ही आ बसी हो। ('कालिदास ग्रन्थावली'—रघुवंश)

'एक' को निकाल दें तो वाक्य अच्छा लगे।

कुछ लेखक विशेषण तो उपयुक्त लगाते हैं किन्तु उसका प्रयोग गलत रूप में करते हैं। सुदर्शन ने अपनी कहानी 'कवि की स्त्री' में इन वाक्यों का प्रयोग किया है:

(क) वह दुकान पर 'सारा दिन' बैठा रोगियों की बाट देखता रहता था।

(ख) 'सारा दिन' साँझ की प्रतीक्षा करता रहा।

हमारे विचार में इन दोनों वाक्यों में 'सारा' विशेषण के तिर्यक रूप 'सारे' का प्रयोग होना चाहिए था। तनिक इन वाक्यों पर विचार कीजिए :

1. उसका 'सारा दिन' रोते ही कटा।
   वह 'सारे दिन' रोता ही रहा।
2. 'सारा महीना' सूखा ही बीत गया।
   'सारे महीने' पानी नहीं बरसा।
3. पिछला 'सारा वर्ष' अशुभ था।
   वह पिछले सारे वर्ष बीमार रही।

पहले वाक्य में 'सारा' (दिन/महीना/वर्ष) उद्देश्य है, शेष दोनों वाक्यों में 'सारे' (दिन/महीने/वर्ष) क्रिया-विशेषण पद।

सुदर्शन की कृतियों में ऐसे प्रयोगों की भरमार है।

अब यशपाल की कहानी 'चार आने' के इस वाक्य पर ध्यान दीजिए :

सफ़र में 'आधा दर्जन' बढ़िया टैनिस के रैकेट उनके साथ रहते थे।

हमारे विचार में यहाँ भी 'आधा' के स्थान पर 'आधे' का प्रयोग हो तो अच्छा है। वाक्य का और भी बढ़िया रूप यह होगा : 'सफ़र में टेनिस के आधे दर्जन बढ़िया रैकेट उनके साथ रहते।'

कुछ लेखक विशेषण के प्रयोग में लिंग की गलती कर जाते हैं। देखिए : 'गाँधी जी ने न जाने 'कितने' बार कहा और लिखा है....।'

हिन्दी में 'बार' स्त्रीलिंग है। अतएव 'कितनी बार' होना चाहिए।

कभी-कभी लेखक ऐसे स्थान पर विशेषण नहीं देते, जहाँ देना चाहिए। देखिये : 'उस रात मुझे नींद आई, जैसी इससे पहले कभी न आई थी।' ('कवि की स्त्री')

हमारे विचार में 'मुझे' और 'नींद' के बीच में 'ऐसी' विशेषण होता तो अधिक शिष्ट-सम्मत था।

इसके अतिरिक्त कुछ लेखक कहीं-कहीं पर फालतू विशेषण भी डाल देते हैं। हम यहाँ दो उदाहरण 'अच्छी हिन्दी' से ही देते हैं :

यह ठीक है कि हमें साधारणतः नियोजक और विभागीय-सरीखे ऐसे ही रूप रखने चाहिए। (रामचन्द्र वर्मा : 'अच्छी हिन्दी', पृ. 137)

'सरीखे' और 'ऐसे' एक साथ! या तो 'ऐसे' को निकाल देना चाहिए, या फिर 'सरीखे' को निकाल कर 'ऐसे' के बदलते 'जैसे' लिखना चाहिए।

वाक्य का बढ़िया रूप यह होगा : ... नियोजक और विभागीय सरीखे/जैसे रूप ही रखने चाहिए।

पर बहुत सी ऐसी क्रियाएँ भी हैं, जिनमें बहुत कुछ खटक है पर हम दिन पर दिन उनकी खटक से भी उदासीन होने के अभ्यस्त होते जा रहे हैं। (पृ. 146)

'उदासीन होने के अभ्यस्त' बहुत ही अटपटा पद-बन्ध है। होना चाहिए था : 'उदासीन होते जा रहे हैं।'

कुछ लेखक विशेषणों के बदले अन्य शब्द-भेदों का प्रयोग कर जाते हैं। एक सामान्य गलती है 'अधिकांश' और 'अधिकतर' के प्रयोग में गड़बड़ी। लोग यह भूल जाते हैं कि 'अधिकांश' संज्ञा है, 'अधिकतर' विशेषण। हम यहाँ दो-तीन उदाहरण देते हैं :

(क) उनमें से 'अधिकांश' का धर्म केवल मौखिक है।
(महावीर प्रसाद द्विवेदी : विचार विमर्श पृ. 74)

(ख) मगर इनमें 'अधिकांश' वही लोग हैं जिनके सैर करने से उनकी आमदनी में बिल्कुल कमी नहीं होती। 'अधिकांश' तो सरकारी नौकर हैं। (प्रेमचन्द—लेखक)

(ग) आज हिन्दी के 'अधिकांश' कवि जीवन के उतने समीप आ गये हैं जहाँ से वे उसके कोलाहल को स्पष्टतापूर्वक सुन सकें। (दिनकर : 'साहित्य और राजनीति')

कुछ लेखक तो 'अधिकांश भाग' जैसा प्रयोग भी कर जाते हैं, बिना इस बात पर विचार किये कि 'अंश' और 'भाग' तो प्रायः समार्थी हैं।

सेठ गोविन्द दास का एक प्रयोग यह है : 'उनके बराबरी का होने के लिए...'
('महापुरुषों के साथ'—क़ायदे आजम जिन्ना)
वाक्य का रूप या तो 'उनके बराबर का होने के लिए'...या 'उनकी बराबरी करने के लिए'...होगा।

कभी-कभी लेखक विशेषण के स्थान पर क्रिया-विशेष का प्रयोग कर जाते हैं। यथा :

(क) क्या 'जैसे' वह खुद निखट्टू हैं, 'वैसे' ही सबको समझते हैं। (प्रेमचन्द : 'शतरंज के खिलाड़ी')

यहाँ 'वैसे' के स्थान पर 'वैसा' होना चाहिए था। लेखक का तात्पर्य यह है कि क्या जिस प्रकार के निखट्टू वह खुद हैं, उसी प्रकार का निखट्टू सबको समझते हैं?

'वैसे' का प्रयोग निम्नलिखित वाक्य में ठीक होगा :

'क्या जैसे वह खुद को निखट्टू समझते हैं, वैसे ही सबको समझते हैं?'
किन्तु यहाँ वाक्य का आशय बिल्कुल बदल जाएगा।

(ख) क्योंकि हमारा 'परस्पर' सम्बन्ध सख्य का ही रहा है। ('रोज')
'परस्पर' के बदले 'पारस्परिक' होता तो अच्छा था।

(ग) सूरदास ने फुटकर पदों में रामकथा भी कही है, पर वह 'वैसे' ही बन पड़ी

है, 'जैसे' तुलसी की कृष्ण गीतावली'। (श्यामसुन्दर दास : 'सूरदास')

'वैसे' और जैसे के बदले 'वैसी' और 'जैसी' होता तो वाक्य अधिक रूढ़िगत होता।

कहीं-कहीं पर लेखक विशेषण का प्रयोग किसी अन्य शब्द-भेद के बदले कर जाते हैं। कुछ उदाहरण लीजिए :

1. हाँ, सारे खेत का सत्यानाश हो गया, भला 'ऐसा' भी कोई सोता है। (प्रेमचन्द : 'पूस की रात')

यहाँ 'ऐसा' का प्रयोग 'ऐसे' के स्थान पर हुआ है। हम उपर्युक्त वाक्य को इस रूप में लिखेंगे : "भला कोई 'ऐसे' भी सोता है।"

2. वह 'जैसा' पहले रहता था, वैसे अब भी रहने लगा। (पदुमलाल पुन्नालाल बख़्शी : 'एक चरित्र')

'जैसा' के स्थान पर 'जैसे' होता तो अच्छा था। और 'वैसे' के बाद 'ही' भी होना चाहिये था।

।केन्तु यह वाक्य बिल्कुल ठीक हैं 'वह जैसा पहले था, वैसा ही अब भी है।'

3. जंग बहादुर उस लहूलुहान वाले कुली को पीठ पर लाद कर झरने तक ले गया। (महादेवी वर्मा : 'पर्वतपुत्र')

लहूलुहान तो स्वयं विशेषण है, उसमें 'वाला' किस प्रकार लग सकता है?

4. ये मनुष्य से हजार 'गुना' अच्छे हैं। (सुदर्शन : 'दिल्ली का अन्तिम दीपक') मतलब 'हजार गुने' से है।

बहुत से लेखक क्रिया-विशेषणों के प्रयोग में भी असावधानी बरतते हैं। देखिए:

(क) 'उसी तरह' आधी छाती का जम्पर भी मुझे नहीं सुहाता। (प्रेमचन्द्र : 'मनोवृत्ति')

हमारे विचार में 'उसी तरह' के स्थान पर 'इसी तरह' होना चाहिए। तनिक इन प्रयोगों पर विचार कीजिये :

जिस तरह मुझे ऊँची एड़ी का जूता पसन्द नहीं, उसी तरह आधी छाती का जम्पर भी मुझे नहीं सुहाता।

मुझे ऊँची एड़ी का जूता पसन्द नहीं। इसी तरह आधी छाती का जम्पर भी मुझे नहीं सुहाता।

हमारे विचार में किसी स्वतन्त्र वाक्य के आरम्भ में 'उसी तरह' के स्थान पर 'इसी तरह' आयेगा।

(ख) इन दोनों के प्रयत्न जुदे-जुदे है। (रामचन्द्र शुक्ल : 'ईर्ष्या')

'जुदा' शब्द उर्दू से लिया गया है, और शुद्ध पद 'जुदा-जुदा' है।

(ग) वे संस्कार किस हद तक उसके काव्य को ऊँचा उठाते या नीचा गिराते हैं। (नन्ददुलारे वाजपेयी : 'रामचन्द्र शुक्ल')

ऊँचा और नीचा विशेषण है किन्तु इनका प्रयोग क्रिया-विशेषणों के रूप में हुआ है। अतएव 'ऊँचे' और 'नीचे' होना चाहिए।

'हिन्दी संसार में अमुक कवि का स्थान ऊँचा है, अमुक का नीचा'—इस वाक्य में ऊँचा और नीचा का प्रयोग विशेषण रूप में हुआ है, अतः शुद्ध है। कभी-कभी ऊँचा का प्रयोग क्रिया-विशेषण के रूप में हो जाता है जैसे : सीढ़ी को और ऊँचा करो।

(घ) ऐसे ही विष्णु भगवान को परम शैव लिखा है कि भगवान विष्णु 'नित्य' सहस्र कमल पुष्पों से 'सदा' शिव की पूजा करते थे। ('शिवमूर्ति')

'नित्य' भी और 'सदा' भी। इस के अतिरिक्त 'कि' के बदले 'क्योंकि' होता तो अच्छा था।

(ङ) जब बंगाल में गाँधी-विरोधी आन्दोलन आरम्भ हुआ तो उस समय उन्होंने उसका कड़ा विरोध किया। ('गुरुदेव')

इस वाक्य में विशेषण पद 'उस समय' सर्वथा अनावश्यक है। इस पद का प्रयोग इस रूप में सार्थक हो सकता था : 'उस समय तो उन्होंने उसका कड़ा विरोध किया, किन्तु बाद में उसके समर्थक हो गये।'

5

अव्यय प्रयोग

हिन्दी में शब्दों के दो व्यापक वर्ग माने गये हैं : विकारी और अव्यय। जिन शब्दों में विकार होता है, अर्थात् जिनका रूप बदलता रहता है, उन्हें 'विकारी' कहते हैं, जैसे :

संज्ञा : स्त्री, स्त्रियाँ, स्त्रियों

विशेषण : अच्छा, अच्छी, अच्छे

क्रिया : जाना, गया, जाऊँगा, जाये...

जिन शब्दों में कोई परिवर्तन नहीं होता, उन्हें 'अव्यय' कहते हैं, जैसे : 'किन्तु', 'अधिकतर', 'तभी'...।

इस विषय में तो वैयाकरण प्रायः एकमत हैं कि ये शब्द अव्यय होते हैं : सम्बन्धसूचक, समुच्चयबोधक, विस्मयादिबोधक। किन्तु क्रिया-विशेषणों के विषय में मतभेद है। कुछ वैयाकरण उन्हीं शब्दों को क्रिया-विशेषण मानते हैं जो क्रियाओं को विशेषित करें, जैसे :

लड़का 'तेज' चलता है।

मैं 'खूब' सोया।

वह 'तुरन्त' लौट पड़ा।

इन शब्दों में तो कोई विकार नहीं होता। किन्तु श्री कामताप्रसाद गुरु जैसे वैयाकरणों के मत में ऐसे शब्द भी क्रिया-विशेषण कहलाते हैं जो विशेषणों अथवा अन्य क्रिया-विशेषणों को विशेषित करें, जैसे :

'कैसा' सुन्दर लड़का।

'कैसी' सुन्दर लड़की।

'कैसे' सुन्दर पक्षी।

गाड़ी 'इतनी' तेज चलती है।

लड़का 'इतना' मूर्ख है।

वे 'इतने' झूठे हैं।

स्पष्ट है कि इस प्रकार के क्रिया-विशेषणों में विकार होता है। इसलिए हमने क्रिया-विशेषणों का विवेचन विशेषणों के साथ ही कर दिया है। अतएव, इस अध्याय में हम केवल (शेष) अव्ययों पर ही विचार करेंगे।

बहुत से लेखक अव्ययों के प्रयोग में प्रमाद से काम लेते हैं। कुछ उदाहरण प्रस्तुत हैं :

तुमने एक बीस पूरियाँ खाईं होंगी? (प्रेमचन्द : 'कफ़न')

'एक' का इस ढंग का प्रयोग हमारे देखने में नहीं आया। यह माना कि कहीं- कहीं 'एक' 'लगभग' के अर्थ में प्रयुक्त होता है, जैसे :

(क) कटोरे में कितना मक्खन होगा?
होगा कोई छटाँक भर एक।

इस वांक्य का अर्थ है : लगभग छटाँक भर मक्खन होगा।

(ख) वहाँ पर कितने आदमी थे?
थे कोई बीस-एक।

अर्थात्, लगभग बीस रहे होंगे। 'कोई' और 'एक' मिलकर 'लगभग' का भाव व्यक्त करते हैं।

(ग) टोकरी में कितने बेर हैं?
हैं कोई एक-बीसी।

यहाँ 'एक' का अर्थ लगभग नहीं है, वरन् संख्या 1 है। एक-बीसी का मतलब है 'एक कोड़ी'। 'लगभग' का भाव केवल 'कोई' से व्यक्त हो रहा है।

यों भी कहीं-कहीं पर अकेला 'कोई' लगभग का भाव देता है। उपर्युक्त उदाहरण (क) के उत्तर में इतना कहना पर्याप्त होगा : 'होगा कोई छटाँक भर।'

हमारे विचार में 'एक बीस' प्रयोग अशुद्ध है। इसके बदले होना चाहिए था : 'तुमने कोई बीस पूरियाँ खाईं होंगी?' अथवा, 'तुमने कोई बीस-एक पूरियाँ खाई होंगी।'

2. किसी डाँडी में 'कोई' सम्पन्न घर की शृंगारित प्रसाधित महिला पर्वत के सौंदर्य की उपेक्षा कर झपकियाँ लेती जाती है। ('पर्वतपुत्र')

इन प्रयोगों पर विचार कीजिये :

(क) कोई सम्पन्न घर दिखाई दे रहा है।
किसी सम्पन्न घर की खिड़की दिखाई दे रही है।

(ख) कोई पढ़ा-लिखा आ रहा है।
किसी ऐसे-वैसे से पाला पड़ा होगा।

स्पष्ट है कि यदि बाद की संज्ञा (अथवा सर्वनाम) निर्विभक्तिक हो तो 'कोई' का प्रयोग होगा। यदि साथ में कोई विभक्ति लगी हो तो 'किसी' प्रयुक्त होगा।

हमारे विचार में 'पर्वतपुत्र' के उद्धरण में 'कोई' का प्रयोग अशुद्ध है। होना चाहिए था : 'किसी डाँडी में किसी सम्पन्न घर की शृंगारित प्रसाधित महिला।' यदि दो 'किसी' भद्दे प्रतीत हों तो दूसरे 'किसी' के बदले 'एक' का प्रयोग कर दिया जाय। किन्तु यह प्रयोग ठीक होगा : 'किसी सम्पन्न घर की कोई शृंगारित प्रसाधित महिला सड़क पर जा रही है।'

6

विभक्ति प्रयोग

अब हम अनुपयुक्त विभक्तियों के प्रयोग के कुछ और उदाहरण देते हैं :

अमीरों में जो एक बेदर्दी और उद्दंडता होती है, 'इसमे' उसे भी प्रचुर भाग मिला था। (नशा)

'में' के स्थान पर 'का' होना चाहिये। अच्छा होता यदि 'इसमें' के बदले 'उसका' होता।

अब हम अगले उदाहरणों में अनुपयुक्त विभक्ति के आगे कोष्ठक में उपयुक्त विभक्ति देते चलेंगे।

(क) स्तुति करने को सभी हैं, सहानुभूति किसी 'के' (में) नाम को नहीं। ('कवि की स्त्री')

(ख) बुद्धिराम को कभी-कभी अपने अत्याचार 'का' (पर) खेद होता था। (प्रेमचन्द : 'बूढ़ी काकी')

(ग) पुजारी का कुटुम्ब भी खुली गली 'की' (के) एक ओर भंगियों की चारपाइयों के सामने सोता था। ('पिंजरा')

(घ) उस समय लोकमान्य का भाषण जबलपुर 'की' (के) अलफ़ खाँ की तलैया नामक स्थान पर हुआ था। ('महापुरुषों के साथ'—लोकमान्य तिलक)

(ङ) टक्कर है तो स्त्री-लिंग, पर हम कहते हैं—उस 'के' टक्कर का। (रामचन्द्र वर्मा : 'अच्छी हिन्दी', पृ. 195)

हम वर्माजी से सहमत नहीं हैं। हम बराबर कहते हैं : उस 'की' टक्कर का।

7

क्रिया प्रयोग

किसी भी (औपचारिक) वाक्य के दो भाग होते हैं : उद्देश्य और विधेय। विधेय में कम से कम एक क्रिया का रहना अवश्यम्भावी है। यों समझना चाहिए कि क्रिया के बिना वाक्य बन ही नहीं सकता। अतएव, क्रिया तो वाक्य की जान होती है।

व्याकरणों की प्राचीन पुस्तकों में क्रियापद की परिभाषा इस प्रकार दी है :

जिस पद से किसी काम का करना या होना पाया जाए उसे क्रियापद कहते हैं। इस लक्षण के अनुसार ये सब क्रियापद हैं : उठना, काटना, दौड़ना, मिटना, टूटना...।

जितने विकार और रूपान्तर क्रियापदों में होते हैं, किसी अन्य शब्दभेद में नहीं होते। अतएव, लेखकों को सबसे अधिक सावधानी क्रियाओं के प्रयोग में ही बरतनी चाहिए।

हिन्दी में क्रियाएँ धातुओं, संज्ञाओं तथा विशेषणों से बनती हैं, जैसे : कर धातु से करना, पढ़ धातु से पढ़ना, रंग संज्ञा से रंगना, स्वीकार धातु से स्वीकारना। 'चिकना' विशेषण से चिकनाना, 'गर्म' विशेषण से गर्माना।

अनुकरणवाची क्रियाएँ भी इसी वर्ग में आती हैं, जैसे 'खटखट' से 'खटखटाना', बड़बड़ से बड़बड़ाना।

धातु के अन्त में 'ना' प्रत्यय जोड़ने से जो शब्द बनता है, उसे क्रिया का 'साधारण रूप' कहते हैं। अतएव, चलना, मिटना, दिखना सब क्रियाओं के साधारण रूप हैं। विधि काल को छोड़कर इस रूप का प्रयोग सदैव संज्ञा के समान होता है। उदाहरणार्थ :

(क) खेलना स्वास्थ्यकर है।

यह 'क्रियार्थक संज्ञा' कहलाती है।

(ख) आज नहीं, कल खेलना।

यहाँ खेलना क्रियापद है।

क्रियाएँ दो प्रकार की होती हैं : सकर्मक और अकर्मक।

जिस क्रिया के व्यापार का फल कर्ता से निकल कर किसी दूसरी वस्तु पर पड़ता हो उसे 'सकर्मक क्रिया' कहते हैं। जैसे : लड़का रोटी खाता है। यहाँ 'लड़का' कर्ता है, जो खाने का काम करता है। क्या खाता है? रोटी। अतः 'रोटी' कर्म है। खाने का व्यापार लड़के से चलकर रोटी पर पड़ता है। अतः खाना सकर्मक क्रिया है।

जिस क्रिया का व्यापार और उसका फल कर्ता पर ही पड़ता है, उसे 'अकर्मक क्रिया' कहते हैं। जैसे मैं चलता हूँ। मेरे चलने का फल किसी अन्य व्यक्ति पर नहीं पड़ता। अतः चलना 'अकर्मक क्रिया' है।

दोनों प्रकार की क्रियाओं के प्रयोग में लेखक दिन-रात भूलें करते हैं। यहाँ हम कुछ दृष्टान्त देते हैं।

'आना' एक बहुत साधारण, अकर्मक क्रिया है। इसके प्रयोग में भी लेखक गड़बड़ा जाते हैं। कभी-कभी आना के ग़लत रूप का प्रयोग कर जाते हैं। देखिए :

1. जी में 'आने लगा' कि ताली बजा-बजा कर बच्चों की तरह गाने लगें। (शिवानी : 'मौसी')

स्पष्ट है कि 'आने लगा' के स्थान पर 'आया' होना चाहिए।

2. जैसी घटनाएँ इस वर्ष हुई हैं, वैसी पहले कभी देखने में नहीं आई हैं। (रामचन्द्र वर्मा : 'अच्छी हिन्दी', पृ. 154)

हमारे विचार में 'आई हैं' के बदले 'आई थीं' होना चाहिए, या 'आईं।'

3. एक साथी और था, उसी गाँव का—मुझसे बड़ा। दोनों साथ यहाँ आये। वह अब नहीं है। ('अपना-अपना भाग्य')

संशोधित रूप : 'दोनों यहाँ साथ आये थे।'

4. जब से वह आई (आई थी) यह (ये) दोनों और भी आराम-तलब हो गये थे। ('कफन')

कुछ लेखक किसी अन्य क्रिया के बदले 'आना' के किसी रूप का प्रयोग कर जाते हैं, जैसे :

5. महानुभावों से मेरा बहुत थोड़ा सम्पर्क 'आया' (हुआ)। ('महापुरुषों के साथ', निवेदन)

कुछ अन्य लेखक 'आना' के बदले किसी अन्य क्रिया का प्रयोग कर जाते हैं।

(क) इससे इन्द्र को ऐसा क्रोध हुआ (आया)...('कालिदास ग्रन्थावली'—रघुवंश)

यदि 'से' के बदले 'पर' होता तो अच्छा था।

(ख) किन्तु उसके बाद एकाएक मुझे ध्यान 'हुआ' (आया) कि मालती ने कोई बात ही नहीं की। ('रोज')

(ग) हामिद तो मोटर के नीचे 'जाते-जाते' बचा। (प्रेमचन्द : 'ईदगाह') 'हिन्दी शब्द-सागर' में 'आ जाना' का एक अर्थ दिया है 'पड़ जाना' जैसे 'वह पहिये के नीचे आ गया।'

'जाना' के अन्तर्गत ऐसा कोई अर्थ नहीं दिया है। इसके अतिरिक्त हम इस ढंग के प्रयोग तो करते हैं : 'वह रेल के नीचे आ गया', 'उसका हाथ मशीन के चक्के में आ गया', 'कुत्ता ट्रक के पहिये के नीचे आ गया।' तीनों वाक्यों में 'आ गया' जोखिम का सूचक है। यदि हम केवल 'गया' का प्रयोग करें तो उसका सामान्य अर्थ होगा, जैसे 'वह रेल के नीचे गया।' इसका अर्थ यह होगा कि रेल खड़ी थी और वह उसके नीचे चला गया। इसमें ख़तरे का कोई भाव नहीं है।

'जाते-जाते' पद का सामान्य अर्थ है, जैसे इन वाक्यों में : 'वह जाते-जाते रुक गया', 'वह जाते-जाते कह गया है कि...', 'वह जाते-जाते लौट पड़ा।'

'आते-आते' भी एक पद है जिसका सामान्य अर्थ के अतिरिक्त ख़तरे वाला अर्थ भी है। अतएव, प्रेमचन्द के उपर्युक्त वाक्य में 'जाते-जाते' के बदले 'आते-आते' होना चाहिए।

(घ) थकावट के कारण पसीना छा गया था। ('कालिदास ग्रन्थावली'—कुमारसम्भव) पसीना आया करता है, छाया नहीं करता। यदि अत्यधिक पसीना आये तो कहेंगे कि 'पसीने में सराबोर हो गया।'

'होना' एक महत्वपूर्ण अकर्मक क्रिया है। अब हम कुछ ऐसे उदाहरण देते हैं जिनमें 'होना' क्रियापद के ग़लत रूप का प्रयोग हुआ है। ग़लत प्रयोग उद्धरण चिह्नों द्वारा निरूपित किया है। शुद्ध प्रयोग कोष्ठक में दिया गया है।

(क) सरकार! राजा के महल में मोतियों की क्या कमी है? 'नहीं होता' (न हो तो) न दें। (सुदर्शन : 'राजा')

(ख) सहसा विचार आया कि अगर चोरी पकड़ी गई तो फिर क्या 'हो' (होगा)? (सुदर्शन : 'बचपन की एक घटना')

(ग) पर द्वारकादास अधीर नहीं 'हो गये' (हुये), न उन्होंने अपने हार्दिक भावों को प्रकट किया। (सुदर्शन : 'धर्मसूत्र')

(घ) नाक में नथ पहनी और आकर जयचन्द के सामने खड़ी हो गयी, जैसे उस दिन उसके यहाँ कोई ब्याह-शादी 'थी' (हो या हो रही हो)। (सुदर्शन : 'प्रेम-तरु')

कुछ लेखक ऐसे स्थान पर 'होना' के किसी रूप का प्रयोग कर जाते हैं जहाँ किसी अन्य क्रियापद का प्रयोग होना चाहिए। कुछ नमूने देखिए :

1. असहयोग आन्दोलन के साथ वे आरम्भ में इसलिए नहीं रहे कि उससे हिन्दू विश्वविद्यालय बर्बाद 'होता' (हो जाता)। ('महापुरुषों के साथ'—महामना मालवीय)

2. पलंग पर आराम से 'होकर' (लेट कर या बैठकर) आकाश की ओर देखने लगा। ('रोज')

3. इसके बाद सोमवार 'हो गया' (आ गया)। मंगलवार भी 'हो गया' (बीत गया) और बुध भी होकर 'चुका जा रहा है' (बीता जा रहा है)। ('जाह्नवी')

अब हम एक विवादग्रस्त प्रश्न उठाते हैं।

व्याकरण का उद्देश्य और क्रिया का अन्वय सम्बन्धी एक नियम यह है :

जब अप्रत्यय कर्ताकारक वाक्य का उद्देश्य होता है, तब उसके लिंग, वचन और पुरुष के अनुसार क्रिया के लिंग, वचन और पुरुष होते हैं, जैसे मोहन आता है, वह कब लौटेगा? माँ लोरी सुना रही है, चिट्ठी भेजी जायेगी, मार पड़ी। [कामता प्रसाद गुरु अंक पृ. 64]

अब देखिए, 'अच्छी हिन्दी', पृ. 198 :

> कुछ लोग इस बात का ध्यान न रखकर क्रिया का रूप भूल से कर्म या विधेय के अनुसार रख देते हैं, जैसे : 1. सारा राज्य उसके लिए एक थाती थी। 2. नेताओं को रिहा करना मूर्खता होगी। 3. इनको कुछ उत्तर देना भूल होगी।

सर्वप्रथम हम पहले वाक्य पर विचार करेंगे।

वाजपेयीजी के विचार में उक्त वाक्य शुद्ध हैं। यह बात उन्होंने 'अच्छी हिन्दी का नमूना' की टिप्पणी 81 में कही है। इसके अतिरिक्त आपने 'शब्दानुशासन' के पृ. 362-6 पर इसी बात का विस्तृत विवेचन किया है। उन्होंने इस प्रकार के चार शुद्ध वाक्यों का उदाहरण दिया है :

बेटी पराये घर का धन होती है।

सम्पत्ति ही झगड़े का कारण बनी।

उनकी सहानुभूति ही मेरा सहारा थी।

स्त्री एक रत्न थी।

इन चारों वाक्यों में क्रिया उद्देश्य के अनुसार है। इसी ढंग के थोड़े से वाक्य हम देते हैं :

राजा त्याग की मूर्ति था।

रानी त्याग का उदाहरण थी।

वह मूर्ति मोम का खिलौना थी।

वह लड़का नम्रता की प्रतिमा था।

वह पुस्तक हिन्दी का व्याकरण थी।

वह ग्रन्थ समालोचना की नींव था।

रानी मूर्तिमान शौर्य थी।

स्वास्थ्य ईश्वर की देन होता है।

सोना भी मिट्टी हो गया।
मिट्टी भी सोना हो गई।

'थाती' वाले वाक्य के विषय में वायपेयी जी कहते हैं कि 'राज्य' से 'थाती' और 'थाती' से 'राज्य' पृथक नहीं। दोनों की एकरूपता है, इसलिए इसके द्विधा प्रयोग हो सकते हैं, यथा (1) 'राज्य उनके पास थाती थी' और (2) थाती उनके पास राज्य था।

यह तर्क तो वाजपेयीजी के उपर्युक्त चारों वाक्यों पर लागू हो सकता है। क्या बेटी और धन एक दूसरे से अलग हैं? तब इसी तर्क के आधार पर हम कहेंगे कि 'बेटी पराये घर का धन होता है' अथवा 'पराये घर का धन बेटी होती है।'

हमारे विचार में वाजपेयीजी के उपर्युक्त दोनों वाक्य अशुद्ध हैं। हम अपने विचार प्रश्नोत्तर के रूप में व्यक्त करते हैं :

(क) राज्य क्या था? थाती था।
(ख) थाती क्या थी? राज्य थी।

हमारे विचार में ये चारों वाक्य शुद्ध हैं :

थाती के रूप में उनके पास राज्य था।
राज्य के रूप में उनके पास थाती थी।
राज्य एक थाती था।
सारा राज्य उसके लिए एक थाती था।

उपमा में क्रिया उपमेय के अनुसार होती है।

अब हम दूसरे प्रकार के वाक्य लेते हैं :

वह लुटिया नहीं थी, कमंडल था।
वह लुटिया क्या थी, कमंडल थी।

पहले वाक्य में वास्तविक वस्तु लुटिया थी ही नहीं, कमंडल था। दूसरे वाक्य में वास्तव में लुटिया ही थी, केवल कमंडल से उसकी उपमा दी गयी है। इसलिए क्रिया लुटिया के अनुसार है।

इसी प्रकार के कई और वाक्य देखिये जो हमारे विचार में सर्वथा शुद्ध हैं :

वह औरत नहीं थी, मोम का पुतला था।
वह औरत क्या थी, खिलौना था।

वह औरत नहीं थी, मर्द था।
वह औरत क्या थी, मर्द थी।

वह मोटर नहीं थी, खिलौना था।
वह मोटर क्या थी, खिलौना थी।

अन्तिम उदाहरण में पहले वाक्य में खिलौना था जो मोटर सा दिखाई देता था। दूसरे वाक्य में मोटर थी जिसकी खिलौने से उपमा दी गयी है।

अपने पक्ष के समर्थन में वाजपेयीजी एक और वाक्य देते हैं : 'कोयला जल कर राख हो गई'। और वाजपेयीजी! इसका समर्थन करते हैं। इस वाक्य के सम्बन्ध में एक स्वाभाविक प्रश्नोत्तर इस रूप में होगा : 'कोयला जल कर क्या हो गया?'—'राख।'

यह कोई नहीं पूछेगा कि 'कोयला जल कर क्या हो गई?'

इसी ढंग के और वाक्य लीजिए :

सारा मकान जल कर ख़ाक हो गया।

लड़की कुढ़ कर कढ़ाई का बैंगन हो गयी।

अट्टालिका गिरकर खँड़हर हो गयी।

ताल सूख कर पोखरी बन गया।

इसी ढंग के सैकड़ों वाक्य बनाये जा सकते हैं।

वर्माजी के शेष दोनों वाक्यों में भाववाचक संज्ञायें कर्ता बनी हुई हैं। इसलिए उन वाक्यों की स्थिति दूसरी है। इस सम्बन्ध में वाजपेयीजी का तर्क सारगर्भित है। 'शब्दानुशासन' के पृ. 363-4 पर आप लिखते हैं :

भाववाचक क्रिया में कोई लिंग-वचन स्वभावतः नहीं है, परन्तु शब्द का व्यवहार तो किसी न किसी रूप में होगा ही न? हिन्दी में पुल्लिंग सामान्य प्रयोग में आता है:

इसीलिए, ऐसे स्थल में क्रिया विधेय का पल्ला पकड़ती है : 'झूठ बोलना उसकी आदत थी।'

अतः ये दोनों वाक्य शुद्ध हैं जिन्हें वर्माजी ने अशुद्ध बताया है :

नेताओं को रिहा करना मूर्खता होगी।

इनको उत्तर देना भूल होगी।

अब एक और उदाहरण लीजिए :

अशुद्ध : तुम्हारा यह कहना मेरे लिए बड़ी बात होगी।

शुद्ध : तुम्हारा यह कहना मेरे लिए बड़ी बात होगा। (आधुनिक हिन्दीः व्याकरण और रचना, पृ. 238)

उपर्युक्त विवेचन से स्पष्ट है कि पहला वाक्य ही शुद्ध है जिसे डा. प्रसाद ने अशुद्ध बताया है।

अब हम व्याकरण के इस नियम पर विचार करेंगे :

'हो' धातु के वर्तमान कालिक रूपों का लोप हो जाता है, यदि मूल क्रिया के पहले कोई नकारात्मक अव्यय हो।

इस सम्बन्ध में हम पं० किशोरी दास वाजपेयी की 'अच्छी हिन्दी'[1] के पृ. 111 से एक उद्धरण देते हैं जिससे हम पूर्णतया सहमत हैं :

जाता हूँ, तो घर पर कोई नहीं, और नहीं जाता, तो काम बिगड़ता है।

'जाता हूँ', और 'नहीं जाता' देखिए। नहीं जाता में 'हूँ' सहायक क्रिया जरूरी है, जो 'जाता हूँ' से उठकर यहाँ भी आ जाती है—'जाता' से वह बँधी तो नहीं है न? 'नहीं जाता हूँ' लिखा जाए तो व्याकरण उसे ग़लत नहीं कहेगा, परन्तु वह सुप्रयोग न समझा जाएगा।—सो, 'नहीं जाता' ही अच्छा, 'नहीं जाता हूँ' नहीं।

वाजपेयी जी का उपर्युक्त उद्धरण देकर निगमानन्द परमहंस अपनी पुस्तक 'राष्ट्रभाषा का शुद्ध रूप' में पृ० 17 पर लिखते हैं :

'रमेश, तुम क्यों नहीं पढ़ते हो?' 'तुम वहाँ क्यों नहीं जाते हो?' आदि प्रयोग कोई नहीं लिखेगा। लिखेंगे, रमेश, 'तुम क्यों नहीं पढ़ते?' 'तुम वहाँ क्यों नहीं जाते?'

ऐसा क्यों लिखा और बोला जाता है? ऐसे सभी प्रश्नों का एक ही उत्तर है—कि भाव और अभाव एक ही जगह पर एक ही साथ कभी नहीं रह सकते। 'नहीं' शब्द निषेध का, अभाव का, वाचक है और 'है, हो' आदि सत्ता के भाव के वाचक हैं। दोनों का एक साथ प्रयोग नहीं हो सकता। इसलिए 'नहीं जाता हूँ तो काम बिगड़ता है' में 'हूँ' का प्रयोग ग़लत हैं। 'नहीं जाता, तो काम बिगड़ता है' प्रयोग शुद्ध है।

यह तो रही सिद्धान्त की बात। अब, व्यवहार में जिसे देखिए, है, हो, हूँ...जहाँ चाहे लगा बैठता है, चाहे उसकी आवश्यकता हो चाहे न हो। विशेषकर निषेधात्मक वाक्यों में प्रायः इनका प्रयोग भद्दा दिखाई देता है। यहाँ हम थोड़े से उदाहरण देते हैं :

1. मेरा प्यारा कामदेव मेरे बिना एक क्षण नहीं रुक सकता 'है'। ('कालिदास ग्रन्थावली' : कुमारसम्भव)
2. वे एक-दूसरे से अपने में एक दम मलंग हो रहे हैं, पर बच्चा अपने विचारों की गुत्थियों को अकेले नहीं सुलझा पाता 'है'। ('काग़ज़ की टोपी')
3. कई आदमी किसी रास्ते के पत्थर को हटाने में लगे हैं और वह नहीं हिलता 'हैं'। (रामचन्द्र शुक्ल : 'ईर्ष्या')

इस सन्दर्भ में ये दो वाक्य भी विचारणीय हैं :

1. इनमें न छल था न कपट 'था'। ('कवि की स्त्री')
2. मालूम नहीं उसे अपने इस वैभव पर सुख था या दुख 'था'। ('जाह्नवी')

इन दोनों वाक्यों में अन्तिम 'था' अनावश्यक ही नहीं, भद्दा भी लगता है।

काल में असंगति

कुछ लेखक क्रियापदों के उपयुक्त कालों के प्रयोग में सावधान नहीं रहते। आरम्भ करते हैं एक काल में, समाप्त करते हैं दूसरे काल में। कुछ नमूने देखिए :

1. झोंपड़े के द्वार पर बाप और बेटा दोनों एक बुझे हुए अलाव के सामने चुपचाप बैठे हुए हैं और अन्दर बेटे की जवान बीबी बुधिया प्रसव वेदना से पछाड़ खा रही 'थी' (है)। ('कफ़न')

जब वर्तमान काल से आरम्भ किया था, तब अन्त में 'थी' कैसे दे दिया? यही ग़लती इस वाक्य में भी है :

> आज बुद्धिराज के लड़के सुखराम का तिलक आया है। यह उसी का उत्सव है। घर के भीतर स्त्रियाँ गा रही 'थीं' (हैं) और रूपा मेहमानों के लिए भोजन के प्रबन्ध में व्यस्त थी (है)। (बूढ़ी काकी)

काल के ग़लत प्रयोग के कुछ उदाहरण और देखिए :

1. परन्तु क्या ऐसा भी कोई हो सकता है, जो पूर्व और पश्चिम जैसे स्वयं प्रकाशित विषय को लेकर मरने-मारने को तैयार 'थी' (हो)? ('बहस की बात')।
2. पहले रस्सी को थोड़ा चबा लो। फिर एक झटके से टूट 'जाती है' (जाएगी)। (प्रेमचन्द : 'दो बैलों की कथा')।
3. परन्तु जिस दिन मन में आग्रह का भाव प्रेम के भाव से मज़बूत हो जाएगा उस दिन सत्याग्रही सत्याग्रही नहीं रह 'जाता' (जाएगा)। (हजारी प्रसाद द्विवेदी : 'अजेय सत्याग्रही')।
4. यदि असुविधा न हो तो 'क्या कल भी मार्ग दिखाने आओगी?' (कल भी मार्ग दिखाने आ जाना)। ('मक्रील')
5. अभी 'लाऊँगी' (लाती हूँ) दो मिनट में। ('प्रेम-तरु')

कुछ लेखक पूर्वकालिक कृदन्त का ठीक प्रकार से प्रयोग नहीं कर पाते।

(क) गाँधीजी ने सरकार से समझौता न 'कर' (करके) भारी भूल की है। ('महापुरुषों के साथ'—देशबन्धुदास)

(ख) दत्त चित्त 'हो' (होकर) हमारी बात पर ध्यान दो।

(ग) यहाँ 'पहुँच' (पहुँच कर) तुम्हारे मन मधुप को कहीं और ठौर विचरने की इच्छा ही न होगी। ('विशाल वाटिका')

(घ) इर्शाद पंखे के नीचे आराम कुर्सी पर सिर को दोनों हाथों से 'थाम' (थाम कर) बैठ गया। (यशपाल : 'चार आने')

कुछ लेखक भूतकालिक कृदन्त का प्रयोग भी ठीक प्रकार से नहीं कर पाते। देखिए :

1. स्वर्ग के उन सुखों की चाह भी उन्होंने छोड़ दी जो कभी न कभी 'नाश' (नष्ट) हो ही जाते हैं। ('कालिदास ग्रन्थावली'—कुमारसम्भव)
2. जैसे कोई 'खोई' (खोई हुई) वस्तु को खोज रहा हो। ('राजा')
3. लेकिन संस्कृत में दो स्वरों का एक साथ रहना बिल्कुल 'निषेध' (निषिद्ध) हो गया है। (हज़ारी प्रसाद द्विवेदी : बिहार राष्ट्र भाषा परिषद, सप्तम वार्षिकोत्सव, अध्यक्षीय भाषण)
4. दोनों दलों के नेता 'एकत्रित' (एकत्र) हुए थे। ('महापुरुषों के साथ'—लोकमान्य तिलक)

'हिन्दी शब्द-सागर' में 'एकत्र' का अर्थ दिया है 'इकट्ठा'। और 'एकत्रित' का अर्थ है 'इकट्ठा किया हुआ'। स्पष्ट है कि नेता स्वयं इकट्ठे हुए थे, उन्हें इकट्ठा किया नहीं गया था। यदि ऐसा भाव होता तो 'एकत्रित' ही ठीक था।

अब दो-एक नमूने ग़लत क्रियाओं अथवा क्रियाओं के ग़लत रूपों के प्रयोग के देखिए।

(क) ऐसा घना कुहरा उसने न देखा। वह टप-टप टपक रहा था। ('अपना-अपना भाग्य')

क्या कुहरा भी टपका करता है?

(ख) इसी से जो यहाँ आए इन्होंने फिर अपनी जन्मभूमि में लौट जाने का मन न किया। ('विशाल वाटिका')

संशोधित रूप : इसी से जो यहाँ आये उनका फिर मन अपनी जन्मभूमि को लौट जाने का न हुआ।

(ग) भोला भाला बाग़बान इसी खयाल में था कि यह भी हमारी इस मनोहर वाटिका पर 'रीझ' यहाँ बस हमारा एक अंग बन जायेगा। (वही)

संशोधित रूप : इस मनोहर वाटिका पर रीझ कर यहाँ बस जायेगा और हमारा एक अंग बन जायेगा।

अब देखिए वासुदेवनन्दन प्रसाद का 'आधुनिक हिन्दी व्याकरण और रचना' (235-38) :

1. अशुद्ध : बाजार में झुण्ड के झुण्ड जानवर खड़े हैं।
   शुद्ध : बाजार में झुण्ड के झुण्ड जानवर हैं।

हमारे विचार में दोनों वाक्य शुद्ध हैं। इनके अर्थों में अन्तर है।

2. अशुद्ध : कै बजे? चार बजे।
   शुद्ध : क्या बजा? चार बजा।

पहला वाक्य अशुद्ध क्यों है? इन वाक्यों पर विचार कीजिए :

पौन बजा है। एक बजा है। सवा बजा है। डेढ़ बजा है। पौने दो बजे हैं। दो बजे हैं। साढ़े चार बजे हैं। सवा सात बजे हैं।

स्पष्ट है कि 'डेढ़ बजे' तक 'बजा है' का प्रयोग होगा, उसके बाद 'बजे' का।

यदि प्रश्नकर्ता एक बजे के आस-पास पूछता है तो स्वाभाविक रूप से कहेगा 'क्या बजा है?'

किन्तु यदि डेढ़ बजे के बाद पूछता है तो कहेगा, 'कै बजे हैं?'

यदि उसे समय का कोई अनुमान नहीं है तो दोनों में से किसी भी रूप का प्रयोग कर सकता है। दोनों शुद्ध हैं। किन्तु उत्तर देने का वही ढंग होगा जो हमने ऊपर दिया है।

इसके अतिरिक्त हमारे विचार में प्रश्न और उत्तर दोनों में 'है' अथवा 'हैं' का होना आवश्यक है।

किन्तु ये सब बातें तभी तक लागू हैं, जब तक प्रश्नकर्ता का प्रश्न है : क्या समय है? एक अन्य प्रसंग में स्थिति बिल्कुल बदल जाएगी :

तुम्हें पता है रामस्वरूप आ गये हैं?

कै बजे?

यहाँ उत्तर में सदैव 'बजे' ही होगा, 'बजा' कभी नहीं होगा, जैसे :

एक बजे। डेढ़ बजे। आठ बजे। पौने नौ बजे।

संयुक्त क्रियाएँ

किसी क्रिया पद के पूर्व कोई अन्य पद जोड़ने से जो क्रिया बनती है, उसे 'संयुक्त क्रिया' कहते हैं।

संयुक्त क्रियाएँ दो प्रकार की होती हैं :

जो क्रिया संज्ञा-विशेषण अथवा क्रिया-विशेषण को क्रिया पद के पूर्व जोड़ने से बनती है, उसे 'संयुक्त नामज क्रिया' कहते हैं। उदाहरणार्थ :

संज्ञा+क्रिया–स्वीकार करना, नाम लेना।

विशेषण+क्रिया–दुखी होना, निराश करना।

क्रिया-विशेषण+क्रिया–साथ लेना, पीछे चलना।

जो क्रिया दो या दो से अधिक धातुओं के मेल से बनती है, उसे 'संयुक्त धातुज क्रिया' कहते हैं। उदाहरणार्थ :

जाने लगना, उठ बैठना, सो चुकना, देखते रह जाना

नामज अथवा नामबोधक क्रियाएँ

संयुक्त क्रियाओं के विशेष अर्थ होते हैं जो उनमें प्रयुक्त क्रियाओं से सामान्य अर्थों से भिन होते हैं। 'करना' एक सामान्य क्रिया है जिसका सम्बन्ध किसी व्यापार अथवा कार्रवाई से है, किन्तु 'क्षमा करना' का अर्थ है 'किसी के अपराध अथवा अपकर्म के लिए माफ़ करना, उसे कोई दंड न देना।'

ऐसा नहीं है कि जहाँ कहीं भी एक संज्ञा और एक क्रिया का योग हो, वहीं एक संयुक्त क्रिया बन जाए। 'उसने बटुक को पैसा दिया।' यहाँ 'पैसा देना' कोई संयुक्त क्रिया नहीं है। यहाँ 'देना' का सामान्य अर्थ है 'प्रदान करना।' पैसा उसका मुख्य कर्म है और बटुक गौण कर्म। 'किन्तु उसने चन्द्र को धोखा दिया' में 'धोखा' 'दिया' का कर्म नहीं हैं क्योंकि 'धोखा' कोई भौतिक वस्तु नहीं है जो उसी प्रकार दी जा सके जैसे पैसा या पुस्तक। यहाँ 'धोखा दिया' एक संयुक्त क्रिया है जिसका कर्म 'चन्द्र' है।

'बताना' एक सामान्य क्रिया है जिससे कई संयुक्त क्रियाएँ बनती हैं, जैसे :

1. मैंने उसे वह धता बताई कि उम्र भर याद करेगा।
2. मिलता तो मैं उसे आटे दाल का भाव बता देता।

कुछ लेखक इस क्रिया का ग़लत प्रयोग कर जाते हैं और मनमानी संयुक्त क्रियायें बना डालते हैं। उदाहरणार्थ :

1. परन्तु मैं छात्रों को चुपचाप एक 'सलाह बताता हूँ।' (किशोरीदास वाजपेयीः 'अच्छी हिन्दी' पृ. 52)

सलाह 'दी' जाती है, 'बताई' नहीं जाती।

2. और अपनी सफाई बताने (दिखाने) के लिए बाहर टहल रहे थे। (प्रेमचन्द : 'शतरंज के खिलाड़ी')

वासुदेवनन्दन प्रसाद ने 'सवाल पूछना' को अशुद्ध और 'सवाल करना' को शुद्ध बताया है। ('आधुनिक हिन्दी व्याकरण और रचना', पृ. 241)

सवाल करना के दो अर्थ हैं : (1) माँगना, जैसे फ़कीर ने 200 रु० का सवाल किया है। (2) प्रश्न हल करना जैसे मैने अंकगणित के सवाल कर लिये हैं।

'सवाल पूछना' इनमें से किसी भी अर्थ में ग़लत होगा। किन्तु 'सवाल पूछना' का अर्थ है 'प्रश्न का हल पूछना'। जैसे : "मास्टर साहब, मुझे आप से दो सवाल पूछने हैं।" अतएव 'सवाल पूछना' अशुद्ध नहीं है।

हम उपर्युक्त पुस्तक से ही एक वाक्य-युग्म और लेते हैं :

अशुद्ध : राम ने श्याम को सहयोग दिया।

शुद्ध : राम ने श्याम का सहयोग किया।

'योगदान' होता है, 'योगकरण' नहीं। हमारे विचार में पहला वाक्य ही शुद्ध है।

अब देखिए पद्मसिंह शर्मा का निबन्ध 'प्रों० पूर्णसिंह'। उक्त निबन्ध में एक वाक्य आता है :

मैंने उससे कहा, आज 'व्याख्यान सुनाइए'।

व्याख्यान 'दिया' जाता है, 'सुनाया' नहीं जाता। हाँ, यदि कोई लिखा हुआ व्याख्यान पढ़ कर सुनाना हो तो बात दूसरी है। किन्तु प्रसंग से स्पष्ट है कि प्रों० पूर्णसिंह ज़बानी ही व्याख्यान दिया करते थे।

अब संयुक्त क्रियाओं के ग़लत प्रयोग के दो तीन दृष्टान्त और लीजिए :

1. इस सम्बन्ध में एक बात विशेष रूप से 'ध्यान रखने' योग्य है। (रामचन्द्र वर्मा : 'अच्छी हिन्दी', पृ. 47)

'ध्यान रखना' एक संयुक्त क्रिया है जिसका अर्थ है 'देखभाल करना, निगरानी में रखना', जैसे : 'इस बच्चे का ध्यान रखना।' किन्तु यहाँ लेखक का आशय यह है कि एक बात पर विशेष रूप से सोचना, विचारना है। यहाँ 'ध्यान रखने' के बदले 'ध्यान देने' होना चाहिए।

2. जी चाहता है घर को आग 'लगाऊँ' (लगा दूँ) और कहीं निकल जाऊँ। (सुदर्शन : 'एक स्त्री की डायरी')
3. यदि उनमें से एक भी भृकुटियाँ टेढ़ी 'कर' (करके) अपने सवार की ओर देख कर साभिप्राय इस सैकड़ों 'फ़ीट' (फ़ुट) गहरे गड्ढे की ओर देखने लगे तो सवार बेहोश 'हो जायेगा' (हो जाय)। ('पर्वतपुत्र')
4. वह खिड़की के बाहर मुँह निकाल कर धो रहे थे, मानो मुँह भी लोटे या तौलिया की तरह कोई चीज हो जो बाहर निकाली और अन्दर रखी जा सकती हो। (रामचन्द्र वर्मा : 'अच्छी हिन्दी', पृ. 91)

हमें उपर्युक्त वाक्य में कोई ग़लती दिखाई नहीं देती। क्या वर्माजी इन प्रयोगों को भी ग़लत कहेंगे :

(क) लिहाफ से मुँह निकाल कर मेरी बात सुनो।

(ख) दरवाजे के बारह मुँह निकाल कर शक्ल तो दिखा दो।

(ग) बन्दर खिड़की में से मुँह निकाल कर झाँक रहा है।

ऐसे प्रयोग तो दिन-रात दिखाई और सुनाई देते हैं।

अब हम दो-चार उदाहरण विशेषण-युक्त नामक क्रियाओं के लेते हैं :

1. मित्र के उठने का इरादा न मालूम हुआ। ('अपना-अपना भाग्य')

   इस वाक्य पर विचार कीजिए :

   मेरे मित्र का इरादा लाटरी का टिकट ख़रीदने का था। मुझे उसका इरादा मालूम नहीं था। उसने चुपचाप टिकट ख़रीद भी लिया।

ऐसी स्थिति में हम कहेंगे कि 'मुझे मित्र के टिकट ख़रीदने का इरादा मालूम न हुआ।' किन्तु कहानी के प्रसंग से स्पष्ट है कि उपर्युक्त वाक्य का ऐसा भाव नहीं है। उसका भाव तो यह है कि 'मुझे ऐसा मालूम (प्रतीत) हुआ कि मित्र का उठने का इरादा नहीं है।'

2. हमको अपने कलाकारों और लेखकों पर ही मुख्यतः निर्भर करना पड़ेगा। (आचार्य नरेन्द्रदेव : बिहार राष्ट्रभाषा परिषद—तीसरा अध्यक्षीय भाषण)

संशोधित रूप : हमको मुख्यतः अपने कलाकारों और लेखकों पर ही निर्भर होना पड़ेगा।

3. जिस पंडित से प्रश्न किया गया था, 'उसे परेशान होना पड़ा था' (वह परेशान हो गया था)। (हजारीप्रसाद द्विवेदी : बिहार राष्ट्रभाषा परिषद—सातवाँ अध्यक्षीय भाषण)
4. ...कोई भी मित्र जिसे अपने किसी गम्भीर अथवा अगम्भीर प्रस्ताव को मित्र-मंडली से पास कराना होता है, भगवती बाबू को अपने साथ 'करने' (लेने) का प्रयत्न करता है। (अमृतलाल नागर : 'ये कोठेवालियाँ', प्रस्तावना)

धातुज क्रियाएँ

इन क्रियाओं में मुख्य क्रिया का कोई कृदन्त रहता है और सहायक क्रिया के काल का कोई रूप। साधारणतः पहले मुख्य क्रिया आती है, जैसे : रोते जाना, देखना चाहिए, बन पड़ा, बदल देना।

किन्तु कभी-कभी मुख्य क्रिया बाद को आती है, जैसे : दे मारना, दे पटकना।

धातुज क्रियाओं के कई भेद होते हैं। हम उनमें से कुछ का ही उल्लेख करेंगे :

आरम्भ बोधक : जिस संयुक्त क्रिया से किसी कार्य के आरम्भ होने का बोध होता है, उसे आरम्भबोधक संयुक्त क्रिया कहते हैं। उदाहरणार्थ : लड़की चलने लगी, दस मिनट में पानी बरसने लगेगा, उसकी आँखों से खून टपकने लगा।

अब ऐसी क्रियाओं के ग़लत प्रयोग के दृष्टान्त लीजिए :

(क) पास की वस्तु भी न दीखने लगी। ('अपना अपना भाग्य')

ऐसा प्रयोग तो कदाचित ही कहीं देखा हो। यदि पानी बरसते-बरसते बन्द हो जाय तो क्या यह कहेंगे कि 'पानी न बरसने लगा' या 'सबेरे के समय जब तारे गायब होने लगें' तो क्या यह कहेंगे कि 'तारे न दीखने लगे।'

हमारे विचार में उपर्युक्त वाक्य के कई रूप हो सकते हैं। जैसे :

पास की वस्तु भी दिखाई न पड़ती थी।

पास की वस्तु का भी दिखाई पड़ना बन्द हो गया।

कुछ लेखक आरम्भबोधक के बदले किसी अन्य क्रिया का प्रयोग कर जाते हैं :

(ख) मालती कुछ बोली ही नहीं। तब थोड़ी देर बाद वह एकटक मेरी ओर देख रही थी (देखने लगी) किन्तु मेरे उधर उन्मुख होते ही उसने आँखें नीची कर लीं। (रोज)

किन्तु यदि दूसरा वाक्य इस रूप में होता तो ठीक था :

तब थोड़ी देर बाद क्या देखता हूँ कि वह एकटक मेरी ही ओर देख रही है।

अवधारणा बोधक : जिस क्रिया से मुख्य क्रिया के अर्थ में अधिक निश्चय पाया जाता है उसे अवधारणा बोधक क्रिया कहते हैं। उदाहरणार्थ : खो बैठना, चौंक उठना, घिर आना, घिर जाना।

अब हम ऐसे उदाहरण देते हैं, जिनमें इनका प्रयोग ग़लत रूप में हुआ है :

1. नौकर ने जब देखा--कवि आईने के सामने निश्चल बैठा है, परन्तु आईना टुकड़े-टुकड़े 'हो गया' (हो गया है) और उसके बीच का भाग ग़ायब है। (मक़्रील)
2. मनोहर के हाथ से मुँडेर छूट गई। वह नीचे 'आ गिरा'। (विश्वम्भरनाथ शर्मा कौशिक : 'ताई')

'आ गिरा' तो स्पष्टतः ग़लत दिखाई देता है। इस सम्बन्ध में हमें इन तीन क्रिया- पदों पर विचार करना है : 'आ पड़ा', 'जा पड़ा', 'गिर पड़ा'।

मान लीजिए हम नीचे खड़े हैं और बच्चा छत से लटक रहा है। यदि बच्चा गिरेगा तो हमारे पास आकर पड़ेगा। हम कहेंगे कि 'बच्चा नीचे आ पड़ा' या 'आ गिरा'।

अब दूसरी स्थिति पर विचार कीजिए। हम उसी छत पर खड़े हैं जिससे बच्चा लटक रहा है (कहानी में ताई की यही स्थिति है)। अब यदि बच्चा गिरता है तो हम कहेंगे कि 'बच्चा नीचे गिर पड़ा' या 'जा पड़ा'।

3. पर आज मुझे भी तुम्हारी इन बड़ी-बड़ी भुजाओं के बल की थाह लेने का मन कर आया है। ('कालिदास ग्रन्थावली'—कुमारसम्भव)

शुद्ध रूप : पर आज तुम्हारी इन बड़ी-बड़ी भुजाओं के बल की थाह लेने को मेरा भी मन कर आया है।

सहायक क्रिया—'लेना' : जिस क्रिया के व्यापार का लाभ कर्ता ही को प्राप्त होता है, उसके साथ 'लेना' क्रिया आती है, जैसे खा लेना, छीन लेना, समझ लेना...। (कामता प्रसाद गुरु : 'हिन्दी व्याकरण', पृ. 219)

कुछ लेखक इन क्रियाओं का ग़लत ढंग से प्रयोग करते हैं। यथा :

(क) उसने अपने होशोहवास में आप से पत्र लिखने की दरख़्वास्त की नहीं और लेख भेजने की प्रतिज्ञा से भी मैंने आपको 'बाँध लिया' (बाँधा) नहीं। (महावीरप्रसाद द्विवेदी : 'विचार विमर्श', पृ. 72)

(ख) उसने आशा भरी आँखें 'फिरा लीं' (फेर लीं) ('आकाश दीप')

अब एक दूसरे प्रकार की ग़लती देखिए :

जितना चाहे पानी दे। अगर तेरा हाथ 'पकड़ जाऊँ' (पकड़ लूँ) तो जो चोर की सज़ा सो मेरी सज़ा। ('प्रेम तरु')।

सहायक क्रिया—'देना' : उपर्युक्त पृष्ठ पर ही श्री कामताप्रसाद गुरु लिखते हैं : 'देना'—क्रिया अर्थ में 'लेना' के विरुद्ध है और इसका प्रयोग तभी होता है जब इसके व्यापार का लाभ दूसरे को मिलता है, जैसे : कह देना, समझा देना, सुना देना, कर देना।

अब देखिए यशपालजी की कहानी 'चार आने' का यह वाक्य :

चतुर लालाजी ने पिता के क़र्ज़ के काग़ज़ इर्शाद हुसैन के नाम बदलवा दिये। लालाजी ने काग़ज़ अपने हित में बदलवाये थे। अतः 'बदलवा लिये' होना चाहिए।

जो क्रियाएँ भूतकालिक कृदन्तों से बनती हैं, वे भी इसी वर्ग के अन्तर्गत आती हैं। ग़लत प्रयोग के कुछ नमूने देखिए :

1. मेरा पत्थर सा हृदय एक दिन सहसा तुम्हारे स्पर्श से चन्द्रकान्त मणि की तरह द्रवित 'हुआ' (हो गया)। ('आकाशदीप')
2. आदि बौद्ध धर्म के साथ ही 'लोप' (लुप्त) हो गई। (हज़ारीप्रसाद द्विवेदी : बिहार राष्ट्र भाषा परिषद—सप्तम वार्षिकोत्सव, अध्यक्षीय भाषण)।
3. इसी से हमने यह 'सिद्धान्त' (सिद्धान्त प्रतिपादित) किया। ('निबन्धमाला' 1, पृ. 543)
4. सर्दियों की रात थी और अनारकली में सब ओर धुआँ ही धुआँ 'हो रहा था' (छाया हुआ था या भरा हुआ था)। ऐसा प्रतीत होता था जैसे लाहौर के समस्त तन्दूरों, होटलों, घूरों और कारख़ानों से 'सारा दिन' (सारे दिन) उठने वाले धुएँ ने साँझ होते ही 'इकट्ठें' (इकट्ठा) होकर अनारकली पर आक्रमण कर दिया था। ('पिंजरा')

कुछ लेखक इस संयुक्त क्रिया को 'निश्चयबोधक' क्रिया कहते हैं।

इच्छा बोधक : इस क्रिया से किसी काम के करने की इच्छा प्रकट होती है, जैसे : मैं लेटना चाहता हूँ, वह पढ़ना चाहती है।

ग़लत प्रयोग के कुछ नमूने देखिए :

(क) वे जैसे हमारे साथ खेलना 'चाह रहे थे।' ('अपना अपना भाग्य')

संशोधित रूप : जैसे (अथवा मानो) वे हमारे साथ खेलना चाहते हों।

(ख) इर्शाद हुसैन का चेहरा पीला 'पड़ जाना चाहता था' (पड़ने वाला था)। ('चार आने')

अभ्यास बोधक : जिस क्रिया से किसी काम के करने के अभ्यास का बोध होता है उसे अभ्यासबोधक क्रिया कहते हैं। इस क्रियापद को बनाने के लिए सामान्य भूतकाल की क्रिया में 'करना' क्रिया लगाई जाती है, जैसे : वह खेल खेला करता है, क्या तुम गंगा में नहाया करते हो। कर्मवाचक : खिलाया जाता, दूध पिलाया जाता।

शिवानी की कहानी 'मामाजी' में यह वाक्य आता है :

कभी एक-एक आने के पाने के लिए तीन मील दूर बाज़ार 'भगाया' जाता। 'भगाना' का अर्थ है 'जल्दी से दूर हटाना।' जैसे भिखमँगा आया था। मैंने उसे भगा दिया। 'दौड़ाना' का अर्थ है जल्दी-जल्दी जाने के लिए विवश करना। स्पष्ट है कि उपरिलिखित वाक्य में 'भगाना' के स्थान पर 'दौड़ाना' होना चाहिए।

समाप्ति बोधक : इस क्रिया से किसी कार्य की समाप्ति घोषित होती है। यह 'चुकना' 'क्रिया के योग से बनती है, जैसे : 'वह खा चुका' 'मैं टहल चुका,' 'जब तक

तुम पहुँचोगे, गाड़ी आ चुकेगी।'

ग़लत प्रयोग का उदाहरण देखिए :

इतने थोड़े समय में इतनी दूर की यात्रा करने के कारण उनके घोड़े भी थक 'चुके' (गये) थे। ('कालिदास ग्रन्थावली'—रघुवंश)

शक्ति बोधक क्रिया : इससे कार्य करने की शक्ति अथवा शक्यता का बोध होता है। यह सहायक क्रिया 'सकना' के योग से बनती है, जैसे 'तुम्हीं यह काम कर सकते हो। क्या वह दिल्ली जा सकेगा?'

हमने 'सकना' क्रिया की भी काफ़ी दुर्दशा देखी है। कोई लिखता है : 'वह आ भी सकता है, नहीं भी आ सकता।' यह अँगरेजी के इस वाक्य का अनुवाद है : 'ही में कम, ही में नॉट (कम)'।

लेखक यह भूल जाता है कि 'नहीं आ सकता' का अर्थ है 'आना असम्भव है।' तब फिर उपरिलिखित वाक्य का क्या अर्थ निकलेगा?

कुछ लेखक लिखते हैं : 'ऐसा हो भी सकता है, नहीं भी हो सकता।'

हम इसे इस रूप में लिखेंगे : 'सम्भव है, ऐसा हो, सम्भव है न हो।'

किसी-किसी लेखक को तो हमने यहाँ तक लिखते देखा है : 'यह बात सम्भव भी है, असम्भव भी।'

अब 'सकना' के दो एक अन्य प्रकार के ग़लत प्रयोग देखिए :

इसलिए जब राजा रनिवास में आते थे, तब वे बड़ी कठिनाई से उनके स्वागत के लिए उठ 'सकती' (पाती) थीं।

उसे घुमाकर वह यह प्रकट करता था कि विवाह कर लेने पर हम भी तुम्हारे साथ इसी प्रकार नाच 'सकते' हैं।

यह 'सकना' का अच्छा प्रयोग नहीं है। हम तो इस वाक्य के अन्तिम भाग को इस प्रकार लिखेंगे : हम भी तुम्हारे साथ इसी प्रकार नाचने को तैयार हैं।

किसी का भी लक्ष्य तक पहुँचना असम्भव हो सकता है। (पर्वत पुत्र)

संशोधित रूप : 'किसी का भी लक्ष्य तक पहुँचना असम्भव है' या 'किसी का भी लक्ष्य तक पहुँचना हो ही नहीं सकता, या 'कोई भी लक्ष्य तक पहुँच ही नहीं सकता।'

चतुर्थ विभक्ति 'में' के लिए दोनों ही रूप मिल सकते हैं (मिल जायेंगे) (हज़ारीप्रसाद द्विवेद्वी बिहार-राष्ट्रभाषा-परिषद, सातवाँ अध्यक्षीय भाषण)

> और इस तरह निष्चेष्ट भाव से यहाँ चुपचाप पड़े रहना तो आज मुझे सह्य नहीं हो सकता (चन्द्रगुप्त विद्यालंकार : एक सप्ताह)

'हो सकता' उड़ा दिया जाय तो अच्छा है।

संदर्भ

1. यह पुस्तक रामचन्द्र वर्मा की 'अच्छी हिन्दी' से भिन्न है।

वाक्य प्रकरण

8
वाक्य रचना

एक छोटा सा वाक्य लीजिए : 'लड़का आया।' स्पष्ट है कि इसके दो अंग हैं : 'लड़का' जिसके विषय में कोई बात कही गयी है और 'आया' अर्थात् जो बात कही गयी है।

पहले अंग को 'उद्देश्य' और दूसरे को 'विधेय' कहते हैं। उद्देश्य सामान्यतः संज्ञा या सर्वनाम होता है और विधेय में कोई क्रिया अवश्य होती है। इनके अतिरिक्त किसी वाक्य में अन्य शब्द-भेद भी हो सकते हैं जो कर्म, उद्देश्य-विस्तार अथवा क्रिया-विस्तार कहलाते हैं। अब हम एक वाक्य लेते हैं:

राम के भाई गोपाल ने बिल्ली को डंडे से मारा।

इसमें 'गोपाल' उद्देश्य है, 'राम के भाई' उद्देश्य-विस्तार। वाक्य का शेषाँश विधेय है जिसमें 'मारा' क्रिया है, 'बिल्ली को' कर्म है और 'डंडे से' क्रिया-विशेषण पद।

वाक्य एक शब्द का भी हो सकता है और कई पन्नों का भी। इस संवाद पर विचार कीजिए :

द्वारका!

जी, भाई साहब।

क्या बाजार जा रहे हो?

जी नहीं।

तो क्या कल जाओगे?

हाँ।

कुछ वैयाकरणों ने वाक्य की यह परिभाषा दी है :

ऐसा पद समूह जो किसी पूर्ण विचार को व्यक्त करे, वाक्य कहलाता है।

कुछ लेखक वाक्य की ऐसी परिभाषा भी देते हैं :

कथन की किसी स्वतन्त्र इकाई को वाक्य कहते हैं।

वाक्य की और भी अनेक परिभाषाएँ दी गयी हैं। ऐसी परिभाषाओं के अनुसार उपरिलिखित छहों उक्तियाँ वाक्य कहलाएँगी किन्तु इनमें से कई में उद्देश्य और विधेय

दिखाई नहीं पड़ रहे हैं। परन्तु चौथे और छठे वाक्यों के पूर्ण रूप इस प्रकार के होंगेः

जी नहीं, मैं बाज़ार नहीं जा रहा हूँ।

हाँ, मैं कल बाज़ार जाऊँगा।

अब तो इन दोनों वाक्यों में उद्देश्य और विधेय स्पष्ट रूप से दिखाई पड़ रहे हैं। किन्तु उपरिलिखित छह वाक्यों में से पहले दो में तो उद्देश्य और विधेय का नाम भी नहीं है।

कहीं-कहीं पर उद्देश्य लुप्त रहता है, विधेय स्पष्ट रहता है, जैसे :

जाओ। (उद्देश्य 'तुम' लुप्त)

मारूँगा। (उद्देश्य 'मैं' लुप्त)

कभी-कभी विधेय लुप्त रहता है, उद्देश्य स्पष्ट रूप से विद्यमान रहता है, जैसे :

किसने मारा?

पिताजी ने। (विधेय 'मारा' लुप्त)

जिन वाक्यों में उद्देश्य और विधेय होते ही नहीं—अर्थात् न स्पष्ट रूप से न प्रच्छन्न रूप से—उन्हें वैयाकरण औपचारिक वाक्य नहीं मानते। अतएव निम्नलिखित वाक्य औपचारिक नहीं हैं :

वाह, वाह!

भला!

ओ बछिया के ताऊ!

देखिए 'चन्द्रकान्ता सन्तति' भाग 16 का पृष्ठ 14 :

> क्यों बे शैतान के बच्चे! क्या अब भी तू अपनी कसमों पर भरोसा करने के लिए मुझसे कहेगा?

इसमें पहला वाक्य अनौपचारिक है, दूसरा औपचारिक। बहुत सी कहावतें अनौपचारिक वाक्यों के रूप में होती हैं :

ऊँट की दाढ़ में जीरा!

दमड़ी का धनिया, शाहजहाँपुर कोठी।

हम केवल औपचारिक वाक्यों पर ही विचार करेंगे।

वाक्य के अपेक्षित गुण

वाक्य केवल एक शब्द-समूह नहीं है। उसके शब्दों में क्रम होता है, योजना होती है, संगति होती है, तारतम्य होता है। इसके बिना वाक्य में सार्थकता नहीं आती। मान लीजिए कोई कहे : 'व्याकरण रखी है कुर्सी पुस्तक', तो सुनने वाला इस शब्द-समूह का कोई अर्थ नहीं लगा पाएगा। अब मान लीजिए हम इन शब्दों के बीच में तीन शब्द और जोड़ देते हैं : 'की व्याकरण रखी पर है कुर्सी पुस्तक एक।'

अब भी इस शब्द-समूह से कोई अर्थ नहीं निकलता। अब इन शब्दों का क्रम बदल कर इस प्रकार लिखिए : 'कुर्सी पर व्याकरण की एक पुस्तक रखी है।'

अब मतलब स्पष्ट हो गया। यह एक वाक्य बन गया और इसके समस्त शब्द पद बन गये। ये तीन शब्द : 'पर', 'की', 'एक', जो हमने जोड़े हैं, शेष शब्दो में समन्वय स्थापित करते हैं और इन्हें भी किसी विशिष्ट क्रम में ही रखना होगा, अन्यथा हमारे वाक्य का कोई अर्थ नहीं निकलेगा। ऐसा नहीं कि क्रम में कोई परिवर्तन हो ही न सके। हम उक्त वाक्य को इस रूप में भी लिख सकते हैं : 'व्याकरण की एक पुस्तक कुर्सी पर रखी है'।

यह वाक्य भी सार्थक है, यद्यपि दोनों वाक्यों में सारे शब्दों पर एक सा ज़ोर नहीं है।

परन्तु क्रम-परिवर्तन की एक सीमा होती है। हम वाक्य में मनमाना उलट-फेर नहीं कर सकते। सम्भव है ऐसा करने से वाक्य का अर्थ बदल जाए, या वाक्य का कोई अर्थ ही न निकल पाये। हम यहाँ ऐसे वाक्यों के कुछ उदाहरण देते हैं जो हमारे विचार में निरर्थक हैं। यदि उनका कोई अर्थ निकलेगा भी तो बड़ी माथा-पच्ची के बाद।

1. कुछ अवस्थाएँ ऐसी भी हैं जिनमें 'ने' का प्रयोग होता है और नहीं भी होता।.... ('अच्छी हिन्दी', पृ. 172)

वाक्य का कहीं अच्छा रूप होगा : कुछ अवस्थाएँ ऐसी भी होती हैं जिनमें 'ने' का प्रयोग वैकल्पिक होता है।

2. यह बच्चा इसे जैसे प्यार का बन्दी होकर समझ रहा है। ('काग़ज़ की टोपी') ( )
3. तर्क अथवा बहस ही वह वस्तु है, जो हमारे मन में, अनजाने ही सही, यह बोध उत्पन्न करती है कि हमें छोड़कर भी किसी और को होना चाहिए। ('बहस की बात')
4. इस नाते सभी हमारे आत्मीय बन्धु हैं, पर शैव समाज का वैष्णव और शाक्त लोगों से विशेष ठहरा। ('शिवमूर्ति')
5. वे यात्रियों के अस्त्र-शस्त्र से लैस तो होते ही हैं, उनका पैदल चलना भी मनोविनोद के लिए ही रहता है। ('पर्वत पुत्र')

वाक्य सार्थक ही नहीं, स्पष्ट भी होना चाहिए। पढ़ते हो पाठक लेखक का तात्पर्य समझ जायँ। वाक्य ऐसा न हो कि उसके एक के बदले दो अर्थ निकल सकें। ऐसे वाक्य भ्रामक कहलाते हैं। पाठक उलझन में पड़ जाता है कि वाक्य का दो में से कौन सा अर्थ अभीष्ट है। कुछ उदाहरण देखिए :

(क) 'मैं वहाँ जाऊँगा।' या 'आप पुस्तक भेज दीजिएगा।'

आदि साधारण वाक्य हैं। इनसे एक ही विचार प्रकट होता है, और वह भी ऐसा ही विचार प्रकट होता है, जो दो वाक्यों में प्रकट नहीं किया जा सकता। (रामचन्द्र वर्मा : 'अच्छी हिन्दी', पृ. 105)

जो दो वाक्य उदाहरण स्वरूप दिये गये हैं, उन्हें या से जोड़ा गया है।

टिप्पणी की भाषा से ऐसा प्रतीत होता है मानो उपरिलिखित दोनों वाक्यों में एक ही विचार निहित है, किन्तु ऐसा है नहीं। इसके अतिरिक्त टिप्पणी में कई अनावश्यक शब्दों का प्रयोग किया गया है। हम इस उपरिलिखित उद्धरण को इस रूप में लिखेंगे :

'मैं वहाँ जाऊँगा' और 'आप पुस्तक भेज दीजिएगा।' आदि साधारण वाक्य हैं। इनमें से प्रत्येक से एक ही विचार प्रकट होता है, और वह भी ऐसा जो दो वाक्यों में प्रकट नहीं किया जा सकता।

(ख) दोनों बातें ईश्वर के विषय में न कही जा सकें, न नहीं कही जा सकें और हाँ कहना भी ठीक एवं नहीं कहना भी ठीक है। ('शिवमूर्ति')

बहुत ही भ्रामक वाक्य है। हम इसे इस प्रकार लिखेंगे :

इन बातों के सन्दर्भ में, ईश्वर के विषय में, न हाँ कहना ठीक होगा न न। किन्तु एक अन्य दृष्टिकोण से 'हाँ' भी ठीक होगा, 'न' भी।

(ग) मैं अकेला हूँ। दिन भर अकेला नहीं था, परन्तु इस समय फिर से अकेला ही हूँ। ('एक सप्ताह')

क्या मतलब निकला?

अब देखिए डॉ० वासुदेवनन्दन प्रसाद का 'आधुनिक हिन्दी व्याकरण और रचना'। उन्होंने इस वाक्य को ग़लत बताया है :

लड़ाई के द्वारा लोगों ने खूब धन कमाया।

और वाक्य को इस प्रकार शुद्ध किया है :

लड़ाई के समय लोगों ने खूब धन कमाया।

हमारे विचार में दोनों वाक्य शुद्ध हैं और दोनों के अर्थ अलग-अलग हैं। मान लीजिए लोहे का कोई व्यापारी लड़ाई के दिना में सरकार को लोहे के आयुध बना कर देता है। वह लड़ाई के द्वारा धन कमा रहा है।

अब मान लीजिए कोई व्यापारी किसी ऐसे देश में रहता है जो लड़ाई में लिप्त नहीं है। यदि वह ऐसे व्यापार में धन कमाता है जिसका लड़ाई से कोई सम्बन्ध नहीं है तो हम कहेंगे कि वह लड़ाई के समय धन कमा रहा है।

अब तनिक दूसरे प्रकरण पर विचार कीजिए। मान लीजिए कोई कहे कि 'हाथी रोटियाँ बेल रहा है।' व्याकरण की दृष्टि से तो इस वाक्य में कोई अशुद्धि नहीं हैं, किन्तु हम जानते हैं कि हाथी रोटियाँ नहीं बेल सकता। इस वाक्य में 'योग्यता' की कमी है। यों विशेष स्थिति में कोई हाथी जो सर्कस में प्रशिक्षित हो, कदाचित रोटियाँ

भी बेल सके किन्तु यहाँ हम सामान्य स्थिति पर ही विचार कर रहे हैं।

इसी ढंग के वाक्य ये भी हैं :

1. वह दातुन से पेंसिल बना रहा है।
2. कल मैंने काग़ज़ से तकिए के दो टुकड़े कर दिये।

इन दोनों वाक्यों में भी योग्यता की कमी है।

विशेष प्रयोग

वाक्य का एक अपेक्षित गुण पूर्णता भी है। इन दोनों उक्तियों पर विचार कीजिए :

(क) जब वह मेरे घर आया।

(ख) तुम्हारा यह कहना कि मैं स्वस्थ हूँ।

दोनों वाक्यों में आकांक्षा रह जाती है कि अभी वक्ता को और कुछ भी कहना है। जब तक इस आकांक्षा की पूर्ति न हो जाय, तब तक वाक्य में पूर्णता नहीं आएगी। हमें आकांक्षा की पूर्ति कुछ इस प्रकार करनी होगी

(क) जब वह मेरे घर आया, मैं घर पर नहीं था।

(ख) तुम्हारा यह कहना गलत है कि मैं स्वस्थ हूँ।

अब वाक्य पूर्ण हो गये।

वाक्य रचना सम्बन्धी कुछ निर्देश

1. यथासाध्य एक वाक्य में एक ही भाव होना चाहिए। इस सिद्धान्त से यह निष्कर्ष निकलता है कि जहाँ तक हो सके, वाक्य छोटे-छोटे बनाये जायँ। वाक्य जितना लम्बा होगा, ग़लतियों की सम्भावना उतनी ही अधिक होगी। लम्बे और जटिल वाक्यों के उदाहरण हम अन्यत्र देंगे।
2. वाक्य में व्याकरण सम्बन्धी नियमों का पालन होना चाहिए। उद्देश्य और क्रिया का मेल, कर्म और क्रिया का मेल, संज्ञा और सर्वनाम का मेल, विशेषण और विशेष्य का मेल—इन सबका ध्यान रखना चाहिए। ये नियम किसी भी व्याकरण में मिल जाएँगे। इन नियमों के उल्लंघन से अटपटे वाक्य बनते हैं। ऐसे वाक्यों पर हम आगे विचार करेंगे।
3. पद-क्रम सम्बन्धी नियमों का प्रतिपादन हम अगले अध्याय में करेंगे। क्रम-भंग करने से कभी-कभी अर्थ का अनर्थ हो जाता है।
4. अव्यय और निपात वाक्यों के पदों में समन्वय स्थापित करते हैं। इनका प्रयोग इस प्रकार करना चाहिए कि वाक्य के विविध अंगों में तर्कसंगत सामीप्य हो जाय।
5. वाक्य सदैव हिन्दी की प्रकृति के अनुकूल होना चाहिए।

6. वाक्य में आवश्यकतानुसार पद-बन्धों, मुहावरों, कहावतों आदि का उपयोग करना चाहिए।
7. शब्दों की वर्तनी पर भी ध्यान देना चाहिए। कुछ शब्दों की दो दो वर्तनियाँ प्रचलित होती हैं। उनमें से जो सरल हो उसी का प्रयोग करना चाहिए।
8. अप्रचलित शब्दों और प्रयोगों का व्यवहार नहीं करना चाहिए।
9. वाक्य यथासाध्य संक्षिप्त होना चाहये। उसमें एक भी फालतू शब्द न आने पायें।

   सुदर्शन की कहानी 'एथेंस का सत्यार्थी' में एक वाक्य आता है : 'इतने में चन्द्रमा आकाश में उदय हुआ।' आकाश में कहने की क्या आवश्यकता है? चन्द्रमा सदैव आकाश में ही उदय होता है, कभी धरती पर नहीं उगता। यदि 'आकाश में' 'चन्द्रमा' से पहले होता तो क्षम्य था।
10. जब तक आवश्यक न हो किसी वाक्य में किसी शब्द की पुनरुक्ति नहीं करनी चाहिए। इस दिवय पर हम यथास्थान विस्तारपूर्वक विचार करेंगे।
11. वाक्य में तथ्यात्मक ग़लतियाँ नहीं होनी चाहिए।

9
वाक्यों में पद-क्रम

हिन्दी के वाक्यों में पदों का क्रम सुनिश्चित नहीं होता। उसमें परिवर्तन हो सकता है किन्तु एक सीमा के अन्दर। तत्सम्बन्धी नियम प्रायः सभी मानक व्याकरण-पुस्तकों में मिल जाएँगे। यहाँ हम उनका विस्तृत विवेचन नहीं करेंगे। केवल मुख्य-मुख्य नियमों का संकेत करेंगे।

नियम 1: वाक्य में पहले उद्देश्य, फिर कर्म और अन्त में क्रिया रहती है। उद्देश्य का विस्तार उद्देश्य से पहले, कर्म का विस्तार कर्म से पहले और क्रिया का विस्तार क्रिया से पहले रहता है। यह सामान्य नियम है, किन्तु विशेष स्थिति में क्रम बदल भी जाता है।

बहुत से लेखक इस सीधे-सादे नियम का भी उल्लंघन कर जाते हैं जिससे वाक्य भद्दे हो जाते हैं। हम यहाँ कुछ उदाहरण देते हैं। हम यह नहीं कहते कि वाक्य अशुद्ध हैं किन्तु यदि इनके पद परम्परागत क्रम में रखे जायँ तो कानों को खटकेंगे नहीं।

1. पर रूप में यह सब शिव के बराती हैं। केवल वे कुरूप हैं, दीन नहीं और ये दीन अधिक हैं, कुरूप कम। (पर्वत पुत्र)

संशोधित रूप : पर रूप में ये सब शिव के बराती से ही हैं। वे केवल कुरूप हैं, दीन नहीं, और ये दीन अधिक हैं, कुरूप कम।

2. और पर्याप्त सावधानी से काम उसने किया है। (किशोरीदास वाजपेयी : 'हिन्दी शब्दानुशासन', लेखक का निवेदन)

संशोधित रूप : 'और उसने पर्याप्त सावधानी से काम किया है।' अथवा 'और पर्याप्त सावधानी से उसने काम किया है।' अथवा 'और काम तो उसने पर्याप्त सावधानी से किया है।'

क्रिया का पूरक भी कर्म की भाँति ही क्रिया के पहले आता है, जैसे : वह लड़का दुष्ट है।

इस नियम सम्बन्धी ग़लतियों के भी दो-एक उदाहरण देखिए :

1. संस्कृत के कुछ ऐसे शब्द हैं जिनके अर्थों में आजकल कुछ प्रान्तीय भेद देखने में आते हैं। (रामचन्द्र वर्मा : 'अच्छी हिन्दी', पृ. 272)

संशोधित रूप : संस्कृत के कुछ शब्द ऐसे हैं...

यदि यहाँ 'ऐसे' के बाद 'भी' लगा दें तो वाक्य बढ़िया हो जाय, किन्तु यह तभी होगा जब पूर्व-प्रसंग से उसका ताल-मेल बैठ जाये!

2. मेरे गुरु ने इसी प्रेम से संयम करने का नाम योग रखा है। मेरा यही योग है। ('मजदूरी और प्रेम')

संशोधित रूप : मेरा योग तो यही है।

नियम 2 : उद्देश्यविशेषण विशेष्य से पहले आता है, जैसे

छोटी बाल्टी उठा लाओ।

एक विद्वान लेखक

विशेषणों का एक क्रम यह है : सम्बन्धवाचक, संख्यावाचक, गुणवाचक जैसे : 'उसकी दोनों काली दावातें गिर पड़ीं।'

यदि किसी वाक्य में एक से अधिक संख्यावाचक विशेषण हों तो सामान्यतः छोटी संख्या वाला विशेषण पहले आता है। जैसे : 'दो-चार बार नहीं, पाँच-सात बार मैं उसे समझा चुका हूँ।' इसी प्रकार एक-दो, पचास-साठ, सत्तर-अस्सी।

अपवाद : दो-एक, दस-पाँच, सौ-पचास, हजार-पाँच सौ इत्यादि।

विशेषणों का दूसरा क्रम : सार्वनामिक, संख्यात्मक, गुणवाचक, जैसे : वह पाँचों हरी पतंगें।

इसके साथ ही हम एक और नियम पर भी विचार कर लें तो अच्छा है।

नियम 3 : वाक्य के विविध अंगों में तर्कसंगत सामीप्य होना चाहिए, जैसे :

अशुद्ध : एक तीन टाँगों की मेज़।

शुद्ध : तीन टाँगों की एक मेज़।

अशुद्ध : दो चाय के प्याले

शुद्ध : चाय के दो प्याले।

अब अयुक्त क्रम के कुछ उदाहरण देखिए। जो पद गलत स्थान पर प्रयुक्त हुआ है, उसे हमने उद्धरण चिह्नों में दिया है। उसे कहाँ होना चाहिए यह कोष्ठक द्वारा इंगित किया है।

1. 'एक' अपना (एक) विश्वासपात्र दूत रघु के पास भेजा। ('कालिदास ग्रन्थावली' – रघुवंश)
2. एक राख की ढेर सामने पृथ्वी पर पड़ी हुई है। उस राख की ढेर को देखते ही रति बेहाल हो उठी। ('कालिदास-ग्रन्थावली'–कुमारसम्भव)

संशोधित रूप : राख का एक ढेर सामने पृथ्वी पर पड़ा हुआ था। उसे देखते ही रति बेहाल हो उठी।

3. इस युग के ब्राह्मण का अधःपतन, पीर, बाबर्ची, भिश्ती, खर के रूप में तब 'अधिक' हृदय पर (अधिक) चोट करेगा। (किशोरीदास वाजपेयी : 'लेखन कला', पृ० 87)
4. 'कई रेलवे कर्मचारियों की गिरफ़्तारी'। घटना एक स्थान की थी, और वास्तव में लेखक का अभिप्राय यह था कि एक रेलवे के कई कर्मचारी गिरफ़्तार हुए हैं। परन्तु शीर्षक के शब्दों से यह भ्रम हो सकता था कि कई रेलवे कम्पनियों के कर्मचारी गिरफ़्तार किये गये जो वस्तुतः ठीक नहीं था। (रामचन्द्र वर्मा : 'अच्छी हिन्दी', पृ० 59)

हम इस विचारधारा से सहमत नहीं हैं। उपर्युक्त वाक्य से यह आशय कभी नहीं निकलता। 'रेलवे कर्मचारी' एक पदबन्ध है, जिसका अर्थ है उस रेलवे कम्पनी के कर्मचारी जिस का उल्लेख हो रहा है, अथवा तत्सम्बन्धी रेलवे कम्पनी के कर्मचारी।

यदि लेखक का अभिप्राय कई रेलवे कम्पनियों के कर्मचारियों से होता तो लिखा होता : 'कई रेलवे कम्पनियों के कर्मचारियों की गिरफ़्तारी।'

5. और 'यह सब कुछ' निबन्धकार (यह सब कुछ) अपने पाठक को इस प्रकार सुनाता है जैसे ... ('करुणापति त्रिपाठी' : 'गद्य संकलन', प्रस्तावना)
6. 'पाँच' देखने में साक्षात डाकिनी-शाकिनी सी (पाँच) विधवाओं को प्रतिवेशिनी बनाने में भला आपत्ति ही क्या हो सकती थी? (शिवानी : 'के')
7. 'एक' साने नामक (एक) महाराष्ट्र रहते थे ('महापुरुषों के साथ'—लोकमान्य तिलक)
8. जब ऐसे किसी व्यक्तित्व के आँखे दर्शन करती हैं। (वही : 'गुरुदेव')
   संशोधित रूप : जब आँखें किसी ऐसे व्यक्तित्व के दर्शन करती हैं।
9. और (बछड़ों को) गउओं का दूध 'बछड़ों को' पीने के लिए छोड़ दिया जाये। ('कालिदास-ग्रन्थावली'—रघुवंश)
10. वे 'पंजाब के एक' विस्थापित स्त्रियों के लिए बनाये गये (पंजाब के एक) आश्रम की संचालिका थीं। (शिवानी : 'सती')
11. परन्तु संस्कृत से मेल इसका अधिक बैठता है। (किशोरीदास वाजपेयी : 'हिन्दी शब्दानुशासन', दूसरे संस्करण में लेखक का निवेदन)

संशोधित रूप : परन्तु इसका मेल संस्कृत से अधिक बैठता है।

12. पर्यायों के भावानुरूप हुए बिना (रचना में) प्रखरता भी 'रचना में' नहीं आने पाती।
13. (हमारे लेखकों को) पद्य की भाँति गद्य-साहित्य में भी पर्यायों के प्रति अनुराग

'हमारे लेखकों को' रहा है। (बदरीनाथ कपूर : 'हिन्दी पर्यायों का भाषागत अध्ययन', पृ० 81, 89)

14. नीचे से 'एक' दूसरा भी (एक) रास्ता है, लेकिन वह बहुत गरम है। ('तिब्बत के पथ पर')

    क्या रास्ता भी गरम और ठंडा होता है? हम तो यों लिखेंगे : ... लेकिन उस रास्ते से जाने में बहुत गरमी लगेगी।'

15. (ऐसा) क्यों 'ऐसा' हुआ? (हजारी प्रसाद द्विवेदी : 'अशोक के फूल')

शब्दो पर जोर

वाक्य में पद-क्रम बदलने से अर्थ तो सामान्यतः नहीं बदलता। किन्तु प्रत्येक क्रम में हरेक शब्द पर एक सा ज़ोर नहीं पड़ता। एक वाक्य लीजिए :

मैं तो वहाँ जाकर यही कहूँगा।

इसका अभिप्राय यह है कि यदि मैं वहाँ गया तो यही बात कहूँगा। यदि इसके बदले कोई और बात कहलानी हो तो किसी और को भेजो।

अब यदि हम कहें कि 'मैं वहाँ जाकर तो यही कहूँगा' तो मतलब यह होगा कि अपने घर पर भले ही मैं और कुछ भी कहता रहूँ, वहाँ जाकर यही बात कहूँगा।

अब थोड़ा क्रम और बदल कर कहिए : 'मैं वहाँ जाकर यही तो कहूँगा।'

तात्पर्य यह है कि वहाँ जाकर मैं यही बात तो कहूँगा, जो तुमने कही है, अथवा जो तुम कहलाना चाहते हो।

यदि किसी पद पर विशेष रूप से ज़ोर देना हो तो उसे वाक्य के अन्त में रखना चाहिए। एक वाक्य लीजिए : 'महात्मा गाँधी बकरी का दूध पीते थे।'

यह सामान्य विधान है। किन्तु अब इस वाक्य पर विचार कीजिए : 'महात्मा गाँधी दूध पीते थे बकरी का।' यहाँ 'बकरी का' पर विशेष ज़ोर आ गया। वक्ता का तात्पर्य यह है कि महात्माजी बकरी ही का दूध पीते थे, गाय, भैंस का नहीं पीते थे।

अब सदगुरु शरण अवस्थी के निबन्ध 'अनुशासन' के इस वाक्य पर विचार कीजिए : 'अनुशासन की साधना में सबसे बड़ी आवश्यकता है।' लेख 'अनुशासन' पर है। लेखक यह कहना चाहता है कि यों तो अनुशासन की आवश्यकता और बातों में भी है, किन्तु साधना में सबसे अधिक है। अतएव, वाक्य का यह रूप होना चाहिए: 'अनुशासन की सबसे बड़ी आवश्यकता है साधना में।'

उसी निबन्ध का एक और वाक्य लीजिए : 'सबसे अधिक आज के दिन अध्यापक को सुधारना है।' हमारे विचार में लेखक का तात्पर्य इस वाक्य से अधिक स्पष्ट होगा : 'आज के दिन सबसे अधिक सुधारना है अध्यापक को।'

अब तनिक इस वाक्य पर ध्यान दीजिए :

व्यक्तिवाचक संज्ञाओं को मान्यता समाज वस्तुओं की सही पहचान तथा भ्रम के निवारणार्थ देता है। ('हिन्दी पर्यायों का भाषागत अध्ययन')

इस वाक्य का सुबोध रूप यह होगा :

समाज, वस्तुओं की सही पहचान तथा भ्रम के निवारणार्थ, व्यक्तिवाचक संज्ञाओं को मान्यता देता है।

'मान्यता' और 'समाज' एक साथ इस प्रकार के वाक्य में आ सकते हैं : 'व्यक्तिवाचक संज्ञाओं को मान्यता समाज देता है, लेखक नहीं देते।' यदि 'देते' उड़ा दिया जाय तो और भी अच्छा है।

नियम 4 : क्रिया-विशेषण सामान्यतः अपने विशेष्य से (ठीक) पहले आता है, जैसे : 'तुम धीरे बोलते हो, ज़रा ज़ोर से बोलो।'

अब दो एक उदाहरण देखिए :

(क) सच (तो) यह था कि मैं 'रत्ती-भर' उसे (रत्ती-भर) नहीं जानता था। ('जाह्नवी')

यदि यही क्रम रखना हो तो 'रत्ती-भर' के बाद 'भी' लगा देना चाहिए।

(ख) मैं 'इसलिए' वहाँ (इसलिए) नहीं गया था कि मुझे किसी ने बुलाया नहीं था। (रामचन्द्र वर्मा : 'अच्छी हिन्दी', पृ. 182)

यदि यही क्रम रखना हो तो 'इसलिए' के स्थान पर 'इसीलिए' चाहिए।

(ग) प्रस्तुत संग्रह में प्रायः प्रयास यही हुआ कि (यथासाध्य) सभी अर्थ 'यथासाध्य' दे दिये जायें। (भोलानाथ तिवारी : 'हिन्दी मुहावरा कोश', प्रथम संस्करण की भूमिका)

प्रायः, बहुधा, कभी-कभी सामान्यतः तत्सम्बन्धी उपवाक्य के पहले आते हैं।

(घ) ऐसे वाक्यों में (प्रायः) या तो शब्दों का 'प्रायः' चुनाव दूषित होता है या वाक्यों की रचना। (रामचन्द्र वर्मा : 'अच्छी हिन्दी', पृ० 97)

नियम 5 : (क) अवधारणा के लिए विशेषण और क्रिया-विशेषण भेदक और भेद्य के बीच में आ सकते हैं, जैसे :

उसने मेरा कोई उपकार नहीं किया है।

फिर उसका कैसे काम बना।

(ख) यदि भेद्य कोई प्रक्रियार्थक संज्ञा हो तो उससे सम्बद्ध शब्द उसके और भेदक के बीच में आते हैं, जैसे :

> तुम्हारा अपने सगों को गाली देना मुझे अच्छा नहीं लगता। उसका इस प्रकार चल देना उचित नहीं था।

अब एक अनुपयुक्त प्रयोग देखिए :

नहीं, कल जाऊँगा, 'ज़रुरी' जाना (ज़रूरी) है। ('रोज')

नियम 6 : भी, तो, भर, तक, ही ... निपात सामान्यतः उन्हीं शब्दों के ठीक पीछे आते हैं जिनका अवधारण करते हैं। 'केवल' तत्सम्बन्धी शब्द के पूर्व आता है।

वह भी (तो, ही, तक) देर से आया।

सेर-भर दूध में क्या होगा?

केवल वही देर से आया।

अब कुछ गलत प्रयोग देखिए :

(क) ...कोई भी हिंसक जन्तु नन्दिनी पर आक्रमण करने की बात (सोच) भी नहीं 'सोच' सकता। ('कालिदास ग्रन्थावली'—रघुवंश)

(ख) हम दोनों के जन्म-पत्र में सन्तान का योग है और उपाय करने से सन्तान (हो) भी 'हो' सकती है। ('ताई')

(ग) बुद्ध गुप्त को आज्ञा देकर देखो तो, वह क्या नहीं कर सकता? जो तुम्हारे नये द्वीप की सृष्टि कर सकता है, नये राज्य बना सकता है, उसकी परीक्षा लेकर (तो) देखो 'तो' ('आकाश-दीप')

(घ) इस सम्बन्ध में एक बहुत बड़े विद्वान का (मत) तो यहाँ तक 'मत' है कि (रामचन्द्र वर्मा : 'अच्छी हिन्दी', पृ० 48)

(ङ) इन तीनों वाक्यों में अधिकतर शब्द तो ज्यों के त्यों हैं, परन्तु शब्दों के केवल स्थान बदले हुए हैं। (वही, पृ० 58)

संशोधित रूप : इन तीनों वाक्यों में अधिकतर शब्द तो ज्यों के त्यों हैं, केवल शब्दो के स्थान बदले हुए हैं।

(छ) इनका (प्रयोग) निर्विभक्ति ही 'प्रयोग' होता है। ('राष्ट्रभाषा का शुद्ध रूप', पृ० 29)

नियम 7 : यदि—तो, जब—तब, यद्यपि—तथापि आदि नित्य—सम्बन्धी अव्ययों में से प्रथम प्रधान वाक्य अथवा पद-बन्ध के पूर्व और दूसरा तत्सम्बन्धी वाक्य अथवा पद-बन्ध के पूर्व आता है, जैसे :

यद्यपि मैं अस्वस्थ हूँ, तथापि मैं चलूँगा।

जब तुम कहोगे, तब तुम्हें सड़क तक पहुँचा दूँगा।

अब कुछ प्रयोग देखिए।

1. युवती ने लज्जा-विजड़ित स्वर में कहा—(यद्यपि) मैं 'यद्यपि' तुच्छ हूँ... ('मक्रील')
2. ...और जो नयी शैलियाँ साहित्य मे अपनाई गयी हैं, 'उनका' जब तक (उनका) परिचय नहीं, तब तक साहित्य का मूल्यांकन क्या होगा? ('आचार्य रामचन्द्र शुक्ल')

3. उनसे तो यदि अनगढ़ पत्थर रख दिये जाते तो अधिक शोभा पाते। ('मजदूरी और प्रेम')

संशोधित रूप : यदि अनगढ़ पत्थर भी रख दिये जाते तो उससे तो अधिक (ही) शोभा पाते।

4. यदि इनमें से हरेक का उपयुक्त अवसर पर और उपयुक्त मात्रा में प्रयोग हो, 'तभी' भाषा में सौंदर्य आ सकता है। ('अच्छी हिन्दी', पृ० 49)

नियम 8 : निषेधात्मक अव्यय 'न', 'नहीं' और 'मत' अधिकतर क्रिया के पूर्व आते हैं, जैसे :

मैं न कहता था?

उसने ऐसा नहीं कहा।

वहाँ मत जाना।

अवधारण के लिए ये अव्यय क्रिया के बाद भी आ जाते हैं, जैसे :

है कि न?

तुमने माना नहीं।

वहाँ जाना मत।

अब कुछ प्रयोग देखिए :

1. सुनन्दा की बातें इन्दुमती के मन में वैसे ही 'नहीं' घर (नहीं) करू सकीं जैसे–
2. दूसरे राजकुमार खोटे उपायों का प्रयोग करने में भी 'नहीं' संकोच (नहीं) करते।
3. पर जैसे साँप अपनी केंचुली छोड़ कर फिर उसे 'नहीं' ग्रहण (नहीं) करता। ('कालिदास ग्रन्थावली'–रघुवंश)
4. तर्क-सिद्ध बात भी संस्कार कभी-कभी 'नहीं ग्रहण (नहीं) करते।

(हिन्दी शब्दानुशासन, लेखक का निवेदन)

वाक्य-विन्यास की कुछ गलतियों का सम्बन्ध वास्तविक तथ्यों और व्यवहार-बुद्धि से होता है। कुछ दृष्टांत देखिएः

(क) फिर पाँच रुपये से लेकर पाँच आने तक अंटी में रख कर ... ('पर्वत-पुत्र')

होना चाहिए : पाँच आने से लेकर पाँच रुपये तक अंटी में रख कर...

पहले छोटी राशि दी जाती है।

(ख) जिस लेख के कारण यह हुआ, उसे शिशिर कुमार ने छापा और बसन्त कुमार ने लिखा था। ('विचार विमर्श', पृ० 55)

लेख पहले लिखा जाता है, तब छापा जाता है। वाक्य का बढ़िया रूप यह होता : 'जिस लेख के कारण यह हुआ, उसे बसन्त कुमार ने लिखा था और शिशिर कुमार ने छापा था।'

(ग) क्योंकि इसकी खेती हरी-भरी है, गाय इसकी दूध देती है, स्त्री इसकी आज्ञाकारिणी है, मकान इसका पुण्य और आनन्द का स्थान है ('मज़दूरी और प्रेम') वाक्य के गठन से पता चलता है कि लेखक संज्ञा को सार्वनामिक विशेषण से पहले रखना चाहता है। अतः आरम्भ इस प्रकार होना चाहिए था :

यतः खेती इसकी हरी-भरी है,...

(घ) इस दस वर्ष के समय में उनके बाल यद्यपि पक गये थे, किन्तु शरीर कहीं अधिक स्थूल हो गया था। ('पिंजरा')

वाक्य का व्याकरणिक रूप यह होगाः

यद्यपि इस दस वर्ष के समय में उनके बाल पक गये थे, तथापि शरीर कहीं अधिक स्थूल हो गया था।

किन्तु ऐसा वाक्य बिल्कुल शुद्ध होता :

इस दस वर्ष के समय में उनके बाल यद्यपि पक गये थे किन्तु झड़े नहीं थे।

एक बात और भी है : तथ्यात्मक दृष्टि से बालों के पकने और शरीर के स्थूल होने में कोई सम्बन्ध नहीं है। हमारे विचार में तो वाक्य यों लिखना चाहिए था :

इस दस वर्ष के समय में उनके बाल पक गये थे और शरीर कहीं अधिक स्थूल हो गया था।

समन्वय

अव्ययों और निपातों के समीचीन प्रयोगों से वाक्य बढ़िया और जानदार बन जाते हैं। इनके अनुपयुक्त प्रयोगों से वाक्य बेजान तो हो ही जाते हैं, कहीं-कहीं पर भद्दे और अशुद्ध भी हो जाते हैं। हम ऐसे बहुत से उदाहरण 'अव्यय प्रयोग' वाले अध्याय में दे चुके हैं। दो चार उदाहरण यहाँ भी देते हैं :

1. रूपा स्वभाव की तीव्र थी सही, ईश्वर से डरती थी। ('बूढ़ी काकी')

इस वाक्य में पहले उपवाक्य का गठन ऐसा है कि इसके आगे कोई विषमता द्योतक बात आनी चाहिए। अतएव यदि अगला उपवाक्य 'किन्तु' से आरम्भ हो तो अच्छा है।

2. उन्हें न चलने में थकावट आती थी और न हँसने में लाज आती थी। ('अपना-अपना भाग्य')

यदि यह वाक्य इस रूप में रखा जाय तो बहुत चुस्त और बढ़िया हो जायेगा : 'उन्हें न तो चलने से थकावट आती थी, न हँसने में लाज', अथवा : 'न तो उन्हें चलने से थकावट आती थी, न हँसने में लाज।'

3. विधाता ने हमें आँख, कान, हाथ, पैर ये सब तो दो-दो की संख्या में दिये हैं, तब प्रश्न उठता है, जीभ ही उसने हमें एक क्यों दी ('बहस की बात')

हम इस वाक्य के पिछले भाग को यों लिखना पसन्द करेंगे : ... तब प्रश्न यह उठता है कि जीभ ही उसने हमें एक क्यों दी।

4. इसी से महात्मा लोग कह गये हैं कि ईश्वर को वाद में न ढूँढ़ो पर विश्वास में। ('शिवमूर्ति')

बहुत ही अटपटा वाक्य है। इसके पिछले भाग को इस प्रकार लिख कर देखिए :

... कि ईश्वर को वाद में मत ढूँढ़ो, विश्वास में ढूँढ़ो।

इसको इस रूप में भी रख सकते हैं।

...कि ईश्वर को विश्वास में ढूँढ़ों, न कि वाद में।

5. इसी से मैंने निम्मी को, अपना हाथ बँटाने बुला लिया था। (शिवानी : 'गजदन्त')

होना चाहिए : हाथ बँटाने के लिए बुला लिया था।

10

अनिर्वहित वाक्य

कुछ लेखक मँझधार में नाविक बदलना चाहते हैं। वे एक उद्देश्य से आरम्भ करेंगे और वाक्य के मध्य तक पहुँचते-पहुँचते वाक्य का ढाँचा ऐसा बदल देंगे कि एक नये उद्देश्य की आवश्यकता पड़ जाय। और उसे वे लगाना भूल जायेंगे। परिणामतः वाक्य अनिर्वहित हो जाएगा। कुछ नमूने देखिये :

(क) रास्ता सुझाया ही नहीं, स्वयं आगे-आगे चले और मंजिल तय 'किये'। ('आचार्य रामचन्द्र शुक्ल')

संशोधित रूप : रास्ता सुझाया ही नहीं, उन्होंने स्वयं आगे-आगे चल कर मंजिल भी तय की।

(ख) लड़ाई हो चुकने पर रघु के वीर सैनिकों ने महेन्द्र पर्वत पर पान के पत्ते बिछा कर मदिरालय बनाया और वहाँ नारियल की मदिरा के साथ-साथ मानो शत्रुओं का यश भी पी गये।

यहाँ भी उसी ढंग की ग़लती है। 'सैनिकों ने' का 'यश भी पी गये' के साथ मेल नहीं बैठता।

संशोधित रूप : लड़ाई हो...बनाया। इस प्रकार वे नारियल की मदिरा के साथ-साथ मानों शत्रुओं का यश भी पी गये।

(ग) जब वे कावेरी के तट पर पहुँचे तब राजा रघु के सैनिक जी भर कर उस नदी में नहाये और जल को मथ दिया।

कौन नहाये? सैनिक।

जल को किसने मथ दिया? सैनिकों ने।

एक ओर उद्देश्य 'सैनिक' है, दूसरी ओर 'सैनिकों ने'।

संशोधित रूप :...में नहाये और इस प्रकार उन्होंने जल को मथ दिया।

(घ) आज बड़े भाग्य से आप आ गये और मुझे शाप से छुड़ा दिया। ('कालिदास ग्रन्थावली'—रघुवंश)

संशोधित रूप : ...आप आ गये और आपने मुझे शाप से छुड़ा दिया।

(ङ) रामजीदास ने पहले दोनों को खूब प्यार किया, और बैठकर रेलगाड़ी दिखाने लगे। ('ताई')

संशोधित रूप : रामजीदास ने पहले दोनों को ख़ूब प्यार किया। फिर वे बैठकर उन्हें रेलगाड़ी दिखाने लगे।

कभी-कभी लेखक किसी क्रिया के पूर्वकालिक कृदन्त के बदले किसी अन्य रूप का प्रयोग कर जाते हैं, और इस प्रकार वाक्य अनिर्वहित हो जाता है। रघुवंश का ही एक वाक्य है :

> राजा दिलीप ने जहाँ अपनी वीरता से शत्रुओं के नगर जीते थे और धनपति बने थे, वहाँ वे बातचीत करने की कला में भी बड़े चतुर थे।

'राजा दिलीप ने'—इस 'पद-बन्ध' का मेल 'धनपति बने थे' के साथ किस प्रकार बैठेगा?

संशोधित रूप : जहाँ राजा दिलीप अपनी वीरता से शत्रुओं के नगर जीत कर धनपति बने थे, वहीं वे....

अब दो-एक उदाहरण दूसरे प्रकार के देखिए। 'रघुवंश' का ही एक वाक्य है :

1. धूप में सुखाने के लिए जो तिन्नी का अन्न फैलाया हुआ था, वह दिन छिपते ही समेट कर कुटिया के आँगन में ढेर लगा दिया था।

यदि यह होता कि ...'वह दिन छिपते ही समेट कर कुटिया के आँगन में रख दिया गया था', तो वाक्य बिल्कुल शुद्ध होता। अन्यथा, इसे इस प्रकार लिखना चाहिएः '... फैलाया हुआ था, दिन छिपते ही उसे समेट कर कुटिया के आँगन में उसका ढेर लगा दिया गया था।'

2. न जाने कितने सौ फुट की गहराई के नीचे, मृत्यु हाथ पसारे खड़ी मुझे गोद में लेने, मुस्करा रही थी। (शिवानी : 'तुलादान')

संशोधित रूप : ...गहराई के नीचे, मुझे गोद में लेने के लिए, मृत्यु (मानो) हाथ पसारे खड़ी मुस्करा रही थी।

अब हम एक विवादास्पद प्रश्न लेते हैं।

'हिन्दी शब्दानुशासन' के पृ० 365 पर पं० किशोरीदास वाजपेयी ने यह वाक्य दिया है, जिसे वह शुद्ध समझते हैं :

सब चिन्तायें दूर होकर मन निर्मल हो गया।

इस सन्दर्भ में श्री निगमानन्द जी का विवेचन पठनीय है :

> व्याकरण का यह नियम है कि पूर्वकालिक क्रिया और दूसरी क्रिया दोनों का कर्ता एक ही होना चाहिए, भिन्न-भिन्न नहीं, जैसे : राम रोटी खाकर पाठशाला गया। इसमें 'खा' और 'जा' धातुओं का कर्ता राम ही है, कोई दूसरा नहीं, इसलिए यह वाक्य शुद्ध है। पर 'गाड़ी के नीचे दबकर लड़के की

मृत्यु हो गयी' में 'दबता लड़का है और होती है मृत्यु।' इसलिए 'दबकर' के स्थान पर 'दबने से' होना चाहिए। अथवा गाड़ी के नीचे दब कर लड़का मर गया। ('राष्ट्र भाषा का शुद्ध रूप', पृ० 160-61)

इस विवेचन से वाजपेयीजी का उपरिलिखित वाक्य अशुद्ध ठहरता है।

इसी प्रकार, यह प्रयोग भी अशुद्ध माना जायेगा जो आजकल धड़ल्ले से चल रहा है।

आपका पत्र पढ़कर प्रसन्नता हुई।

किन्तु इस सन्दर्भ में देखिए श्री गुरु का 'हिन्दी व्याकरण' अंक 599(घ) और 627(9)।

कभी-कभी पूर्वकालिक कृदन्त के साथ स्वतंत्र कर्ता आता है जिसका मुख्य क्रिया से कोई सम्बन्ध नहीं रहता, जैसे :

1. चार बजकर दस मिनट हुए।
2. आज अर्जी पेश होकर यह हुक्म हुआ।
3. खर्च जा कर पाँच रुपये की बचत होगी।

इसे 'स्वतंत्र कर्ता' कहते हैं।

हम मानते हैं कि निगमानन्दजी के तर्कों में बहुत बल है, किन्तु जो बात प्रयोग-सिद्ध हो जाती है, उसे ग़लत नहीं कहा जा सकता। अतएव, वाजपेयीजी का वाक्य इस दृष्टि से तो शुद्ध हैं। किन्तु उसमें एक दूसरे प्रकार की ग़लती है।

जब मन से वैमनस्य, द्वेष, कलुष निकल जाता है, तब मन 'निर्मल' हो जाता है। चिन्ताएँ दूर होने से मन 'निर्मल' नहीं होता 'शान्त' होता है। अतएव, वाजपेयीजी के वाक्य में तथ्यात्मक ग़लती है। कहना चाहियेः

सब चिन्ताएँ दूर होकर मन शान्त हो गया।

इसी वाक्य को इससे अच्छे रूप में ढाल सकते हैं :

सब चिन्ताएँ दूर होने से मन शान्त हो गया।

अथवा, सब चिन्ताएँ दूर हो गयीं, मन शान्त हो गया।

निगमानन्द जी ने पृ० 127 पर एक अन्य अशुद्ध वाक्य का उदाहरण दिया है :

आज पुस्तक छपे आकार में देखकर प्रसन्नता हुयी।

हमारे विचार में 'आकार' के बदले 'रूप' होना चाहिए। इस वाक्य में और कोई ग़लती नहीं है।

11
पद-बन्ध और मुहावरे

प्रथम अध्याय में हमने शब्दों और पदों पर विचार किया था। अब तनिक इन वाक्यों पर ध्यान दीजिए :

1. 'साग-भाजी' लाकर रानी के घर हो आओ।
2. दो दिन से 'खाना-पीना' हराम हो गया।
3. यह काम 'दो-चार' आदमियों के बस का नहीं है।
4. आज मैं 'सेब का मुरब्बा' खाऊँगा।
5. रद्दी की टोकरी में 'क़ागज़ की पुड़िया' फेंक दो।

पहले वाक्य में शब्द-युग्म 'साग-भाजी' आया है। यह शब्दों की एक बँधी-बँधाई जोड़ी है। इसे उलटकर 'भाजी-साग' नहीं कह सकते। न इसके बदले 'सब्जी-भाजी' कह सकते हैं, न 'साग-तरकारी'। यदि 'साग-सब्ज़ी' भी कोई प्रचलित शब्द युग्म हो तो इसका प्रयोग अवश्य कर सकते हैं।

मतलब यह कि कुछ शब्द-युग्म ऐसे बँधे-बँधाये होते हैं कि सामान्यतः उनमें कोई परिवर्तन नहीं हो सकता।

दूसरे वाक्य में 'खाना-पीना' और तीसरे में 'दो-चार' भी ऐसे ही शब्द-युग्म हैं। हम कहते हैं कि हमारा और पड़ोसियों का खाना-पीना एक है। कभी इस अर्थ में 'पीना-खाना' नहीं कह सकते। 'पीना-खाना' एक अलग शब्द-युग्म है जिसका अर्थ है 'मदिरा पान और भोजन'।

इसी प्रकार हम कहेंगे, वहाँ 'दो-चार' आदमी खड़े हैं। दो-चार के स्थान पर 'चार-दो' नहीं हो सकता।

ऐसे शब्द-युग्मों को द्वन्द्व कहते हैं, और शब्दों के इस संयोग को द्वन्द्व-समास।

पहले वाक्य में 'साग-भाजी' तो द्वन्द्व हो गया। शेष पद ये हैं : (क) लाकर, (ख) रानी के, (ग) घर, (घ) हो आओ।

किन्तु 'रानी के घर' भी एक स्वतंत्र सार्थक इकाई दिखाई दे रही है। इसको भी एक स्वतंत्र नाम 'पदबन्ध' दिया गया है। चौथे वाक्य में 'सेब का मुरब्बा' और पाँचवें में 'क़ागज़ की पुड़िया' भी पद-बन्ध कहलाएँगे।

पाँचवें वाक्य में 'रद्दी की' और 'टोकरी में' पद हैं। किन्तु 'रद्दी की टोकरी' का स्वतंत्र रूप में भी प्रयोग हो सकता है, जैसेः 'रद्दी की टोकरी' कोने में रखी है। यहाँ 'रद्दी की टोकरी' भी एक पद-बन्ध है।

पदबन्ध बँधे-बँधाए शब्द-समूह तो नहीं होते। हाँ, सार्थक शब्द-समूह अवश्य होते हैं। हम इन शब्द-समूहों को तो पदबन्ध कह सकते हैं :

लड़की का नाम, बेंत की कुर्सी, आँधी के आम, पुस्तक का क़ागज़, दावात की स्याही, दाल में नमक।

किन्तु निम्नलिखित शब्द-समूहों को पद-बन्ध नहीं कह सकते, क्योंकि इनसे कोई अर्थ नहीं निकलता :

आम की इमली, मेज के चाचा, कबूतर में बतख़।

स्पष्ट है कि द्वन्द्वों और पद-बन्धों के भी कुछ नियम होते हैं। ऐसा नहीं कि कोई लेखक मनमाने द्वन्द्व बना ले, और जैसे चाहे किसी पदबन्ध का प्रयोग कर ले।

हम यहाँ द्वन्द्वों के ग़लत प्रयोग के कुछ दृष्टान्त देते हैं :

(क) कितने भूत के आकार से लम्बी-लम्बी दाढ़ी वाले यहाँ के 'फूल-फल' पर प्रलोभित हो गये। ('विशाल वाटिका')

द्वन्द्व 'फल-फूल' है, न कि 'फूल-फल'। कदाचित इसका कारण यह हो कि यदि द्वन्द्व के दोनों शब्द सार्थक हों तो सामान्यतः छोटा शब्द पहले आता है, जैसेः

दो-चार, दस-पाँच, दस-बीस, सौ-पचास, धन-दौलत, धन-धान्य

उसी लेखक ने उसी निबन्ध में बाद को ठीक द्वन्द्व का प्रयोग किया हैः 'रसीले और सुगंधित फल-फूल ले गये।'

(ख) यह झोंपड़ा तो किसी 'काम-काज' का नहीं है। ('दिल्ली का अन्तिमदीपक')

'काम-काज' का प्रयोग इस रूप में होता हैः 'क्या आजकल कोई काम-काज नहीं है'?

सुदर्शन जी के उपरिलिखित वाक्य में काम-काज के स्थान पर काम होना चाहिए।

(ग) काम के आदमी हैं न खाक-पत्थर। (शिवानी : 'मामाजी')

'खाक-पत्थर' के साथ कभी 'न' का प्रयोग नहीं होता। 'काम के आदमी हैं खाक-पत्थर' का ही यह अर्थ है कि काम के आदमी नहीं हैं।

अगले उदाहरणों में हम शुद्ध द्वन्द्व आगे कोष्ठकों में देते जाएँगे।

(घ) 'सायं और प्रातः' (प्रातः और सायं), दिन और रात, विधाता इसके हृदय में अचिन्तनीय और अद्भुत आध्यात्मिक भावों की वृष्टि करता है। ('मज़दूरी और प्रेम')

यों भी दिन में सायं से पहले प्रातः आता है।

(ङ) बहुत दिन पूर्व हिन्दी में कुछ 'बड़े-छोटे' (छोटे-बड़े) मुहावरा कोश प्रकाशित हुए थे। '(हिन्दी मुहावरा कोश', भूमिका)

अब हम कुछ उदाहरण अनुपयुक्त पदबन्धों के देते हैं।

1. वह जी में बेचैन हो रहा था। ('अपना-अपना भाग्य')

'बेचैन होना' अथवा 'जी व्याकुल होना' जैसे प्रयोग तो हमने बहुत बार पढ़े हैं, किन्तु 'जी में बेचैन होना' इससे पहले कभी नहीं देखा था। यों भी, जब कोई बेचैन होगा तो जी में ही होगा, टाँग या हाथ में बेचैन नहीं होगा।

2. 'विस्तार की लघुता' से अधूरापन रहता है। (करुणापति त्रिपाठी : गद्य-संकलन—प्रस्तावना)

हमारे विचार में 'विस्तार की लघुता' ऐसा ही अटपटा पदबन्ध है जैसे 'लम्बाई की चौड़ाई' या 'मोटाई का दौर्बल्य'।

3. अत्यधिक श्रद्धाशीलता भी कभी-कभी मनुष्य के लिए 'संकट का हेतु' हो जाती है। (पद्मसिंह शर्मा : 'स्व. प्रो. पूर्णसिंह')

हेतु में उद्देश्य का भाव रहता है। आप किस हेतु पधारे हैं? का अर्थ है आप किस उद्देश्य से पधारे हैं।

उपरिलिखित का तो यह अर्थ निकलेगा कि मनुष्य कभी कभी संकट को बुलाने के लिए ही अत्यधिक श्रद्धाशीलता दिखाता है।

हमारे विचार में 'हेतु' के बदले 'कारण' होना चाहिए।

4. एक पद-बन्ध है 'न जाने'। किन्तु श्री बालकृष्ण भट्ट ने इसका प्रयोग 'न जानिये' के रूप में किया है। देखिए इनके निबन्ध 'विशाल वाटिका' के ये दो-तीन वाक्य :

(क) इस तरह के पाहुने एक-दो नहीं वरन 'न जानिये' कितने आये और आते-जाते हैं।

(ख) पर इसके विरूद्ध यहाँ अज्ञान का वृक्ष 'न जानिये' कहाँ से उग आया है।

(ग) ऐसी 'न जानिये' कितनी क्यारियाँ इसमें हैं, उनकी ओर न झुक पड़ना।

मुहावरे

मुहावरा भी द्वन्द्व की ही तरह शब्दों का बँधा-बँधाया गठजोड़ होता है, किन्तु दोनों में अन्तर यह है कि द्वन्द्व का अर्थ उसके पदों के अर्थ से थोड़ा सा विस्तृत होता है, जबकि मुहावरे का अर्थ उसके पदों के अर्थ से बहुत दूर जा पड़ता है।

'दस-बीस' का शाब्दिक अर्थ होगा दस या बीस। किन्तु जब हम कहते हैं कि वहाँ दस-बीस आदमी थे, तब यह अर्थ होता है कि आदमी लगभग दस से कम नहीं थे, लगभग बीस से अधिक नहीं थे। ग्यारह भी हो सकते हैं, पन्द्रह भी, उन्नीस भी।

इस द्वन्द्व का थोड़ा सा और विस्तृत अर्थ लें तो नौ भी हो सकते हैं, इक्कीस भी। अर्थात्, दस-बीस द्वन्द्व का अर्थ होगा : 'दस से कुछ कम से लेकर बीस से कुछ अधिक तक कोई भी संख्या।'

किन्तु यदि हम कहें कि इन दोनों वस्तुओं में उन्नीस-बीस का ही अन्तर है, तो अर्थ यह होगा कि दोनों में थोड़ा सा ही अन्तर है। अन्तर लम्बाई में भी हो सकता है, वज़न में भी, मूल्य में भी, गुणों में भी। यहाँ उन्नीस और बीस संख्याओं से कोई सम्बन्ध नहीं है।

यदि हम कहें कि गोपाल का खान-पान अच्छा है, तो इसका यह अर्थ होगा कि वह सामान्य व्यक्तियों से बढ़िया भोजन करता है, अर्थात् खाने-पीने पर अधिक ख़र्च करता है।

किन्तु यदि कहें कि गोपाल बड़ा खानेवाला है। जब तक उसका मुँह नहीं भरोगे, कोई काम करके नहीं देगा। इसका यह अर्थ निकलेगा कि गोपाल बड़ा घूसख़ोर है। बिना घूस लिए कोई काम नहीं करता।

यहाँ 'खाने वाला' और 'मुँह भरना' दोनों मुहावरे हैं। 'मुँह भरना' का सामान्य अर्थ है 'मुँह में कोई खाद्य पदार्थ भर देना' किन्तु यहाँ इसका अर्थ है 'घूस देकर सन्तुष्ट करना।' घूस में दी गयी राशि को मुँह-भरी कहते भी हैं।

स्पष्ट है कि समस्त मुहावरे विशेष प्रकार के द्वन्द्व अथवा पदबन्ध ही होते हैं। इस सम्बन्ध में श्री रामचन्द्र वर्मा लिखते हैं :

> ''बछिया के ताऊ, बिना पेंदी का लोटा, खिचड़ी दाढ़ी और नींबू-निचोड़' सरीखे पद मुहावरे नहीं हैं। ये तो यौगिक पद हैं जो विशिष्ट तथ्यों के सूचक मात्र हैं।'' (रामचन्द्र वर्मा : 'अच्छी हिन्दी', पृ0 167)

'बछिया के ताऊ' का जो अर्थ है, उसका सम्बन्ध न बछिया से है, न ताऊ से। उक्त पद-बन्ध एक मूर्ख व्यक्ति के लिए प्रयुक्त होता है। स्पष्ट है कि इसमें मुहावरे के सारे तत्व मौजूद हैं।

बेपेंदी का लोटा (यह मुहावरा इसी रूप में अधिक प्रचलित है) एक ऐसे व्यक्ति को कहते हैं जिसके कोई निश्चित सिद्धान्त न हों, जो कभी इधर, कभी उधर हो जाय। इस अर्थ में न लोटे का उल्लेख है, न पेंदी का।

'नींबू-निचोड़' का अर्थ स्वयं वर्माजी ने अपने 'मानक कोश' में इस प्रकार दिया है :

(व्यक्ति) जो किसी का सारा तत्व उसी प्रकार निकाल लेता हो जिस प्रकार नींबू का रस निकाला जाता है।

स्पष्ट है कि उपरिलिखित तीनों पद-बन्ध मुहावरे हैं। किन्तु हम यह मानते हैं कि 'खिचड़ी दाढ़ी' कोई मुहावरा नहीं है।

यदि वर्माजी का यह विचार हो कि बिना क्रिया के मुहावरा नहीं बन सकता तो यह बात भी गले उतरने वाली नहीं। माना कि अधिकतर मुहावरे क्रियाओं से ही बनते हैं, फिर भी मुहावरे के लिए क्रिया कोई आवश्यक तत्व नहीं है। क्या निम्नलिखित पद-बन्ध मुहावरे नहीं है :

आँख का काँटा, दाहिना हाथ; मार्ग का रोड़ा?

'अच्छी हिन्दी' के पृ० 160 पर वर्माजी लिखते हैं :

> वस्तुतः मुहावरे का शुद्ध रूप है—दाँतों उँगली दबाना। पर कुछ लोग भूल से लिख जाते हैं 'दाँतों तले उँगली दबाना'। जिससे उसका मुहावरे वाला तत्व नष्ट हो जाता है और उसका साधारण क्रिया-प्रयोग वाला रूप बन जाता है।

हम नहीं जानते कि वर्माजी ने किस आधार पर यह कहा, कि मुहावरे का शुद्ध रूप 'दाँतों उँगली दबाना' है। किसी भी मुहावरा-कोश में हमारे देखने में ऐसा रूप नहीं आया।

वर्माजी का यह कहना भी ठीक नहीं कि 'दाँतों तले उँगली दबाना' में साधारण क्रिया-प्रयोग है। जब उँगली दाँतों के बीच में आती है तब आधे दाँत उसके ऊपर होते हैं, आधे नीचे। उँगली दाँतों के तले नहीं होती, बीच में होती है।

मुहावरे के पदों को उलटा नहीं जा सकता। 'मुझसे तीन-पाँच मत करना।' इसमें 'तीन-पाँच' के स्थान पर 'पाँच-तीन' नहीं हो सकता।

इस तथ्य को न समझ कर कुछ लेखक मुहावरे के पदों को उलट देते हैं। देखिए :

1. अगर आप न आ जाते तो अभी और भी पिटता, मैं इसे दाल-आटे का भाव बता देती ('काया-पलट')

मुहावरा है 'आटे-दाल का भाव मालूम होना।' सुदर्शनजी ने इन पदों के उलट ही नहीं दिया है, मुहावरे का रूप भी बिल्कुल बदल दिया है।

कुछ लेखक मुहावरे की मुख्य क्रिया ही बदल देते हैं जो सर्वथा अक्षम्य है। कुछ नमूने देखिए :

1. मनोरमा का मुँह पीला हो गया। (सुदर्शन : 'अमर जीवन')

यदि कोई मुँह पर पीला रंग लगा ले तो उसका मुँह पीला हो जायगा। किन्तु भय या रोग के कारण मुँह पीला, पड़ जाता है', 'पीला' हो नहीं जाता।

2. भिखारिन कुछ दिन मुफ़्त की रोटियाँ फाड़ती रही फिर काम करने लगी। ('अंधकार')

मुफ़्त की रोटियाँ तोड़ी जाती हैं, फाड़ी नहीं जातीं।

3. वे सूर्य की ओर एक टक होकर देखती रहने लगी। ('कालिदास ग्रन्थावली'—कुमार सम्भव)

'एकटक' के बाद 'होकर' अनावश्यक भी है, भद्दा भी। 'देखती रहने लगी' भी कोई

बढ़िया प्रयोग नहीं है। वाक्य का यह रूप होता तो अच्छा था : 'वे सूर्य की ओर एकटक देखती रहतीं।'

4. बेचारी मिसेज़ बेदी ओखली में सिर रख चुकी थी। अब मूसल से डरकर कर भी क्या लेती। (शिवानी : 'मौसी')

ओखली में सिर 'दिया जाता है', 'रखा नहीं जाता।'

कुछ मुहावरे एक-वचन में ही चलते हैं, जैसे : आँख मारना, अंगारा होना, उँगली उठाना।

इनके बदले 'आँखें मारना', 'अंगारे होना', 'उँगलियाँ उठाना' नहीं हो सकता। इसके विपरीत कुछ मुहावरे बहुवचन में ही चलते हैं, जैसे : 'अंगारों पर लौटना, हाथों के तोते उड़ जाना, दर दर की ठोकरें खाना।' इन मुहावरों के तत्संबन्धी पदों को एक-वचन रूप में नहीं रखा जा सकता। मुहावरा है 'मीठी-मीठी बातें करना'। अब देखिए :

तुम मुझ से जो यह मीठी-मीठी बात बताया करते थे कि...('कालिदास ग्रन्थावली'—कुमार सम्भव)

हमारे विचार में यह उक्त मुहावरे का ग़लत प्रयोग है।

कुछ लेखक मुहावरे के मुख्य पद के बगल में एक समानार्थी और रखकर अपने हिसाब से दुहरा मुहावरा बना देते हैं। हमारे विचार में इस प्रकार मुहावरा ही चौपट हो जाता है। एक उदाहरण देखिए :

बिल्कुल सोलह आने सम्भव है। (रामवृक्ष बेनीपुरी : 'गेहूँ बनाम गुलाब')

'बिल्कुल' भी और 'सोलह आने' भी?

अब मुहावरों के प्रयोगों में दूसरे प्रकार की ग़लतियाँ देखिए :

1. पर झूरी के साले गया को घर तक गोई ले जाने में दाँतों पसीना आ गया। (प्रेमचन्दः 'दो बैलों की कथा')

दाँतों पसीना आना कहाँ का मुहावरा है?

2. पर कभी इन्होंने अपना दिल मेरे पास नहीं खोला। ('राष्ट्रभाषा का शुद्ध रूप')

दिल किसी के 'सामने' खोला जाता है, किसी के 'पास' नहीं खोला जाता।

3. हम परिस्थिति की करुणा से रोम-रोम बिन्ध गये। ('ये कोठे वालियाँ', पृ० 22)

'हमारा रोम-रोम बिन्ध गया' तो समझ में आता है, 'किन्तु हम रोम-रोम बिन्ध गये'—यह किस प्रकार की भाषा है?

और 'परिस्थिति की करुणा'—यह भी नये ढंग का ही पद-बन्ध दिखाई देता है।

4. पर पार्वती जी ने भगवान शंकर के आधे शरीर में बस कर अपनी सखियों

के आशीर्वाद छोटे कर दिये। ('कालिदास ग्रन्थावली'—कुमारसम्भव)

'आशीर्वाद छोटे करना' क्या कोई नया मुहावरा बना है? या 'झूठे' के बदले 'छोटे' छप गया है।

5. नील नभोमंडल से मुख में शुभ्र नक्षत्रों की पंक्ति के समान उसके दाँत हँसते ही रहते। ('आकाशदीप')

हम किसी व्यक्ति के लिए कहते हैं कि वह हँस रहा है, या वह अपने, दाँत दिखा रहा है, किन्तु यह कभी नहीं कहते कि उसके दाँत हँस रहे हैं।

6. बालक मौन-मूक, फिर बोलता हुआ चेहरा लेकर खड़ा रहा। ('अपना अपना भाग्य')

7. शान्ति उससे उसके पति के सम्बन्ध में और उसके अपने मनोभावों के सम्बन्ध में प्रश्न पूछती। ('पिंजरा')

सामान्यतः प्रश्न 'पूछा' नहीं जाता, 'किया' जाता है।

अब हम एक ऐसा उदाहरण देते हैं जिसमें मुहावरा तो ठीक है किन्तु उसका प्रयोग ग़लत है।

'सैकड़ों विलक्षण क्रिया-प्रयोग नित्य देखने में आते हैं, और उनकी संख्या दिन दूनी रात चौगुनी बढ़ती जाती है। (रामचन्द्र वर्मा : 'अच्छी हिन्दी', पृ० 153)

हम कहते हैं—दिन दूनी रात चौगुनी उन्नति करो—इस मुहावरे का प्रयोग सदैव किसी वांछनीय तत्व के प्रसंग में होता है। उपर्युक्त वाक्य में वर्मा जी ने ऐसे क्रिया- प्रयोगों का उल्लेख किया है जो वांछनीय नहीं है। अतएव यहाँ उक्त मुहावरे का प्रयोग नहीं होना चाहिए था। यों लिख सकते थे : 'और उनकी संख्या बरसाती मेंढ़कों की तरह बढ़ती जाती है।'

12
पुनरुक्ति

उर्दू का एक पद-बन्ध है 'तकिया कलाम' जिसे 'सूख़ुन तकिया' भी कहते हैं। यह कोई ऐसा शब्द अथवा पद-बन्ध होता है जो कुछ लोगों की जुबान पर रखा रहता है। किसी की आदत होती है, बात-बात पर कहने की, 'है न?' कोई प्रत्येक वाक्य के पीछे कहता है 'समझे कि नहीं?' या 'समझे साहब?' कोई बात पीछे करेगा, पहले कहेगा, 'राम तुम्हारा भला करे।' हम इसी प्रकार के और भी सैकड़ों उदाहरण दे सकते हैं। इन सब में एक बात सामान्य होती है—वक्ता इन्हें बार-बार दुहराता रहता है।

एक व्यक्ति की आदत थी बार-बार 'कमबख़्त' कहने की। किसी मित्र ने उससे कहा : 'देखो, लोग सुनते हैं तो बुरा मानते हैं। कहते हैं, तुम बात पीछे कमबख़्त की गाली देते हो।' वह बोला : 'कौन कमबख़्त गाली देता है? किस कमबख़्त को गाली देता है? किस कमबख़्त के सामने गाली देता है?'

यह तो रहा बोलचाल का क्षेत्र। लिखित रचनाओं में लोग इस सीमा तक तो नहीं जाते, किन्तु बहुत से लेखक ऐसे हैं जो किसी शब्द अथवा शब्दसमूह की अनावश्यक रूप से पुनरुक्ति करते हैं। यह पुनरावृत्ति बहुधा विभक्तियों और अव्ययों की होती है। हम थोड़े से उदाहरण यहाँ देंगे।

पहले 'तो' का अनावश्यक प्रयोग देखिए।

(क) हमारे हाथ में 'तो' जो कुछ था, वह सब 'तो' दवा-दारू में उठ गया। ('कफ़न')

दो 'तो' बहुत भद्दे लगते हैं। हम इसी बात को यों कह सकते हैं : 'हमारे हाथ में तो जो कुछ भी था, वह सब दवा-दारू में उठ गया।' अथवा 'हमारे हाथ में जो कुछ भी था, वह सब तो दवा-दारू में उठ गया।'

(ख) लेकिन इसे 'तो' ढंग के बाल बनाने भी 'तो' नहीं आते। (राजेन्द्र यादव : 'मेहमान')

दूसरा 'तो' बिल्कुल अनावश्यक है।

अब 'तो' और 'यदि' दोनों का प्रयोग देखिए :

'यदि' हमें निश्चय है कि हमारा कोई मित्र इतना घमंडी है कि 'यदि' उसे किसी वस्तु की प्राप्ति होगी 'तो' वह हमसे ऐंठ दिखाकर हमारा अपमान करेगा, 'तो' हमारा यह चाहना कि वह...('ईर्ष्या')

यह वाक्य इस प्रकार अवश्य लिखा जा सकता है कि इसमें से एक 'यदि' और एक 'तो' निकल जाए।

अब ज़रा 'भी' और 'है' की पुनरुक्ति देखिए :

अशोक की भी अपनी स्मृति-परम्परा है। आम की भी है, नकुल की भी है, चम्पे की भी है। ('अशोक के फूल')

हम यह स्वीकार करते हैं कि कहीं-कहीं पुनरुक्ति से वाक्य में बहुत ज़ोर आ जाता है। यहाँ बार-बार 'भी' के देने से वाक्य में जान पड़ गयी है। किन्तु क्या हर जगह 'है' का देना भी इतना की आवश्यक था। क्या हम यों नहीं कह सकते :

अशोक की अपनी स्मृति-परम्परा है (यों) आम की भी है, नकुल की भी और चम्पा की भी।

हमारे विचार में इस प्रकार लिखने से वाक्य का ज़ोर बिल्कुल नहीं घटता।

यहाँ एक रोचक प्रसंग याद आता है। श्री रामचन्द्र वर्मा की 'अच्छी हिन्दी' पृ० 25 पर यह वाक्य दिया हुआ है :

यदि आप स्वयं अपनी भाषा पर 'भी' और दूसरों की भाषा पर 'भी' आज ही से ध्यान देना आरम्भ कर दें...

इस पर पं० किशोरीदास वाजपेयी ने 'अच्छी हिन्दी का नमूना' टिप्पणी 24 में यह व्यंग्य किया है :

अपनी भाषा पर भी और दूसरों की भाषा पर भी—यों दो बार 'भी' लाना जरूरी है 'अच्छी हिन्दी' में। साधारण लोग यों लिखेंगे :

1. अपनी भाषा पर, और दूसरों की भाषा पर भी...
2. अपनी—और दूसरों की भी—भाषा पर...

परन्तु ये सब घिसे-घिसाए प्रयोग हैं। वाक्य में एक 'भी' भद्दा लगता है। इसलिए दो 'भी' 'भी' जमाई गई हैं। शायद मधुरता के लिए।

यह तो हुई वाजपेयी जी की टिप्पणी। किन्तु वाजपेयी जी ने भी कितनी ही बार एक ही वाक्य में दो 'भी' का प्रयोग किया है। हम उनकी केवल एक पुस्तक से कुछ उदाहरण देते हैं :

मेरे द्वारा 'भी' और भाषा-विज्ञान के पंडितों द्वारा 'भी'। (भारतीय भाषा-विज्ञान, प्रांसगिक निवेदन, पृ० 9)

यहाँ स्पष्टता है, शब्दों में 'भी' और अर्थों में 'भी'। ('भारतीय भाषा विज्ञान', मूल पुस्तक, पृ० 4)

यह चीज़ संस्कृत में 'भी' है और हिन्दी में 'भी'। (वही, पृ० 35)

कोई ज़बरदस्त 'भी' जब किसी निर्बल को 'भी' अपने साथ कर लेता है... (वही, पृ० 62)

पुंवर्ग में 'भी' और स्त्री वर्ग में 'भी'। (वही)

अब पुनरुक्ति के कुछ और उदाहरण लीजिये :

1. उसके चेहरे पर एक 'स्थायी' विषाद 'स्थायी' रूप से छाया रहता। ('दो बैलों की था')
2. तो यह फिरंगी दिल्ली पर भी 'अपना' तम्बू तान कर 'अपना' कब्ज़ा कर लेंगे। (भगवती चरण वर्माः 'मुगलों ने सल्तनत बख़्श दी')
3. यह घर एक फटीचर क्लर्क का घर लगता है। उन जैसे सम्मानित मेहमान के लायक़ बिल्कुल भी नहीं—फिर बड़े लोग दूसरों की मजबूरियाँ समझते हैं और ऐसी छोटी मोटी बातों पर बिल्कुल भी ध्यान नहीं देते। ('मेहमान')
4. विषय की दृष्टि से उसके न जाने कितने भेद हो सकते हैं, पर वर्णन-शैली की दृष्टि से कुछ प्रमुख वर्गों का संकेत मात्र किया जा सकता है—कथात्मक या वर्णनात्मक, चिन्तनात्मक या विचारात्मक, विश्लेषणात्मक—अनेक भेद हो सकते हैं। (करुणापति त्रिपाठीः 'गद्य संकलन' प्रस्तावना)

इसमें पुनरुक्ति के अतिरिक्त कर्मवाच्यवाला दोष भी है। (दे० आगे, अध्याय 14)

5. अहल्या-उद्धार की कथा का दूसरा विस्तृत वर्णन हमें 'अध्यात्म रामायण' में मिलता है जो 'अध्यात्म रामायण' के वर्णन का आरम्भ वाल्मीकि के सदृश ही है। ('धीरेन्द्र वर्मा : 'अहल्या उद्धार की कथा का विकास')

यहाँ तो 'अध्यात्म रामायण' की पुनरुक्ति आसानी से बचाई जा सकती थी।

6. 'सन्तानार्थिनी' स्त्रियाँ वृक्षों के अपदेवता यक्षों के पास 'सन्तानार्थिनी' होकर जाया करती थीं। ('अशोक के फूल')

यहाँ इस शब्द की पुनरुक्ति की क्या आवश्यकता थी, यह समझ में नहीं आया।

7. ईर्ष्या में क्रोध का भाव किस प्रकार 'मिलता रहता है' इसका प्रमाण बार-बार 'मिलता रहता है'।
8. असम्पन्न दशा में 'यह प्रवृत्ति पाई जाती है' कि हम दूसरे से घट कर न रहें, और सम्पन्न दशा में 'यह प्रवृत्ति पाई जाती है' कि हम दूसरे से बढ़कर रहें, उसके बराबर न रहें। ('ईर्ष्या')

इस वाक्य को इस रूप में ढाल सकते हैं :

असम्पन्न दशा में तो यह प्रवृत्ति पाई जाती है कि हम दूसरे से हटकर न रहें, और सम्पन्न दशा में यह प्रवृत्ति कि हम दूसरे से बढ़कर रहें, उसके बराबर ही नहीं।

9. वे पहले तो ब्राइटन स्कूल में 'भर्ती' हुए। फिर उसे छोड़कर यूनीवर्सिटी कालिज, लन्दन में 'भर्ती' हुए। ('गुरुदेव')

यदि अन्त का 'भर्ती हुए' निकाल दिया जाय तो वाक्य हलका हो जाय।

10. उस प्रौढ़ संसारी व्यक्ति का लौह पंजा, किसी भी कलाई को एक बार पकड़, सहज में छोड़ने वाला पंजा नहीं था। ('गजदंत')

क्या दूसरा 'पंजा' आवश्यक था?

11. इस बात को 'बीते' भी जब अट्ठारह वर्ष बीत चुके। ('ये कोठे वालियाँ')

'बीत चुके' के बदले 'हो चुके' अथवा 'गुज़र गए' से काम चल सकता था।

12. देश और संसार की 'समस्याएँ' और उन 'समस्याओं' का हल ही उनकी स्वयं की 'समस्याएँ' और उनकी स्वयं की 'समस्याओं' का समाधान था।

13. सन् 32 में जब 'मेरी पत्नी' की अचानक बीमारी के कारण सरकार ने मुझे जेल से छोड़ा तब 'मेरी पत्नी' के स्वास्थ्य की जानकारी के लिए उन्होंने यरवदा जेल से पत्र भेजा था। बाद में उन्होंने 'मेरी पत्नी' को अपनी गोद ली हुई पुत्री के सदृश मान लिया और इस सम्बन्ध में जब 'मेरी पत्नी' ने उन्हें यह लिखा था कि मुझे यह बात अच्छी न लगी कि मुझे तो उन्होंने पुत्रवत नहीं माना, पर तुम्हें पुत्रीवत। तब गाँधी जी ने 'मेरी पत्नी' को एक बड़े मज़े की बात लिखी ... (महापुरुषों के साथ—महात्मा गाँधी)

इन दो वाक्यो में 'मेरी पत्नी' पाँच बार आया है।

14. ...कि यज्ञ करने से देवता प्रसन्न 'होते हैं' और पुष्ट 'होते हैं' ('कालिदास ग्रन्थावली', रघुवंश)

क्या पहले 'होते है' के बिना काम न चल जाता?

15. पाउडर 'रंग' से 'रंगे' चेहरे का 'रंग' न मिट जाए। (शिवानी : मसीहा)

16. साहित्य के 'रसास्वादन' करने में 'रस' लेने लगेगा। (हज़ारीप्रसाद द्विवेदी : बिहार राष्ट्रभाषा परिषद, सप्तम अध्यक्षीय भाषण)

17. एक ओर तो हमें ऐसे ज्ञान विज्ञानों का अच्छी तरह अध्ययन करना 'पड़ेगा' और दूसरी ओर अंग्रेज़ी के भाषिक गुणों और विशेषताओं का उचित ज्ञान प्राप्त करना 'पड़ेगा' और ये दोनों काम हो जाने पर हमें यह देखना 'पड़ेगा' कि... (रामचन्द्र वर्मा : 'शब्दार्थ दर्शन' विषय प्रवेश, पृ० 104)

अभी तक हमने सारे उदाहरण ऐसे दिये हैं जिनमें एक ही शब्द के किसी न किसी रूप की पुनरावृत्ति हुई है। अब हम कुछ ऐसे उदाहरण देते हैं जिनमें लेखक दूसरी बार उसी शब्द को तो नहीं वरन उसके किसी पर्याय का प्रयोग करते हैं।

(क) उत्तम ग्रन्थों के प्रचार और प्रसार का एक संगठित 'प्रयास' करने का 'प्रयत्न' किया है।

या तो किसी काम का 'प्रयास' किया जाता है या 'प्रयत्न'। किन्तु 'प्रयास करने का

प्रयत्न' का क्या अर्थ है?

(ख) और सम्पादन का कार्य भी 'कुछ प्रगति की ओर बढ़ा' है।
'प्रगति' का अर्थ ही है 'आगे की ओर बढ़ना।'

यहाँ होना चाहिए था : 'सम्पादन कार्य में भी कुछ प्रगति हुई है।' या 'सम्पादन कार्य भी आगे बढ़ा है।'

(ग) तब उस कार्यक्रम के बारे में 'ब्योरेवार ढंग' से सोचने की फ़ुर्सत मिली।
(हज़ारी प्रसाद द्विवेदी : बिहार राष्ट्रभाषा परिषद्, सप्तम अध्यक्षीय भाषण)
क्या यहाँ 'ब्योरेवार ढंग' का प्रयोग खटकता नहीं?

(घ) किन्तु 'कोई कारण नहीं' कि नवीन रचनाएँ जो साहित्य के भण्डार को समृद्ध करती हैं और इस प्रकार उसे बल और ओज प्रदान करती हैं, 'क्यों न' महत्वपूर्ण समझी जायें?

यह दुहरे नहिक वाला ढंग ठेठ अँग्रेज़ी का है। हिन्दी की पद्धति में तो इसको कहने का सीधा-साधा ढंग यह होगा : 'जो नवीन रचनाएँ साहित्य के भण्डार को समृद्ध करती हैं और इस प्रकार उसे बल और ओज प्रदान करती हैं, अवश्य ही महत्वपूर्ण समझी जायेंगी।'

(च) किन्तु 'कोई कारण नहीं है' कि सम्पन्न व्यक्तियों से इसको आर्थिक सहायता क्यों न प्राप्त हो। (आचार्य नरेन्द्रदेव : बिहार राष्ट्रभाषा परिषद, तृतीय अध्यक्षीय भाषण)
यहाँ भी वही बात है।

13

अटपटे और जटिल वाक्य

अटपटे वाक्य

व्याकरणिक दृष्टि से उस वाक्य को 'अटपटा' कहेंगे जिसमें तर्कसंगति की कमी हो। सामान्यतः ऐसे वाक्य में कोई व्याकरण अथवा क्रम-सम्बन्धी त्रुटि होती है। अतएव, ऐसे वाक्य प्रायः अशुद्ध होते हैं। यहाँ हम कुछ उदाहरण देते हैं :

1. उसकी वीरता की प्रशंसा तब होती जब वह यूनान की प्रेम-मजदूरी, अर्थात् वहाँ वालों के हाथ की अद्वितीय कारीगरी प्रकट करने वाली मूर्तियाँ तोड़ने का साहस कर सकता है। ('मजदूरी और प्रेम')

हम इस वाक्य को कई बार पढ़ चुके हैं। हमारे पल्ले तो इसका अर्थ पड़ा नहीं। हमारे विचार में तो इसके दोनों क्रिया-पदों 'होती' और 'कर सकता है' में कोई सामंजस्य बैठता ही नहीं। यदि हम इस वाक्य का ठीक आशय समझे हैं तो हम उसे इस रूप में व्यक्त करेंगे– : 'उसकी वीरता....तब होती जब.....प्रकट करने वाली मूर्तियों को तोड़ने का साहस करता।'

2. पर निश्चय ही प्रश्न उन पाँचों में एक के कंठ का भी नहीं था। (शिवानी : 'के')

संशोधित रूपः पर निश्चय ही प्रश्न उन पाँचों में से किसी के कंठ का भी नहीं था।

3. मृत्यु के कुछ समय पहले स्मृति बहुत साफ़ हो जाती है। जन्म-भर की घटनाएँ एक-एक करके सामने आती हैं, सादे हृदयों के रंग होते हैं, समय की धुन्ध बिल्कुल उन पर से हट जाती है। (गुलेरी : 'उसने कहा था')

हमने बहुत प्रयत्न किया किन्तु 'सादे हृदयों के रंग होते हैं' जैसी अभिव्यंजना हमारे गले न उतरी। यदि 'हृदयों के रंग सादे होते हैं' होता तो भी ग़नीमत थी। संशोधित रूप : मृत्यु....सामने आती हैं। हृदय स्वच्छ और निर्मल हो जाते हैं। समय की धुन्ध उस पर से बिल्कुल हट जाती है।

4. नहीं, बिल्कुल नहीं थका।
   रहने भी दो, थके नहीं हैं? 'भला थके हैं।' ('रोज')

4. यदि अन्तिम वाक्य होता :

'भला थके हैं कहीं?' तो अधिक सार्थक होता।

5. बड़े लापरवाह लोग 'रहते' (होते) हैं यहाँ के। (वही)
6. अकेले बैठे हैं, के बोझ से मैं फिर बैठक में लपक आया। ....फिर भी सन्तोष नहीं हुआ.... की कचोट लिए मैं बैठक में आ गया। ('मेहमान')

यह किस प्रकार की हिन्दी है, हम समझ न पाए।

7. तुम तो झाड़ू लगवाओगी इनसे, मैंने भीतर दाँत भींच कर दुहराया। न मेहमान की हैसियत देखती है न उम्र। 'यह बात ज़रूर कहती है।' कहा था साड़ी बदल आओ, लेकिन उसी में चली आ रही है। कोई ख़याल ही नहीं कि कौन आया है, कहाँ से आया है। (वही)

'यह बात ज़रूर कहती है' वाक्य का शेष वाक्यों से किस प्रकार सामंजस्य बैठता है, यह हमारी समझ में बिल्कुल न आया। यदि बात करने पर ज़ोर है तो इसके कहने का बढ़िया ढंग यह होगा : 'यह बातें ज़रूर करती है' अथवा 'बातें करना ख़ूब जानती है।'

8. शैली के मुख्य विभाग दो हैं–शब्दगत और अर्थगत।

   हमारे काम के लिए शब्दगत विभाग के दो उपविभाग हो सकते हैं। इनमें से पहला भाषा के विचार से और दूसरा वर्णों या अक्षरों और शब्दों की योजना के विचार से। (रामचन्द्र वर्मा : 'अच्छी हिन्दी', पृ० 79)

यदि कोई भौतिक वस्तु हो, जैसे ज़मीन, मकान या छत, जिसे कई हिस्सों में बाँटा जा सके, तो प्रत्येक हिस्से को 'विभाग' कह सकते हैं। शैली के सम्बन्ध में 'विभाग' शब्द का प्रयोग कहाँ तक उचित है, यह विचारणीय है। इसके बदले 'पक्ष' या 'रूप' का प्रयोग होता तो अधिक उपयुक्त होता। अन्तिम वाक्य भी बहुत अटपटा दिखाई देता है। हम तो उपर्युक्त पैरे को इस रूप में लिखेंगे :

शैली के मुख्य पक्ष दो हैं–शब्दगत और अर्थगत।

हमारे काम के लिए शब्दगत पक्ष पर दो दृष्टिकोणों से विचार किया जा सकता हैः भाषा के दृष्टिकोण से और अक्षरों और शब्दों की योजना के दृष्टिकोण से।

9. उनके 'प्रेम' और मेरी 'यात्रा' का सास और दामाद का सम्बन्ध हो गया था। पर 'प्रेम' और 'यात्रा' के बाद दामाद और सास का क्रम होना चाहिए था। या, यदि सास और दामाद ही रखना था, तो फिर उससे पहले यात्रा और प्रेम रखना चाहिए था। (वही, पृ० 105)

वर्माजी ने समस्या के एक ही पक्ष पर विचार किया है। 'प्रेम और यात्रा' की 'दामाद और सास' से उपमा ही किस प्रकार दी जा सकती है, यह हमारी समझ में नहीं आता।

पूरा वाक्य ही बेतुका है। क्या कोई कह सकता है कि 'मेरे संगीत और ईमानदारी में चचा-भतीजी का सम्बन्ध है?'

10. भाषा में अनेक प्रकार के सुधार तो हो सकते हैं, परन्तु उसमें किसी प्रकार का तात्त्विक परिवर्तन नहीं हो सकता। यह बात दूसरी है कि भाषा अपने स्वाभाविक प्रभाव में चलती-चलती भले ही कोई नया रूप धारण कर ले। (वही, पृ० 173)

क्रिया-विशेषण पद 'चलते-चलते' है, न कि 'चलती-चलती'।

'इसके अतिरिक्त यह बात दूसरी है' और 'भले ही' दोनों पद-बन्धों को एक ही वाक्य में दे देना कहाँ तक ठीक है? हमारे विचार में वाक्य का यह रूप होना चाहिए : 'यह और बात है कि भाषा अपने स्वाभाविक प्रवाह में चलते-चलते कोई नया रूप धारण कर ले।'

11. उस दिन चाय के वक़्त मुझे मौजूद न पाकर यद्यपि तुम मुझ पर काफ़ी खीज तो लिए ही होंगे, फिर भी उस असुविधा के लिए मुझे माफ़ कर देना। ('एक सप्ताह')

तनिक इन वाक्यों पर विचार कीजिए :

काफ़ी क्रुद्ध हो लिये, अब तो शान्त हो जाओ।

काफ़ी सो लिये, अब तो उठ जाओ।

काफ़ी खीज लिये, अब तो चुप हो जाओ।

ये सब वाक्य शुद्ध हैं। किन्तु हमारे विचार में निम्नलिखित वाक्य अशुद्ध हैं—

यद्यपि तुम काफ़ी कुद्ध हो लिये, फिर भी शान्त हो जाओ।

यद्यपि काफ़ी सो लिये, तथापि अब उठ बैठो।

यद्यपि काफ़ी खीज लिये, फिर भी अब चुप हो जाओ।

किन्तु निम्नलिखित वाक्य शुद्ध हैं :

यद्यपि तुम काफ़ी क्रुद्ध हो लिये, फिर भी तुम्हारा क्रोध शान्त न हुआ।

यद्यपि काफ़ी सो लिये, फिर भी नींद आ रही है।

यद्यपि काफ़ी खीज लिये, फिर भी शान्त नहीं हो रहे हो।

जब काफ़ी सो लिये, तब अब नींद नहीं आनी चाहिए। किन्तु फिर भी यदि नींद आ रही है, तो 'यद्यपि....फिर भी' का प्रयोग होगा। किन्तु यहाँ 'यद्यपि' के साथ 'तो' और 'ही' का प्रयोग भी हुआ है जो अटपटा लगता है। क्या हम कभी ऐसा कहेंगे :

यद्यपि तुम काफ़ी सो तो लिये ही होगे...

यद्यपि तुम काफ़ी खा तो लिये ही होगे...

हमारे विचार में उपरिलिखित वाक्य को इस रूप में लिखना चाहिए :

यद्यपि उस दिन चाय के वक़्त मुझे मौजूद न पाकर तुम मुझ पर काफ़ी खीजे होंगे, फिर भी उस असुविधा के लिए मुझे माफ़ कर देना।

12. बस इसी मत पर सावयव सब मूर्ति मनुष्य की सी मूर्ति बनाई जाती हैं। ('शिव-मूर्ति')

इस वाक्य का अर्थ समझना कठिन है। हम इसी बात को इस रूप में कहेंगे : 'बस इसी विचार से सारी मूर्तियाँ, मनुष्य की मूर्ति की भाँति, सावयव बनाई जाती हैं।'

13. कम से कम इतना तो अवश्य ही कर देगा कि गेहूँ इतना पैदा हो कि जीवन की परमावश्यक वस्तुएँ हवा, पानी की तरह इफ़रात हो जाये। (रामवृक्ष बेनीपुरी : 'गेहूँ बनाम गुलाब')

'हो जाये' का उद्देश्य क्या है? फिर ऐसे वाक्य में क्या तिर्यक रूप 'वस्तुएँ' ठीक हैं?

हमारे विचार में वाक्य का यह रूप होना चाहिए : '... कि जीवन की परमावश्यक वस्तुओं-हवा, पानी आदि.....की तरह उसकी भी इफ़रात हो जाय।'

14. वह अपने धारणकर्ता स्वामी के सामने भी मुँह खोल कर नहीं आती। उसके रूप आदि का पूरा परिचय न पाकर भी धारणकर्ता उसको हरम की बेगमों से अधिक परदा कराता है। ('ईर्ष्या')

इस वाक्य का कोई अर्थ नहीं निकलता। हमारे विचार में लेखक का आशय यह है : 'वह अपने धारणकर्ता....पाकर भी धारणकर्ता उससे हरम की बेगमों से अधिक परदा कराता है।'

15. टिकट वापिस भी हो सकता था परन्तु वह मंसूरी में खरीदा जाने के कारण देहरादून में नहीं। ('चार आने')

यह वाक्य रचना हिन्दी की प्रकृति के अनुकूल नहीं बैठती। हमारे विचार में वाक्य का यह रूप अच्छा रहेगा : 'टिकट वापिस भी हो सकता था, परन्तु देहरादून में नहीं, मंसूरी में—जहाँ से खरीदा गया था।'

16. उसे घर कहाँ है?

उसे घर है ही नहीं। ('आधुनिक हिन्दी व्याकरण और रचना', पृ० 240)

हमारे विचार में दोनों वाक्य अशुद्ध हैं। यदि यह कहना है कि उसका कोई घर है ही नही, तो 'कहाँ' वाला वाक्य इस रूप में लिखा जायेगा—'उसका कोई घर है ही कहाँ?'

17. नामवरी का दम भरने वाले, बम्बई में एक सचित्र मराठी मासिक पुस्तक के स्वयं सम्पादक के चौर-कार्य की ओर, कुछ समय हुआ, हमने सम्पादक जी का ध्यान आकृष्ट किया। ('विचार विमर्श', पृ० 21)

जब तक तत्सम्बन्धी लेख का, इससे पहले और पीछे का अंश न पढ़ा जाय, यह समझना कठिन है कि 'सम्पादक जी' से तात्पर्य उसी मराठी मासिक पुस्तक के सम्पादक से है या किसी अन्य पत्र के सम्पादक से। हम तो उपरिलिखित उद्धरण को इस प्रकार लिखना पसन्द करेंगे :

कुछ समय हुआ, हमने नामवरी का दम भरने वाले, बम्बई की एक सचित्र मराठी मासिक पुस्तक के सम्पादक का ध्यान उन्हीं के चौर-कार्य की ओर आकृष्ट किया था।

18. भाषा-शास्त्र की दृष्टि से इस तरह की चर्चा से चाहे भले ही कुछ लाभ हो, और कुछ नहीं हो सकता। (वही, पृ० 53)

'चाहे' और 'भले' एक साथ!

इसके अतिरिक्त, वाक्य रचना से ऐसा प्रतीत होता है कि 'भाषा-शास्त्र की दृष्टि से' का सम्बन्ध 'लाभ' से नहीं 'चर्चा' से है। हम तो उपरिलिखित वाक्य को यों लिखेंगे : 'इस तरह की चर्चा से, भाषा-शास्त्र की दृष्टि से भले ही कुछ लाभ हो, और कोई लाभ नहीं।' अथवा, 'इस तरह की चर्चा से......कुछ लाभ हो, और किसी दृष्टि से नहीं।'

19. नाटक का पहला अंक पूर्ण होने पर वे कोई पन्द्रह-बीस मिनट मुझसे अन्य विविध विषयों पर बातें करते रहे, पर नाटक के सम्बन्ध में एक शब्द नहीं। ('महापुरुषों के साथ'—गुरुदेव)

यदि वाक्य के अन्त में 'बोले' जोड़ देते तो लेखक महोदय का क्या बिगड़ जाता?

20. ईश्वर करे तुम्हें कोई बाधा न हो।

हम यह तो कहते हैं कि तुम्हारे मार्ग (या काम) में कोई बाधा न पड़े, किन्तु 'तुम्हें कोई बाधा न हो'—ऐसा प्रयोग तो देखने में नहीं आया।

21. इस प्रकार जिस दिलीप की आज्ञा कोई टाल नहीं सकता था, उन्होंने मानो स्वर्ग जाने के लिए निन्यानवें यज्ञों की सीढ़ी सी बना ली थी। ('कालिदास-ग्रन्थावली'—रघुवंश)

'जिस' का 'उन्हीं' के साथ किस प्रकार मेल बैठेगा? इसके अतिरिक्त, 'मानो' और 'सी' दोनों तो नहीं आने चाहिए थे। फिर, वाक्य के आदि और अन्त में क्या सामंजस्य है?

22. जिनके अंग बेढंगे, भद्दे और धुएँ से काले पड़ गये थे। (वही,—कुमार-सम्भव)

यदि 'पड़ गये थे' का सम्बन्ध 'बेढंगे' और 'भद्दे' से भी होता तो यह वाक्य ठीक था। किन्तु यह सम्भव नहीं है, क्योंकि यह कोई नहीं कहेगा :

जिनके अंग बेढंगे पड़ गए थे, भद्दे पड़ गए थे, और धुएँ से काले पड़ गये थे। लेखक का आशय इस प्रकार व्यक्त हो सकता है : 'जिनके अंग बेढंगे, भद्दे और धुएँ से काले पड़े हुए थे।' अथवा : 'जिनके अंग बेढंगे और भद्दे थे, और धुएँ से काले पड़ गए थे।'

23. परन्तु दूसरे चार उदाहरण भिन्नता लिये हुए हैं। ('किशोरीदास वाजपेयी' : 'अच्छी हिन्दी' पृ० 27)

'भिन्नता लेना'—क्या वाजपेयी जी ने यह कोई नया मुहावरा गढ़ा है? क्या इस वाक्य से काम न चल सकता था :

परन्तु दूसरे चार उदाहरण इन (पिछले उदाहरणों) से बिल्कुल भिन्न हैं?

24. राष्ट्रभाषा परिषद की चरितार्थता इस बात में होगी कि देश की जनता देश की भाषा में छोटा-बड़ा सभी काम करने वाले ऊँचे-से-ऊँचे विचार देश-भाषा में व्यक्त होने लगे और समूचा देश विचारगत परनिर्भरता से मुक्त होकर स्वाधीन सहज मानवता की उपलब्धि करे?

क्या मतलब निकला?

25. इस भाषा के माध्यम से हमें उन्नत वैज्ञानिक, इंजीनियर और विचार-क्षेत्र के महान नेताओं की आवश्यकता होगी।
26. अपने घरौंदों को ही संसार समझने वाले और मालिक समझने वाली बातें शेखचिल्ली की ही बातें सिद्ध होंगी।
27. जिस समय अस्वाभाविक पर भाषा की अधीनता का मोह कट जायगा, उस समय...(हजारीप्रसाद द्विवेदी—बिहार राष्ट्रभाषा परिषद, सातवाँ अध्यक्षीय भाषण)

उपरिलिखित चारों वाक्य जिस ढंग से आरम्भ होते हैं, उसे मध्य तक पहुँचते-पहुँचते लेखक महोदय बिल्कुल भूल जाते हैं। चारों वाक्य दुबारा लिखने योग्य हैं।

28. मूर्छा आने ही वाली थी। मानो मूर्छा का भी रेल या डाक की तरह आने का कोई निश्चित समय हो ('अच्छी हिन्दी', पृ० 146)

हमारी समझ में नहीं आया कि उद्धृत वाक्य में क्या ग़लती है। क्या हम लोग ऐसे प्रयोग नहीं करते हैं : उसे गश आ रहा है, उसे क्रोध आ रहा है, उसे मूर्छा आ रही है?

मूर्छा आने ही वाली है का अर्थ है : तुरन्त सँभालो, अन्यथा मूर्छा आ जायेगी। क्या मूर्छित होते-होते व्यक्ति को पकड़ कर नहीं सँभाल लिया जाता?

क्या हम किसी के हाव-भाव देख कर कभी नहीं कहते कि उसे क्रोध आने ही वाला है, अब आया, अब आया?

जटिल वाक्य

'जटिल' का अर्थ है 'उलझा हुआ'। अतएव, जटिल वाक्य ऐसा वाक्य हुआ जिसका अर्थ आसानी से समझ में न आ सके। सामान्यतः लम्बे-लम्बे वाक्य जटिल हो जाते हैं। उनके अन्त तक पहुँचते-पहुँचते पाठक भूल जाता है कि वाक्य का आरम्भ किस प्रकार हुआ था। यह आवश्यक नहीं है कि ऐसे वाक्यों में कोई व्याकरणिक अशुद्धि हो ही।

लेखकों को चाहिए कि यथासाध्य छोटे-छोटे वाक्य लिखें। छोटे वाक्यों में अशुद्धि हो भी तो सरलता से पकड़ में आ जाती है, और लेखक का अभिप्राय पाठक बिना

कठिनाई के समझ लेता है। कहीं-कहीं लम्बे वाक्य बनाना आवश्यक हो जाता है। ऐसी स्थिति में लेखक वाक्य को लिखने के बाद दुबारा सावधानी से देख ले कि वह उसको दो या तीन छोटे-छोटे वाक्यों में विभक्त कर सकता है या नहीं।

हम यहाँ जटिल वाक्यों के कुछ नमूने देते हैं। किन्तु यह नहीं समझना चाहिए कि जो वाक्य हम यहाँ दे रहे हैं, वे दूषित वाक्यों के किसी अन्य वर्ग में आ ही नहीं सकते। सम्भव है जो वाक्य जटिल हो, उसमें पदक्रम की कोई ग़लती हो, या अनुप्रयुक्त शब्दों का प्रयोग हुआ हो। हमने यहाँ ऐसे वाक्य ही लिये हैं जिनमें प्रधान दोष जटिलता का ही है।

1. और हमारे व्यवहार में सदा सख्य की स्वेच्छा से स्वच्छन्दता रही है, वह कभी भ्रातृत्व के, या बड़े-छोटेपन के बन्धनों में नहीं धिरा। ('रोज')

इस वाक्य का अर्थ समझने के लिए हमें बड़ा मानसिक व्यायाम करना पड़ा है।

2. इसी कारण दो बातें विषयिप्रधान 'निबन्धों' में देखी जा सकती हैं, एक तो यह कि 'उसकी' रचना-शैली का कोई निश्चित स्वरूप नहीं निर्धारित किया जा सकता और 'दूसरी बात' यह कि 'उसका' गद्य मनोहारी और आकर्षक होना चाहिए। (करुणापति त्रिपाठीः 'गद्य संकलन', प्रस्तावना)

निबन्धों—बहुवचन, 'उसकी' और 'उसका' एकवचन।

यदि 'दूसरी बात' में से 'बात' निकाल दिया जाय तो अच्छा है।

इसके अतिरिक्त उपर्युक्त वाक्य आसानी से तीन वाक्यों में विभक्त किया जा सकता है।

3. इस गड़बड़ के होते भी (होते हुए भी) गेट साहब ने यह स्वीकार किया कि....('विचार विमर्श', पृ० 29)

4. हम कवि बन बैठते हैं, परन्तु कवि बनना आसान नहीं। इसके लिए देखने वाली आँख और सुनने वाले कान दोनों की आवश्यकता होगी, न कि अपनी प्रशंसा कराने का यह एक बढ़िया ढंग है। ('कवि की स्त्री')

यदि अन्तिम उपवाक्य को स्वतन्त्र वाक्य बनाकर यों लिखा जाय तो अच्छा है : 'और कवि बन बैठना अपनी प्रशंसा कराने का कोई बढ़िया ढंग भी नहीं है।'

5. पर सच कहें तो कहना होगा कि या तो हमारे उदार आर्यत्व ने दयार्द्र हो कर ही, हरिजनों में भी निकृष्टतम जीव को, इस संज्ञा की छाया में पवित्र होने की अनुमति दे डाली या सबिया के, परम्परा के अनुसार स्वर्गगत, परन्तु यथार्थ में नरकगत, माता-पिता चतुर पाकेट-मार के समान सब की आँख बचा कर इस नामनिधि को उड़ा लाये और इसे अपना बनाने के लिए इतना काटा-छाँटा कि अब इस पर किसी का अधिकार प्रमाणित करना कठिन हो गया है। (महादेवी वर्मा : 'सबिया')

यह वाक्य नहीं है, पैरा है। यदि इसका ढाँचा बदल दिया जाय तो इसे दो-तीन छोटे-छोटे वाक्यों में परिणत किया जा सकता है। और तब यह अधिक बोधगम्य हो जायेगा।

6. साहित्यिक निबन्ध से 'इधर' सामान्य विवेचनात्मक निबन्ध की रचना में लेखक की कृति और शैली, भाव और राग को उद्बुद्ध नहीं कर पाती—सीधे-सीधे वस्तु को लेकर बुद्धिबल से आगे बढ़ती है और साहित्यिक विवेचनात्मक प्रबन्ध का लेखक रागात्मक वृत्तियों 'का' उद्बोधन द्वारा पाठक को आत्मीय बनाकर अपनी प्रभावमयी संवेदनशीलता से तीव्र बना देता है। (करुणापति त्रिपाठीः 'गद्य संकलन', प्रस्तावना)

सम्भव है 'इतर' का 'इधर' और 'के' का 'का' छापे की ग़लती हो। किन्तु वाक्य को दो-तीन छोटे-छोटे वाक्यों में बदल कर हल्का बनाया जा सकता है।

7. कभी-कभी दाल का ख़र्च बचाने के लिए वे झरनों के किनारे खोज कर लिगूणा नाम का जंगली शाक तोड़ लाते और उसी के साथ स्वाद ले-लेकर कच्ची-पक्की मोटी रोटियाँ खाते हैं। मार्ग में आलू के अतिरिक्त कोई हरी तरकारी मिलती नहीं, पर इसे जंगलियों के खाने योग्य, विषैली घास समझ कर कोई खाने पर राज़ी नहीं होता था। ('पर्वत पुत्र')

पिछले वाक्य से ऐसा प्रतीत होता है मानो आलू भी कोई हरी तरकारी है। इसके अतिरिक्त यह आभास भी होता है कि आलू जंगलियों के खाने योग्य कोई विषैली घास है, जो लेखिका के अभिप्राय से कोसों दूर है। तीसरी बात यह है कि अन्तिम 'पर' के स्थान पर 'को' होता तो अच्छा था।

हम तो अन्तिम वाक्य को इस रूप में लिखना पसन्द करेंगे–

मार्ग में आलू तो मिलता है, किन्तु लिगूणा के अतिरिक्त कोई हरी तरकारी मिलती ही नहीं। और इसे जंगलियों के खाने योग्य विषैली घास समझ कर कोई खाने को राज़ी नहीं होता था।

सम्भव है लेखिका का अभिप्राय इस वाक्य से अधिक स्पष्ट होता हो : '...घास समझ कर कोई भोजन के लिए हमारा निमंत्रण स्वीकार ही नहीं करता था।'

8. पर काव्य-चमत्कार ही काव्य नहीं है, शर्मा जी इस बात से अपरिचित नहीं थे, उनमें इतनी भावुकता और रसज्ञता थी कि इन दोनों के अन्तर को समझ सकें तो भी उनका झुकाव चमत्कार और काव्य-सज्जा की ओर अधिक था। (नन्ददुलारे वाजपेयी : 'आचार्य रामचन्द्र शुक्ल')

यदि एक खड़ी पाई 'नहीं थे' के बाद और दूसरी 'सकें' के बाद लग जाय तो तीन हल्के-हल्के वाक्य बन जायें। इसके अतिरिक्त 'और' के बाद 'ही' लग जाय तो भाषा में जान आ जाये।

यदि 'यद्यपि' से आरम्भ करें तो पिछले दोनों वाक्य एक में मिलाये जा सकते हैं।

9. जब दो बच्चे किसी खिलौने के लिए झगड़ते हैं, तब कभी-कभी ऐसा देखा जाता है कि एक ऐसे खिलौने को लेकर फोड़ देता है जिससे वह किसी के काम में नहीं आता। ('ईर्ष्या')

'एक ऐसे' में 'एक' खिलौने के लिए आया है या 'बच्चे' के लिए? हमारे विचार में 'बच्चे' के लिए आया है यद्यपि वाक्य-रचना से यह बात स्पष्ट नहीं होती।

वाक्य के गठन से ऐसा प्रतीत होता है कि झगड़ा एक खिलौने पर होता है, किन्तु फोड़ा जाता है कोई अन्य खिलौना, जो लेखक का तात्पर्य नहीं है।

इसके अतिरिक्त, खिलौना तोड़ा जाता है या फोड़ा जाता है? 'काम में नहीं आता' भी बढ़िया प्रयोग नहीं है।

हम तो वाक्य को इस रूप में लिखेंगे :

'.....कि उनमें से एक (बच्चा) खिलौने को लेकर तोड़ देता है जिससे वह किसी के काम का नहीं रह जाता।'

14
वाच्य

श्री कामताप्रसाद गुरु ने अपने 'हिन्दी व्याकरण' में वाच्य की यह परिभाषा दी है :

वाच्य क्रिया के उस रूपान्तर को कहते हैं जिससे जाना जाता है कि वाक्य में कर्ता के विषय में विधान किया गया है या कर्म के विषय में, अथवा केवल भाव के विषय में, जैसे :

स्त्री कपड़ा सीती है (कर्ता)
कपड़ा सिया जाता है (कर्म)
यहाँ बैठा नहीं जाता (भाव)

'कर्तृवाच्य' क्रिया के उस रूपान्तर को कहते हैं जिससे जाना जाता है कि वाक्य का उद्देश्य क्रिया का कर्ता है, जैसे :

(क) राम जाता है।
(ख) मोहन ने रोटी खायी।
(ग) लड़का स्कूल जाएगा।
(घ) लड़की वेद पढ़ती है।

इन सब वाक्यों से स्पष्ट है कि हम कर्ता (राम, मोहन, लड़का, लड़की) के विषय में जानकारी देना चाहते हैं। प्रत्येक वाक्य में किसी क्रिया का उल्लेख है, जिसका करने वाला वही है जिसे हम कर्ता कहते हैं। पहले वाक्य में, कौन आता है? राम। अतएव, आने वाला राम है।

दूसरे वाक्य में किसने रोटी खायी? मोहन ने। अतः खानेवाला मोहन है।

क्रिया के उस रूप को 'कर्मवाच्य' कहते हैं जिससे जाना जाता है कि वाक्य का उद्देश्य क्रिया का कर्म है, जैसे :

चोर को दण्ड दिया जाता है।
यह काम मुझसे न हो सकेगा।
खाट बुनी जा रही है।

खाट स्वयं नहीं बुन रही है, उसे कोई अन्य बुन रहा है। 'बुनना' क्रिया का फल खाट

पर पड़ रहा है। खाट कर्म है और उसी के विषय में हम विधान कर रहे हैं। इसी प्रकार चोर स्वयं अपने को दण्ड नहीं दे रहा। उसे दण्ड देने वाला कोई और है।

उपरिलिखित सब क्रियाएँ कर्मवाच्य में हैं।

कुछ लेखक क्रिया के उस रूपान्तर को 'कर्मवाच्य' कहते हैं जो कर्म के लिंग, वचन और पुरुष के अनुसार परिवर्तित हो।

इन वाक्यों पर विचार कीजिए :

राम रोटी खायेगा।

लड़की रोटी खायेगी।

लड़के रोटी खाएँगे।

पैं रोटी खाऊँगा।

तुम रोटी खाओगे।

लड़कियाँ रोटी खाएँगी।

इनमें से प्रत्येक वाक्य में क्रिया कर्ता के अनुरूप बदलती है। राम एकवचन, पुल्लिंग, अन्य पुरुष है—अतः क्रिया है। 'खायेगा।'

लड़की—एकवचन, स्त्रीलिंग, अन्य पुरुष है—अतः क्रिया है 'खायेगी'।

तुम—मध्यम पुरुष—अतएव, क्रिया है 'खाओगे।'

इसी प्रकार सारी क्रियाएँ।

अब इन वाक्यों पर ध्यान दीजिए :

मैंने रोटी खायी।

मैंने चने खाये।

मैंने आम खाया।

उसनें रोटियाँ खायीं।

क्या तुमने आम खाया?

इस सब वाक्यों में क्रिया कर्म के लिंग, वचन के अनुसार बदलती है। अतः ऐसे लेखको के विचार से ये क्रियाएँ कर्मवाच्य में हैं, यद्यपि हमारी परिभाषा (कामता प्रसाद गुरु वाली) के अनुसार ये सब कर्तृवाच्य हैं। ऐसी क्रियाओं को 'कर्मणि प्रयोग' कहते हैं। एक अन्य वाक्य लीजिए :

मैंने यह पुस्तक पसन्द की है।

स्पष्ट है कि कर्ता 'मैं' है और कर्म 'पुस्तक'।

अब इसी वाक्य को इस रुप में रखिए :

यह पुस्तक मुझे पसन्द है।

पुस्तक जो कर्म थी (और अब भी है) उद्देश्य बन गयी है। अतः यह वाक्य कर्मवाच्य हैं। इसी प्रकार ये वाक्य भी :

हरा रंग मुझे अच्छा लगता है।

उसे आम की चटनी पसन्द है।

क्या तुम्हें काफ़ी कड़ूई नहीं लगती?

क्रिया के जिस रूप से यह जाना जाता है कि वाक्य का उद्देश्य क्रिया का कर्ता या कर्म कोई नहीं, उस रूप को भाववाच्य कहते हैं, जैसे :

गर्मी के मारे बैठा नहीं जाता।

तुम नहीं आओगे तो चलेगा कैसे?

मुझसे तो टहला भी नहीं जाता।

तुमसे बोला भी न गया।

कर्तृवाच्य अकर्मक और सकर्मक दोनों प्रकार की क्रियाओं में होता है। कर्मवाच्य केवल सकर्मक क्रियाओं में होता है और भाववाच्य केवल अकर्मक क्रियाओं में।

भाववाच्य सदैव एकवचन, पुल्लिंग, अन्य पुरुष में रहता है।

हिन्दी में कर्मवाच्य का प्रयोग कुछ विशेष स्थितियों में ही होता है।

1. कर्ता पर ज़ोर देने के लिए जैसे : (क) रावण किसके द्वारा मारा गया? राम के द्वारा। (ख) चोर एक साधारण पथिक के द्वारा पकड़ा गया—पुलिस के द्वारा नहीं।
2. आदेश, क़ानूनी भाषा आदि में, जैसे : (क) तुम्हें अन्तिम चेतावनी दी जाती है। (ख) (अपराधी को) सख़्त सज़ा दी जायेगी।
3. भविष्य की तैयारी के रूप में, जैसे : (क) जो होगा, देखा जायेगा। (ख) उससे भी समझ लिया जायेगा।
4. अशक्तता अथवा शक्ति-विधान के प्रसंग में, जैसे : (क) अब तो उससे पानी भी नहीं पिया जाता। (ख) यह काम आप ही से हो सकेगा। (ग) ये गालियाँ मुझसे न सुनी जायेंगी।
5. जब कर्ता अज्ञात हो अथवा उसे व्यक्त करना अनावश्यक हो, जैसे : (क) डाकू पकड़ लिया गया है। (ख) आज फ़ैसला सुनाया जायेगा।

अँगरेज़ी के व्याकरणों में वाच्य-विवेचन के बाद अभ्यास के लिए कुछ वाक्य दिये जाते हैं। विद्यार्थियों को उनके वाच्य बदलने के लिए निर्देश दिया जाता है। हिन्दी में ऐसा नहीं होता। यहाँ तो कुछ वाच्य कर्तृ रूप में चलते हैं, कुछ कर्म रूप में।

उपर्युक्त वाक्यों में से एक है : 'मोहन ने रोटी खायी।' यदि इस वाक्य को कर्म-वाच्य रूप दें तो कहना होगा : 'मोहन द्वारा रोटी खायी गयी।'

किन्तु ऐसा वाक्य हिन्दी की प्रकृति के अनुकूल नहीं पड़ता। जैसा ऊपर कहा गया है, हिन्दी में तो कर्मवाच्य का प्रयोग गिनी-चुनी स्थितियों में ही होता है। किन्तु

आजकल यह नयी प्रवृत्ति दृष्टिगोचर हो रही है कि जिसे देखो, कर्मवाच्य का प्रयोग कर रहा है, चाहे उसकी आवश्यकता हो, चाहे न हो। हम यहाँ कुछ उदाहरण देते हैं। हम यह नहीं कहते कि ऐसे वाक्य कभी लिखने ही नहीं चाहिए। केवल इतना तात्पर्य है कि सावधानी के साथ सोच समझ कर ही इनका प्रयोग करना चाहिए। इनका प्रयोग वहीं करें जहाँ आवश्यक हो।

1. मनोहर रामेश्वरी के पास 'लाया गया'। ('ताई')

किन्तु यदि कहा जाए कि मृत का शव उसके पास लाया गया तो क्षम्य होगा।

2. छोटे-बड़े उन कपड़ों की गिनती काफ़ी रही होगी। वे 'उठाए जाते रहें', 'फैलाए जाते रहे', पर उनका अन्त शीघ्र आता न दीखा। ('जाह्नवी')
3. चाय, पी जा चुकी थी।' ('मेहमान')

इसी बात को सीधे-सादे ढंग से यों कह सकते थे : 'सब लोग चाय पी चुके थे।' किन्तु यदि यह लिखें कि 'चाय पान समाप्त हो चुका था' तो क्षम्य होगा।

4. हाथ पकड़ कर ज़रा बैठने के लिए जब इस ज़ोर से 'बैठा लिया गया', तो और चारा न रहा। ('अपना अपना भाग्य')
5. दिये गये किराये के बदले में टिकट प्राप्त कर लीजिए।

इस भाषा के पढ़ने से ऐसा भान होता है कि इसके नीचे कहीं पर किराये की तालिका दी हुई है, और निर्देश है कि जो किराया नीचे दिया हुआ है, वह देकर टिकट प्राप्त कर लीजिए। किन्तु लेखक महोदय ने बिना सोचे समझे अँगरेज़ी के निम्नलिखित वाक्य का शब्दानुवाद कर दिया है :

हैव अ टिकिट इन एक्सचेंज फ़ार फ़ेयर गिवेन

हिन्दी के उपर्युक्त वाक्य का यह अर्थ कदापि नहीं निकलता। हिन्दी की प्रकृति के अनुसार अँगरेज़ी के उपर्युक्त वाक्य का अनुवाद होना चाहिए : 'किराया दीजिए और टिकट प्राप्त कीजिए।'

6. 'पर्वत पुत्र' में महादेवी का रेखाचित्रात्मक वर्णन 'एक चरित्र' में कथात्मक वर्णन अथवा 'स्वर्गीय प्रो० पूर्णसिंह में संस्मरणात्मक वर्णन इस कोटि के अन्तर्गत लिये जा सकते है।' (करुणापति त्रिपाठी : 'गद्य संकलन', प्रस्तावना)
7. मैं पैदल ही लम्बी पर्वतीय यात्राएँ कर चुकी हूँ जिनमें सफलता का मूलमन्त्र सामान कम रखना ही 'माना जाता है'। ('पर्वत पुत्र')
8. परन्तु दो चार बातों की ओर ध्यान आकर्षित 'किया जा सकता है'। (सम्पूर्णानन्द : 'समाज और धर्म')
9. यह कथन इसलिए भी युक्तियुक्त 'माना चाना चाहिए।' (दिनकर : 'साहित्य और राजनीति')

10. राजा साहब को सन्तोष हुआ। एक उचित 'काम किया गया।'
11. जेब से पाँच रुपये का नोट निकाल (कर) एक कारिंदे को थमाते हुए उन्होंने कहा—इन कुलियों को पैसे दे दिये जायें। ('चार आने')
12. मैं एक सम्पन्न अंग्रेज़ी राज्य के भक्त-कुटुंब में पैदा हुआ और उसी वायुमंडल में 'बड़ा किया गया'। ('महापुरुषों के साथ'—महात्मा गाँधी)
13. इस प्रकार कावेरी नदी की दुर्गति 'कर दी गयी'। ('कालिदास-ग्रन्थावली' रघुवंश)

उपरिलिखित समस्त वाक्यों को कर्तृवाच्य रूप में ढालना कुछ भी कठिन नहीं है।

अँगरेज़ी का प्रभाव

15
अँगरेज़ी का प्रभाव–शब्द

इस अध्याय में हम हिन्दी के शब्द-भंडार पर विचार करेंगे।

स्पष्ट है कि विदेशी शब्द-बहिष्कार की नीति हमारे लिए घातक सिद्ध होगी। किन्तु ऐसे शब्दों का बहिष्कार न करना एक बात है और उनकी सीमा निर्धारित करना दूसरी बात। जिस भाव के लिए हमारी भाषा में एक बहुप्रचलित शब्द विद्यमान हैं, उसके लिए हम किसी अप्रचलित विदेशी शब्द का प्रयोग कदापि नहीं करेंगे।

आजकल यह प्रवृत्ति देखने में आ रही है कि हिन्दी के बहुत से लेखक अपने लेखों में अनावश्यक रूप से अँगरेज़ी के शब्द डालते चले जाते हैं। और अँगरेज़ों के जाने के बाद से यह प्रवृत्ति घटी नहीं है, और बढ़ी है। यह प्रवृत्ति टटपूँजियों में ही नहीं, बड़े बड़े दिग्गजों में भी देखने को मिलती है। हम यहाँ थोड़े से उदाहरण देते हैं। :

1. शरीर काँप उठने के कारण पुल के 'रेलिंग' का आश्रय ले····· ('मकील') क्या यशपाल महोदय 'जंगला' शब्द नहीं जानते थे?

2. वह नित्य ही उस के दस पन्ने, बीस 'पेज' फाड़ कर फेंक देती। ('रोज़') लेखक महोदय को 'पन्ना' शब्द तो आता था, कदाचित 'पृष्ठ' नहीं आता था।

3. कुछ हमारी फटकार से, कुछ इस अनुनय-विनय से, साधु के क्रोध ज्वर का 'टेम्परेचर' नार्मल हुआ और खिसियाने होकर चले गये। (स्वर्गीय प्रो0 पूर्णसिंह)

टिप्पणीः

(क) क्या 'टेम्परेचर' और 'नार्मल' ये दोनों शब्द भी हिन्दी में अपना लिये गये हैं?

(ख) टेम्परेचर (ताप अथवा तापमान) व्यक्ति का होता है या ज्वर का? क्या मलेरिया के किसी रोगी के विषय में पूछा जायेगा कि उसके 'मलेरिया का कितना ताप है?'

(ग) 'चले गये' का कर्ता कहाँ है? हमारे विचार में 'खिसियाने होकर' के पहले 'वे' भी होना चाहिए था।

4. अब किसे याद है? रटा-रटाया 'पेटेंट' व्याख्यान तो था नहीं। (वही)

5. पैदल चलने वालों में कभी-कभी भ्रमण-प्रिय 'टूरिस्ट' भी आते-जाते मिल जाते हैं।
6. दरिद्र पैदल चलने वालों से न डाँडी वाले बोलते हैं न 'फैशनेबिल' यात्री।
7. इसी प्रकार जब कोई 'सीज़न' के अन्त में घर नहीं लौटता····· ('पर्वत पुत्र')
8. एक बार धोकर रखती तो दूसरी 'राउंड' चाय का 'आर्डर' आ जाता। (शिवानी : 'मित्र')
9. इस बार तो तुम्हें 'थीसिस सबमिट' करनी ही है। (शिवानी : 'के')
10. महात्मा-ऋषियों के अनुभव ज्ञान को 'नान्सेंस' कहने लगे थे। ('विशाल वाटिका')

अब हम अँगरेज़ी के कुछ शब्द देते हैं जो हमने बिना किसी पूर्व-योजना के भिन्न-भिन्न लेखकों की कृतियों से इकट्ठा किये हैं :

अप्रिसिएशन, चैरिटी, रिसर्च, कामरेडशिप, कंडेम, जेनरल इंस्ट्रक्शन, सेल्फ़-सेक्रिफ़ाइस, सुइसाइड, रेकार्ड, पर्सनल, वैनिटी, लीडर, फारेन-रिटर्न्ड, ट्रैफिक-सुपरिटेंडेंट, सर्चलाइट, टाइप, बाल डांस, पब्लिसिटी, स्पिरिट, आब्सटेकिल, रेस, हर्डिल।

इन में से कम ही शब्द ऐसे होंगे जिनके हिन्दी समानार्थी न हों। नागरी लिपि में लिख देने से ये शब्द हिन्दी नहीं बन जाते।

16
अँगरेज़ी का प्रभाव–पदबन्ध

अँगरेज़ी के पद-बन्धों का हिन्दी में अन्धानुवाद हो रहा है, बिना इसका विचार किये कि उक्त अनुवाद हिन्दी की प्रकृति के अनुकूल बैठता है या नहीं। कुछ नमूने देखिये :

1. अँगरेज़ी में एक प्रकार के आज्ञा-पत्र के अन्त में लिखा रहता है :

बाइ आर्डर

गवर्नर

हिन्दी के कुछ लेखक इसका अनुवाद इस प्रकार करते हैं :

आज्ञा से

राज्यपाल।

यह अनुवाद बिल्कुल ग़लत है। पहली बात तो यह है कि हिन्दी की प्रकृति के अनुसार उक्त पदनाम आज्ञा से आरम्भ में होना चाहिए, न कि अन्त में।

दूसरी बात यह है कि हिन्दी में उक्त पद का यह रूप होगा :

राज्यपाल

की आज्ञा अनुसार।

2. एक लेखक महोदय लिखते हैं :

मैंने उसका विश्वास जीत लिया है।

यह अँगरेज़ी के इस वाक्य का अनुवाद है :

आइ हैव वन हिज़ कानफ़िडेंस।

सोचने की बात यह है कि क्या कहीं लड़ाई हो रही थी कि जीत और हार का प्रश्न खड़ा हो गया? होना चाहिए : 'मैंने उसका विश्वास प्राप्त कर लिया है' अथवा, 'मैं उसका विश्वासपात्र हो गया हूँ।'

3. यह प्रयोग धड़ल्ले से चल रहा है :

मेरे जीवन ने एक नया मोड़ लिया।

'जीवन का मोड़ लेना' कोई हिन्दी का मुहावरा नहीं है। हम नये मुहावरे अपनाने की नीति के विरोधी नहीं हैं। किन्तु यह तभी होना चाहिए जब आवश्यक हो। यदि हमारे

पास कोई उतना ही सजीव और प्रचलित मुहावरा विद्यमान हो तो नया मुहावरा लेने में क्या तुक है? कहीं अच्छा होता यदि ऊपर का वाक्य इस प्रकार लिखा जाता : 'मेरे जीवन में एक नया अध्याय आरम्भ हुआ'।

4. बनारस की एक दुकान पर आपको यह लिखा हुआ मिलेगा :
पत्थर की आँखें और आधुनिक चश्मों के व्यापारी।
पाठक तनिक ध्यान दें। हमारे विचार से निम्नलिखित वाक्य शुद्ध हैं:

यहाँ पत्थर की आँखें मिलती हैं।
यहाँ पत्थर की आँखें बिकती हैं।
यहाँ पत्थर की आँखें बनती हैं।

यहाँ चश्मे बिकते हैं।
यहाँ चश्मे बनते हैं।
यहाँ चश्मे मिलते हैं।

यहाँ पत्थर की आँखों की मरम्मत होती है।
यहाँ पत्थर की आँखों की बिक्री होती है।
यहाँ पत्थर की आँखों का व्यापार होती है।

यह चश्मों की दुकान है।
यहाँ चश्मों की मरम्मत होती है।
चश्मों के लिए यहाँ आइए।

यहाँ पत्थर की आँखें और चश्मे बिकते हैं।
यहाँ पत्थर की आँखें और चश्मे बनते हैं।
यहाँ पत्थर की आँखें और चश्मे मिलते हैं।

यह पत्थर की आँखों और चश्मों की दुकान है।
यहाँ पत्थर की आँखों और चश्मों की मरम्मत होती है।
हम पत्थर की आँखों और चश्मों के व्यापारी हैं।

किन्तु अधोलिखित वाक्य अशुद्ध हैं:

यह पत्थर की आँखें और चश्मों की दुकान है।
यहाँ पत्थर की आँखें और चश्मों की मरम्मत होती है।
हम पत्थर की आँखें और चश्मों के व्यापारी हैं।

इस व्याख्या से स्पष्ट हो गया होगा कि उपरिलिखित विज्ञापन का शुद्ध रूप यह होगा : 'पत्थर की आँखों और आधुनिक चश्मों के व्यापारी।'

5. कई सोये हुये मनुष्यों के बदले एक जागता हुआ कुत्ता उसके लिए अधिकतर धैर्य का कारण हुआ। ('बूढ़ी काकी')

इस वाक्य को बिल्कुल नये सिरे से लिखना चाहिए—'कई सोते हुए मनुष्यों को देख कर वह इतनी आश्वस्त नहीं होती जितनी एक जागते हुए कुत्ते को देखकर।'

6. फिर मैं यह विश्वास नहीं करती कि जिन यात्राओं में खाद्य-सामग्री मिल जाने की सुविधाएँ हैं वहाँ भी घी के पीपे और बिस्कुट के बीसियों टिन ढोते फिरा जाए। ('पर्वत पुत्र')

क्या वास्तव में 'विश्वास' शब्द उपयुक्त बैठ रहा है? हम तो इसी बात को यों कहेंगे :

मुझे यह पसन्द नहीं है कि जिन यात्राओं में खाद्य-सामग्री मिल जाने की सुविधाएँ हों, वहाँ भी मैं घी के पीपे और बिस्कुट के बीसियों टिन ढोती फिरूँ।

7. दूसरे शब्दों में, शुक्ल जी ने समीक्षा के भारतीय साँचे को बना रहने दिया। ('आचार्य रामचन्द्र शुक्ल')

'दूसरे शब्दों में' अँगरेज़ी के पद-बन्ध 'इन अदर वर्ड्स' का शाब्दिक अनुवाद है। यह पद भी धड़ल्ले से चल रहा है। हम तो इसके बदले कहेंगे : 'यह यों कहिए कि,' जो हिन्दी की प्रकृति के अनुकूल है।

8. एक शब्द में, अभी हमारे साहित्य की चिन्ता-धारा में कोई मौलिक परिवर्तन नहीं हुआ था। (नगेन्द्रः 'आधुनिक हिन्दी साहित्य में कृष्ण')

'एक शब्द में—यह अँगरेजी के पद-बन्ध 'इन वन वर्ड' का शब्दानुवाद है। क्या यों कहना ठीक नहीं होगा : 'थोडे में यों कह सकते हैं कि अभी हमारे साहित्य···?'

9. बस्ती के ज़िलाधीश के सन्तोष पर रिहा किया जाएगा।

उपर्युक्त वाक्य न्यायालय सम्बन्धी एक पत्र में पढ़ा था। हम भी हिन्दी के दुर्भाग्य पर सन्तोष कर लें या इस वाक्य को यों लिखें :

ऐसी शर्तों पर रिहा किया जाएगा जो बस्ती के ज़िलाधीश के विचार में सन्तोषजनक हों।

10. जीत कोने पर है।

यह अँगरेज़ी के इस वाक्य का शब्दानुवाद है—'विक्टरी इज़ राउंड दी कार्नर'.।

इसका एक भावानुवाद तो यों हो सकता है—'जीत हमारे समीप पहुँच चुकी है'। किन्तु ठेठ हिन्दी अनुवाद इस प्रकार होगा—'जीत हमारे हाथ लगने ही वाली है' अथवा, 'जीत हुई ही समझो।'

अब हम थोड़े से अँगरेज़ी के पद-बन्ध और उनके हिन्दी समानक देते हैं :

1. बीइंग गिवेन दैट	जब यह दिया है कि····
2. बियोंड दि स्कोप आफ़	के क्षेत्र के बाहर
3. बाइ ऐक्चुअल वेरिफ़िकेशन	वास्तविक जाँच/सत्यापन से

4. बाइ दिस कंट्राइवेंस	इस युक्ति से/के द्वारा
बियौंड दि कैपेसिटी ऑफ़	के बित्ते के बाहर
अरेस्टी एंड ओमिशन्स एक्सपेक्टिड	भूल-चूक लेनी देनी
बाई इग्जैमिनेशन	परीक्षा द्वारा
Heated Discussion	गरमागरम बहस/तर्क वितर्क
5. बाइ ट्रायल	परीक्षण द्वारा
6. कैन बी डिसपोज़्ड आफ दिज़मैटर्स	मामलों का निपटारा हो सकता है
7. कैन बी कनवर्टेड इंटू	में परिवर्तित हो सकता है
8. कैन बी एक्सप्रेस्ड इन दि फ़ालोइंग फ़ार्म	निम्नलिखित रूप में व्यक्त हो सकता है।
9. कैन बी प्राफ़िटेबली इंप्लायेड	का लाभार्थ उपयोग हो सकता है
10. कांप्रिहेंसिव व्यू	व्यापक/परिग्राही दृष्टि
11. कंसिस्टेंटली विथ आवर-डेफ़िनीशन	हमारी परिभाषा के सांगत्य में
12. डेज़र्विंग आफ स्पेशल नोटिस	विशेष ध्यान देने योग्य
13. डिटेल्ड डिसकसन	विस्तृत हर तरह से विवेचन
14. डिटेल्ड प्रूफ़	विस्तृत उपपत्ति, ब्योरेवार प्रमाण
15. आइदर·····आर	या तो·····या/अथवा
16. एक्ज़ाम्पुल आफ़ दिस नेचर	इस प्रकार का उदाहरण
17. एक्सप्रेस्ड सिम्बालिकली	सांकेतिक रूप में व्यक्त
18. एक्सप्रैशन कंसर्न्ड	सम्बद्ध व्यंजक/अभिव्यंजना
19. फ़ैक्ट्स नेसेसिरिली फ़ालोइंग	तथ्य जो उससे स्पष्ट रूप से निकलते हैं।
20. फार अ क्लीयरर व्यू आफ़ दि मैटर	विषय की स्पष्टता के लिए
21. फार अ सिमिलर रीज़न	समान कारण से, इसी प्रकार
22. फ़ार्मल प्रूफ़	आकारी उपपत्ति
23. फ्राम 7 डाउनवर्ड्स	7 से नीचे की ओर
24. फ्राम फ़र्स्ट प्रिंसिपुल्स	प्राथमिक सिद्धान्तों/नियमों से
25. फ्राम 2 अपवर्डर्स	2 से ऊपर की ओर
26. जेनरल प्रोसीजर	सार्व/सार्विक विधा/कार्य विधि
27. जेनरली स्पीकिंग	सार्व/सार्विक शब्दों में, साधारणतः
28. इफ़ नाट इनडिसपेंसबुल	यदि अनिवार्य न हो तो
29. इन आल केसेज़ एक्सेप्ट ह्वेन	केवल एक दशा को छोड़कर जिसमें
30. इन एनी आर्डर	किसी भी क्रम में

31. इन ड्यू आर्डर	यथा क्रम, क्रमानुसार
32. इंडेपेंडेंट आफ	से स्वतन्त्र
33. इन वन ऐंड दि सेम आर्डर	एक ही निश्चित क्रम में
34. इन आर्डर दैट	ताकि
35. इन आर्डर टु	······ के लिये
36. इन अदर वर्ड्स	या यों कहिये
37. इन दि सेम वे	इसी प्रकार
38. इर्रेस्पेक्टिवली आफ़ दि आर्डर	बिना क्रम के विचार के
39. इट इज़ टु बी नोटिस्ड	यह बात ध्यान देने योग्य है
40. इट इज यूजुअल टु डू सो	साधारणतः/प्रायः ऐसा करते हैं
41. मे कनवीनिएंटली बी यूज़्ड	का सुगमता से उपयोग कर सकते हैं
42. माइट हैव बीन अडाप्टेड	का प्रयोग कर सकते थे
43. मोड आफ़ रीज़निंग	तर्क प्रणाली
44. मस्ट इनक्लूड	का समावेश होना चाहिए
45. आफ़ ग्रेट यूस	बड़े काम का, बहुत उपयोगी
46. आफ़ नो प्रैक्टिकल वैल्यू	किसी अर्थ का नहीं, व्यर्थ
47. ओन्ली ह्वेन	केवल तभी····· जब
48. प्रोवाइडेड दैट	यदि
49. रेडी मेथड	सुगम विधि
50. स्ट्रिक्टली, ट्रूली स्पीकिंग	सच पूछिए तो
51. स्ट्रांगली रेकमेंडेड	विशेष रूप से अभिशंसित
52. दि ऐनामली डिसैपियर्स	उलझन दूर हो जाती है
53. टालरेबुली सैटिसफ़ैक्टरी	साधारणतः सन्तोषजनक
54. ट्रीटेड आफ़ इन दिस आर्टीकिल	इस लेख में विवेचित
55. यूनिवर्सली ट्रू	सर्वतः सत्य
56. विदाउट एनी रेफ़रेंस टु कंटेक्स्ट	बिना सन्दर्भ/प्रसंग के विचार के
57. विथ रेफ़रेंस टु कंटेस्क्ट	प्रसंग के सन्दर्भ में
58. विथ रेस्पेक्ट टु ईच अदर	एक दूसरे के प्रति
59. विथ दि स्पेशल मीनिंग असाइंड	निर्दिष्ट विशेष अर्थ के साथ

अँगरेज़ी के ऐसे ही सैकड़ों पद-बन्ध और हो सकते हैं जिनका हमें अनुवाद करना पड़ जाये। इसके अतिरिक्त, हमारा यह दावा नहीं है कि जो अनुवाद हमने प्रस्तुत किये हैं, वही सर्वोत्तम हैं। यह निश्चितप्राय है कि इनमें से कुछ पद-बन्धों के ऐसे हिन्दी अनुवाद बहुत से लेखक निकाल लेंगे जो इनसे बढ़िया हों, और सोलह आने हिन्दी की प्रकृति के अनुकूल बैठते हों।

17

अँगरेज़ी का प्रभाव : अभिव्यंजना

भाषाओं में शब्दों का ही नहीं, प्रकृति का भी अन्तर होता है। बहुधा सुनने में आता है कि अँगरेज़ी के ऐसे सैकड़ों शब्द और पद-बन्ध हैं जिनके समानार्थी हिन्दी में नहीं मिलते जैसे–'ड्यूटी' इस शब्द के लिए हिन्दी में कोई समानार्थी है ही नहीं। मैं यहाँ चार वाक्य देता हूँ :

1. इट इज़ दि ड्यूटी आफ़ दि सन टु ओबे हिज़ फ़ादर।
2. इट इज़ दि ड्यूटी आफ़ अ क्षत्रिय टु प्रोटेक्ट आल।
3. आई एम ओन नाइट ड्यूटी दीज़ डेज़।
4. देयर इज़ नो कस्टम ड्यूटी आन दिस आर्टिकिल।

स्पष्ट है कि इन चारों वाक्यों में duty के लिए किसी एक ही समानार्थी से काम नहीं चलेगा। हम इन वाक्यों का अनुवाद इस प्रकार कर सकते हैं :

1. पुत्र का कर्तव्य है कि पिता की आज्ञा का पालन करे।
2. क्षत्रियों का 'स्वधर्म' है कि सब की रक्षा करें।
3. मेरा 'काम' आजकल रात का है।

अथवा, मैं आज कल रात की पाली में 'काम' पर जाता हूँ।

4. इस वस्तु पर 'तटकर' नहीं लगता।

ऐसा ही एक शब्द 'केस' है। इसके लिए भी हिन्दी में कोई एक समानार्थी नहीं है। हम यहाँ कुछ उदाहरण देते हैं–

1. इन सच अ केस	ऐसी 'दशा' में
2. इन केस	'यदि'
3. इन दि प्रेजेंट केस	वर्तमान 'स्थिति' में
4. कार्ड बोर्ड केस	पट्ठें का 'बक्स'
5. हिज़ इज़ अ केस आफ़ प्लेग	वह प्लेग का 'रोगी' है
6. इट वाज़ अ केस आफ़ लगेज ऐंड नाट दैट आफ़ टिकटलेस ट्रैवेल	वह 'मामला' अस्बाब का था, था न कि बिना टिकट यात्रा का।

परन्तु यदि इन शब्दों के लिए हिन्दी के किसी एक ही शब्द से काम नहीं चल सकता तो इसमें हिन्दी का कोई दोष नहीं है। हिन्दी के बहुत से ऐसे शब्द हैं जिनके लिए अँगरेज़ी में कोई एक समानार्थी नहीं है जो प्रत्येक स्थान पर ठीक बैठ जाए।

हिन्दी का 'धर्म' शब्द लीजिए। क्या अँगरेज़ी में इसके लिए कोई समानार्थी है? पाठक तुरन्त कहेंगे 'रेलिजन', परन्तु तनिक इन वाक्यों का अनुवाद करके देखिये :

पुत्र का 'धर्म' है वृद्ध माता-पिता का पोषण करना।

स्पष्ट है कि यहाँ धर्म के लिए ड्यूटी का प्रयोग करना होगा।

अब इस वाक्य पर आइये :

आग का 'धर्म' है जलाना

यहाँ तो ड्यूटी से भी काम नहीं चलेगा। 'इन्ट्रिंजिक प्रॉपर्टी' का प्रयोग करना होगा :

एक शब्द और लीजिए 'अपना'। मैं यहाँ हिन्दी के कुछ वाक्य और उन के अँगरेज़ी अनुवाद देता हूँ।

1. मैं 'अपने' घर जा रहा हूँ।	आइ ऐम गोइंग टु 'माइ' हाउस.
2. तुम 'अपने' घर जा रहे हो।	यू आर गोइंग टु 'योर' हाउस.
3. वह 'अपने' घर जा रहा है।	ही इज़ गोइंग टु 'हिज' हाउस.
4. वह 'अपने' को बहुत लगाता है।	ही थिंक्स टू मच आफ़ हिमसेल्फ।

स्पष्ट है कि 'अपना' के लिए स्थान स्थान पर अँगरेज़ी के भिन्न-भिन्न शब्दों का प्रयोग करना पड़ेगा। इसको भी अँगरेज़ी का दोष नहीं कहा जा सकता। भाषा केवल एक शब्द समूह नहीं है। भाषा की आत्मा होती है, विशेषता होती है, प्रकृति होती है।

हम यहाँ हिन्दी के तीन वाक्य देते हैं जिनका अँगरेज़ी में ठीक-ठीक अनुवाद हो ही नहीं सकता।

1. वह फसक्कड़ा मार के बैठ गया।
2. वह खटाक से उठा और फटाक से चल दिया।
3. सारी धोती लपूझन्ना हो गयी।

इसी प्रकार अँगरेज़ी के भी सैकड़ों वाक्य ऐसे हैं जिनका हिन्दी में ठीक-ठीक अनुवाद हो ही नहीं सकता। परन्तु कभी-कभी अँगरेज़ी के वाक्यों का अनुवाद करना ही पड़ता है। ऐसे अवसरों पर, बिना हिन्दी की प्रकृति का पल्ला छोड़े, हम मौलिक वाक्य के भाव के जितने समीप पहुँच सकें, पहुँचने का प्रयत्न करना चाहिए।

हमारी रग-रग में अँगरेज़ी समा चुकी है। बहुत से लेखक पहले अँगरेज़ी में सोचते हैं, फिर अपने भाव का हिन्दी में अन्धानुवाद करके रख देते हैं। कुछ लेखक ऐसे भी हैं जो अँगरेज़ी के विद्वान तो नहीं हैं, किन्तु पले अँगरेज़ी वातावरण में ही हैं। अतः दिन रात अँगरेज़ी वाय्य-रचना उनके मस्तिष्क में समाई रहती है। ऐसे लेखक अनजाने में ही अँगरेज़ी ढंग के वाक्य लिखते चले जाते हैं। और यह प्रवृत्ति केवल

नौसिखियों में ही नहीं पायी जाती, बड़े-बड़े दिग्गज भी इससे अछूते नहीं बचे हैं। जरा बानगी देखिये :

पं. किशोरी दास वाजपेयी अपनी पुस्तक 'अच्छी हिन्दी का नमूना' के पृ. 29 पर लिखते हैं।

> स्वभावतः दुरूह तथा जटिल भाव भी सरल-स्पष्ट वाक्यों द्वारा इस तरह प्रकट किये जा सकते हैं कि कम से कम उन लोगों के समझने में तो कोई कठिनाई न सामने आये, जो उन्हें समझने की शक्ति रखते हैं।

यदि किसी नौसिखिये की क़लम से ऐसा वाक्य निकले तो कदाचित क्षम्य समझा जाए, किन्तु वाजपेयी जी जैसे विद्वान की लेखनी द्वारा ऐसी भाषा प्रयुक्त हो तो भला अचरज क्यों न हो?

अँगरेज़ी का एक वाक्य है—राम हैज़ अ बुक,

क्या वाजपेयी जी इस भाव को हिन्दी में यों व्यक्त करेंगे—'राम रखता है एक पुस्तक' या, 'राम एक पुस्तक रखता है?' हिन्दी की प्रकृति के अनुसार तो लिखा जायेगा—'राम के पास एक पुस्तक है।'

वाजपेयी जी का जो वाक्य हमने ऊपर उद्धृत किया है, उसके स्थान पर हमारे जैसे अनाड़ी तो यों लिखेंगे :

...कम से कम उन लोगों को तो समझने में कोई कठिनाई न हो जिनमें उन्हें समझने की शक्ति हो।

अथवा,...जिन लोगों में उन्हें समझने की शक्ति हो, कम से कम उन्हें तो समझने में कोई कठिनाई न हो।

ऐसा भी नहीं कि वाजपेयी जी की कृतियों में इस ढंग के वाक्य इक्के-दुक्के ही आये हों। हम इसी प्रकार के बहुत से दृष्टांत तो 'अच्छी हिन्दी का नमूना' में से ही दे सकते हैं :

किन्तु हम अन्य उदाहरण उनकी दूसरी पुस्तकों से देते हैं :

प्रत्येक भाषा अपना स्वरूप रखती है। ('ब्रजभाषा का व्याकरण,' पृ. 86)

हम इस वाक्य को इस प्रकार लिखेंगे :

प्रत्येक भाषा का अपना स्वरूप होता है।

> इसकी जगह नय तथा राजनय चलाना क्या अर्थ रखता है? (हिन्दी शब्दानुशासन 345)

ऐसे वाक्य अँगरेज़ी के तत्सम्बन्धी वाक्यों के शब्दानुवाद मात्र होते हैं। हम इस भाव को यों व्यक्त करेंगे : 'इसकी जगह नय तथा राजनय चलाने का भला क्या अर्थ है?'

हिन्दी संसार की भाषाओं में एक विशिष्ट स्थान इसलिए रखती है कि...

(हिन्दी शब्द-मीमांसा, 1)

हिन्दी की प्रकृति के अनुसार इस वाक्य की रचना इस रूप में होनी चाहिये : 'संसार की भाषाओं में हिन्दी का विशिष्ट स्थान है। वह इसलिए कि...'

इसीलिए अँगरेज़ी के कितने ही शब्द देश-भेद के कारण उच्चारण-भेद रखते हैं।

('हिन्दी की वर्तनी और शब्द विश्लेषण' पृ. 72)

हमारी समझ में वाक्य-रचना इस प्रकार होनी चाहिये :

इसीलिए अँगरेज़ी के कितने ही शब्दों में, देश-भेद के कारण (हो तो) उच्चारण भेद रहता है।

यदि इस ढंग के पदों की पराकाष्ठा देखनी हो तो 'अच्छी हिन्दी' (कि वा.) के पृ. 16 के इस वाक्य पर ध्यान दीजिए :

कश्मीरी सेब सुन्दर रंग रखते हैं।

इस वाक्य को पढ़कर हम दाँतों तले उंगली दबाकर रह गये। क्या वाजपेयीजी चाहते हैं कि आज से लोग लिखा करें :

आकाश नीला रंग रखता है।

चूना सफेद रंग रखता है।

बोतल काला रंग रखती है?

इन वाक्यों का कलेवर भले ही हिन्दी का हो, किन्तु आत्मा अँगरेज़ी की है। ऐसे वाक्यों में अँगरेज़ी का दूषित प्रभाव व्यापक रूप से दृष्टिगोचर होता है। हम तो इन वाक्यों को यों लिखेंगे :

आकाश का रंग नीला है (या होता है)।

चूने का रंग सफ़ेद है (या होता है)।

बोतल का रंग काला है।

हमारे विचार में केवल एक ही प्रसंग ऐसा है जिसमें 'रंग रखना' जैसा पद-बन्ध ठीक बैठता है। एक दुकानदार कहता है :

पहले मैं अपनी दुकान में सब तरह के रंग रखता था। किन्तु हरे रंग की बिक्री बहुत कम होती थी। अतः मैंने हरा रंग रखना छोड़ दिया।

सामान्यतः 'रंग रखना' हिन्दी का कोई पदबन्ध नहीं है।

किन्तु अब यह रखना-युक्त प्रयोग बड़े धड़ल्ले से चल रहा है। इस ढंग के सैकड़ों नहीं, हजारों दृष्टान्त दिये जा सकते हैं। हम यहाँ केवल उन संज्ञाओं की सूची देते हैं। जिनका प्रयोग 'रखना' क्रियापद के साथ हो रहा है।

अधिकार, अपेक्षा, आकर्षण, इच्छा, उत्साह, कृत्रिमता, क्षमता, जानकारी, जोड़, ज्ञान, नयापन, प्रधानता, प्रेम, मूल्य, योग्यता, राय, रुचि, विचार, विशेषता, श्रद्धा, सम्पर्क, सम्बन्ध, समानता, सामर्थ्य, साहस।

यह प्रयोग अब इतना चल पड़ा है कि कदाचित अगली पीढ़ी को इसे 'अंगीकार' करना ही पड़ेगा। इसे हम तो हिन्दी का दुर्भाग्य ही कहेंगे, और क्या कहें।

यहाँ तक तो समस्त वाक्य प्रायः एक ही प्रकार के थे। अब हम भिन्न-भिन्न प्रकार के वाक्य देकर यह दिखलाते हैं कि हमारे मस्तिष्क में अँगरेज़ी किस बुरी तरह घर कर गयी है।

मैं ग़लती पर था। ('गुरुदेव')

यह अँगरेज़ी के वाक्य 'आइ वाज़ एट फाल्ट' का शब्दानुवाद है। यह हिन्दी की प्रकृति के अनुकूल बिल्कुल नहीं बैठता। हिन्दी के इस भाव को व्यक्त करने के कई ढंग हैं :

मेरी ग़लती थी।

ग़लती मेरी थी।

मुझसे ग़लती हुई।

इनमें से कहाँ पर कौन सा अधिक उपयुक्त बैठेगा, यह प्रसंग पर निर्भर है।

'परन्तु जब वे चले गये तो जान पड़ा, मैं भूल पर था।' ('कवि की स्त्री')

संशोधित रूप : 'मेरी भूल थी।'

अब थोड़ी सी दुर्दशा 'पाना' क्रियापद की भी देख लीजिए। बहुत बार इस प्रकार के वाक्य देखने को मिलते हैं :

1 मैं रात को बनारस में रेल में सोया। सवेरे मैंने अपने आपको लखनऊ में 'पाया'।

यह अँगरेज़ी के वाक्य का शब्दानुवाद है। 'मैं' खो नहीं गया था जो उसने सवेरे अपने आपको पा लिया। हिन्दी की प्रकृति के अनुसार इस वाक्य का यह रूप होगा : 'मैं रात को बनारस में रेल में सोया था। सवेरे आँख खुली, देखा कि लखनऊ आ गया है।'

2 ...मैंने चट्टी के नीचे वाले खंड में जंग बहादुर को दो नये कुलियों के साथ प्रतीक्षा करते 'पाया' और... ('पर्वत पुत्र')

संशोधित रूप – मैंने देखा कि चट्टी के नीचे वाले खंड में जंग बहादुर दो नये कुलियों के साथ मेरी प्रतीक्षा कर रहा है और...

3 जैसे बहुत देर से प्रयोग में न लाया हुआ अंग कोई व्यक्ति एकाएक उठाने लगे और 'पाये' कि वह उठता नहीं है। ('रोज')

यह अँगरेज़ी के इस वाक्य का शब्दानुवाद प्रतीत होता है :

ऐज इफ वन ट्राइज़ टु लिफ्ट अ पर्टिकुलर लिंब आफ़्टर अ लांग नान-यूसेज ऐंड फ़ाइंड्स इट वुइंट मूव······

हम इस वाक्य का अनुवाद इस प्रकार करेंगे : 'जैसे कोई व्यक्ति एकाएक किसी ऐसे अंग को उठाने लगे जिसका उसने बहुत दिनों से प्रयोग न किया हो, तो देखे कि वह

उठाये नहीं उठता।'

4 पर वह किसी अज्ञात कारण से अपने को उसके वश में 'पाती' है।

यह अँगरेज़ी के इस वाक्य का शब्दानुवाद है :

शी फ़ाइंड्स हरसेल्फ़ कंप्लीटली अंडर हिज स्वे.

हिन्दी की प्रकृति के अनुसार इसका अनुवाद यों होगा।

उसने देखा कि न जाने क्यों वह पूर्णतया उसके वशीभूत हो रही है।

5 पद्मा को उसने बारीक निगाहों से पढ़ा है, और उसका आसन अच्छी तरह 'पा गया है'। (प्रेमचन्द : 'मिस पद्मा')

यदि हम लेखक का आशय ठीक प्रकार से समझे हैं तो अँगरेज़ी का संगत वाक्य यह होगा—

ही हैज़ वाच्ड पद्मा कीनली ऐंड अंडरस्टुड हर करेक्टली।

इसका अनुवाद इस प्रकार होगा :

उसने पद्मा को सूक्ष्म दृष्टि से देखा है, और समझ लिया है कि वह कितने पानी में है।

अब भिन्न-भिन्न प्रकार के और वाक्य देखिये :

1 मेरी टाँगे, मेरा सम्पूर्ण शरीर बिल्कुल 'थकी हुई हालत' में है।

(चन्द्रगुप्त विद्यालंकार : 'एक सप्ताह')

कल के लेखक कदाचित यह भी लिखने लगेंगे।

मैं 'सोई हुई हालत' में था।

वह 'जागी हुई दशा' में है।

क्या तुम सोकर 'जागी हुई स्थिति' में आ गये हो?

उपर्युक्त बात के लिखने का सीधा-साधा ढंग यह होगा : 'मेरी टाँगे ही नहीं, मेरा सारा शरीर, थकावट से चूर हो रहा है।'

2. मेरा सारा घर उन जैसे बड़े मेहमान के लायक भले ही न हो, मगर मैं ऊँचे मूल्यों में संतोष खोजने वाला व्यक्ति हूँ, यह प्रभाव मैं उन पर डालना चाहता था। ('मेहमान')

इस सम्बन्ध में अँगरेज़ी का इस ढंग का वाक्य ध्यान में आता है :

आइ एम वन आफ़ दोज हू बिलीव इन फाइंडिंग सैटिसफ़ेक्शन इन दि पर्सूट आफ़ हायर वैल्यूज—दिस आइ वांटेड टु इंप्रेस अपान माइ गेस्ट :

हम तो इस वाक्य का अनुवाद इस रूप में करेंगे : 'मैं मेहमान को यह जताना चाहता था कि मेरा ध्यान सदा ऊँची बातों की ओर ही जाता है।'

3. अगर हीरोजी का आप से परिचय हो जाए तो आप यह समझ लीजिए कि उन्हें एक मनुष्य अधिक मिल गया जो उन्हें अपने शौक में प्रसन्नतापूर्वक एक हिस्सा

दे सके। (भगवती चरण वर्मा : 'मुग़लों ने सल्तनत बख़्श दी')
सम्भव है लेखक के मस्तिष्क में अँगरेज़ी का इस ढंग का कोई वाक्य रहा हो : इफ़ यू हैपेन टु पिक अप ऐन अक्वेटेंस विद हीरोजी यू वुड फ़ाइंड दैट ही हैज़ ऐडेड वन मोर पर्सन टु हिज़ लिस्ट आफ फ्रेंड्स हू वुड बी ग्लैड टु शेयर हिज़ हाबीज़.
इसका हिन्दी अनुवाद कदाचित इस रूप में ठीक बैठे : 'यदि आपका हीरोजी से परिचय हो जाय तो आपको ऐसा लगेगा मानो उनके शौक़ में हाथ बँटाने वाला एक व्यक्ति और मिल गया।'

यह आवश्यक नहीं है कि लेखक के मस्तिष्क में अँगरेजी का कोई वाक्य स्पष्ट रूप से विद्यमान रहता हो और वह सोच-समझ कर उसका अनुवाद करता हो। अँगरेज़ी हमारे वातावरण में ऐसा घर कर गई है कि हम अनजाने ही हिन्दी में ऐसे वाक्य लिखते चले जाते हैं जिनका ढाँचा अँगरेज़ी ढंग का होता है। एक वाक्य और लीजिए :

4. तब छह कभी के बज चुके थे, जब किसी के आने की आहट से मेरी नींद खुली।

इस वाक्य की आत्मा अँगरेज़ी है जो इस वाक्य से स्पष्ट है
इट वाज वेल आफ़्टर सिक्स ओ'क्लाक ह्वेन आइ वाज़ अवेकेंड बाइ दि फुटस्टेप्स आफ़ समवन कमिंग
हिन्दी में इसी बात को कहने का सीधा-सादा ढंग यह होगा : 'जब किसी (के आने) की आहट से मेरी आँख खुली, (तब) छह कभी के बज चुके थे।'

'अच्छी हिन्दी' के रचयिता श्री रामचन्द्र वर्मा ने भी बहुत से ऐसे वाक्य लिखे हैं जो 'अँगरेज़ी के साँचे में ढले हुए हैं।' और वह भी उसी पुस्तक में जिसके द्वारा वह दूसरे को अच्छी हिन्दी की शिक्षा दे रहे हैं।

5. सद्भाव और सदुद्देश्य से कही हुई व्यंग्यपूर्ण बातें प्रायः शुभ फल उत्पन्न करती हैं। (रामचन्द्र वर्मा—'अच्छी हिन्दी', पृ. 74)

यह वाक्य अँगरेज़ी के इस वाक्य की याद दिलाता है :

> वेल-मींट ऐंड वेल-इंटेंशंड वड्र्स, दो आयरोनिकल, यूज्ड, ऑफन यील्ड गुड रेजल्ट्स।

हम तो इसका अनुवाद इस रूप में करेंगे—'यदि कोई बात सद्भाव और सदुद्देश्य से कही जाती है, तो भले ही वह व्यंग्यपूर्ण हो, उसका फल प्रायः शुभ होता है।'

6. मनुष्य ने मनुष्य के प्रति अपने दुर्व्यवहार को इतना स्वाभाविक बना लिया है कि उसका अभाव विस्मय उत्पन्न करता है और उपस्थिति साधारण लगती है। ('पर्वत पुत्र')

सम्भव है लेखिका ने कभी वड्र्सवर्थ की यह पंक्ति पढ़ी हो :

ऐंड स्टिल इट ग्रीवेथ माइ हार्ट टु लर्न ह्वाट मैन हैज़ मेड आफ मैन।

और लेखिका के अवचेतन मन में अँगरेज़ी का इसी प्रकार का कोई वाक्य गूँज रहा हो। हम तो उपरिलिखित भाव को यों व्यक्त करना पसन्द करेंगे : 'मनुष्य के प्रति मनुष्य का दुर्व्यवहार तो इतनी साधारण बात हो गई है कि उस पर ध्यान भी नहीं जाता; हाँ, उसका अभाव अवश्य खटकता है।'

7. विशेषकर आधुनिक कवियों के सम्बन्ध में लिखते हुए उन्होंने अपनी यह योग्यता प्रकट की है।

संशाधित रूप : किन्तु जब वे आधुनिक कवियों के सम्बन्ध में लिखते हैं, तब उनकी यह योग्यता विशेष रूप से दिखाई पड़ती है।

8. डी. एल. राय में रवीन्द्रनाथ की अपेक्षा उच्चतर भावसंवेदन का निरूपण करना इसी प्रकार के पक्षपात का परिणाम है। ('आचार्य रामचन्द्र शुक्ल')

यह डी. एल. राय की प्रशंसा हुई या रवीन्द्रनाथ की? हमने कई बार उपर्युक्त वाक्य का अर्थ समझने का प्रयत्न किया। हमारे पल्ले तो कुछ भी न पड़ा।

9. ·····वह यहाँ पहुँच, अपनी रुचि के अनुकूल उस तरह का पाये, मनमाना उसे छक कर, तृप्त और अघाया हुआ अपने को मालूम कर सकता है। ('विशाल वाटिका')

इसे पढ़ने पर अँगरेजी के इस वाक्य की याद आती है :

·····नाट ओन्ली फ़ाइंड्स इट इन कनफ़ामिर्टी विद हिज टेस्ट बट आल्सो फ़ील्स दैट ही हैज़ इंज्वायेड इट टु हिज़ फिल ऐंड (टु हिज़) सैटिसफैक्शन।

हमारी समझ में तो इसका हिन्दी भावानुवाद इस रूप में होगा : '·····उसे ऐसा लगे कि यह सब उसकी रुचि के अनुकूल ही है, और वह उसे मनमाना छक कर तृप्त हो जाय, अघा जाय।'

10. ·····जो भी रूपान्तर देखने को मिले हैं, वे इसी जागृति के परिपाक की प्रक्रिया के परिणाम हैं। ('साहित्य और राजनीति')

अनुप्रास के लालच में पड़कर दिनकरजी ने वाक्य को ऐसा रूप दे दिया है कि वह हमारे जैसे सामान्य पाठक की बुद्धि की पहुँच के बाहर हो गया है। वाक्य के अन्तिम भाग को हम तो यों कहेंगे : 'जो भी रूपान्तर देखने को मिले हैं उनका कारण यह जागृति ही तो है।'

11. किसी प्रकार की बाधा या विघ्न उसके जीवन में क्षोभ ला ही नहीं सकते थे। (पदुमलाल पुन्नालाल बख्शी : 'एक चरित्र')

संशोधित रूप : किसी भी प्रकार की बाधा या विघ्न से उसके जीवन में क्षोभ उत्पन्न हो ही नहीं सकता था।

12. यह इतिहास-प्रेमी पाठको से अविदित नहीं। ('धीर्')

दुहरा 'नहिक' प्रयुक्त करने की पद्धति बिल्कुल अँगरेज़ी की है। उपर्युक्त बात को

कहने का सीधा-साधा ढंग यह है : 'यह इतिहास-प्रेमी पाठकों को विदित ही है।'

13. अशुद्ध : मुझे संदेह है कि युद्ध 1944 के पहले बन्द हो जायेगा।

शुद्ध : मैं समझता हूँ कि युद्ध 1944 के पहले बन्द हो जायेगा। ('आधुनिक व्याकरण और रचना')

डा. प्रसाद लिखते हैं कि (पहला) अशुद्ध वाक्य अँगरेजी के शाब्दिक अनुवाद की देन है।

जो अँगरेज़ी वाक्य डा. प्रसाद के मस्तिष्क में घूम रहा है, वह इस प्रकार है : आइ डाउट इफ़ दि वार विल बी ओवर बिफ़ोर 1944.

किन्तु इसका वह आशय है ही नहीं जो डा. साहब ने दूसरे वाक्य में दिया है। इसका आशय तो यह है कि 'मैं नहीं समझता कि युद्ध 1944 से पहले बन्द हो जाएगा।'

हमारे विचार में अँगरेज़ी के वाक्य का अनुवाद यों होना चाहिए–'युद्ध 1944 से पहले बन्द हो जाएगा, इसमें मुझे संशय है।'

'संदेह' के स्थान पर 'संशय' अधिक उपयुक्त है क्योंकि 'संदेह' 'सस्पिशन' के अधिक समीप है।

यदि कोई व्यक्ति चाहता है कि युद्ध 1944 से पहले बन्द हो जाय, तो कहेगा : मुझे आशा है कि युद्ध 1944 से पहले बन्द हो जायगा।

किन्तु यदि कोई व्यापारी (जो युद्ध से लाभ उठा रहा है) यह चाहता है कि युद्ध चलता ही रहे तो वह कहेगा :

'मुझे आशंका है कि युद्ध 1944 से पहले बन्द हो जायेगा।' अथवा, जैसा वाजपेयी जी 'नमूना' की टिप्पणी 43 में कहते हैं :

युद्ध 1944 से पहले ही तो बन्द न हो जायगा?

अब मान लीजिए एक व्यक्ति कहता है कि 'ऐसा मालूम पड़ता है कि युद्ध 1944 से पहले बन्द हो जायगा।' और दूसरे को इसमें संशय है तो वह कहेगा कि 'मुझे संशय है कि युद्ध 1944 से पहले बन्द हो जायगा।' किन्तु उसके लिए केवल इतना कहना अधिक स्वाभाविक होगा : 'मुझे इसमें संशय है।' अथवा 'इसमें तो मुझे संशय है।'

14. आँखों में आँखें डाल वे मन की बातों को खुली पुस्तक सा ही बाँच लेती थीं। (शिवानी : 'तुलादान')

संशोधित रूप : आँखों में आँखें डालकर वे मन की बातों को इस प्रकार जान लेती थीं मानो प्रत्यक्ष देख रही हों।

15. इस विषय में दो मत नहीं हो सकते। (हज़ारीप्रसाद द्विवेदी : बिहारी राष्ट्रभाषा परिषद, सप्तम अध्यक्षीय भाषण)

यह अँगरेज़ी के इस वाक्य का शब्दानुवाद है :

देयर कैन बी नो टू ओपीनियन्स आन दिस प्वाइंट।

हिन्दी की प्रकृति के अनुसार इस बात को हम तो यों कहेंगे : 'इस विषय में कोई मतभेद नहीं हो सकता।' अथवा 'इस विषय में मतभेद की कोई गुंजाइश नहीं है।'

16. नेहरू ने अपने शासन-काल में अनेक बार ऐसे 'निर्णय लिये'।

17. इसी कारण राजनीतिक संघर्षों में वे कठोर 'निर्णय नहीं ले पाये'। (शिवप्रसाद सिंह—'अँधेरे का गुलाब')

'निर्णय करना' तो ठेठ हिन्दी है। और जब कोई निर्णायक अपना निर्णय सुनाता है अथवा लिखित रूप में दे देता है, अथवा प्रेषित कर देता है, तब वह 'निर्णय देता' है। किन्तु 'निर्णय लेना' नये प्रकार का मुहावरा चला है जिसकी बिल्कुल आवश्यकता नहीं है। 'निर्णय करना' से अलग इसका कोई अर्थ नहीं है।

किन्तु जहाँ हम एक ओर यह कहते हैं कि हिन्दी में अनावश्यक रूप से अँगरेज़ी के पद-बन्ध और मुहावरे नहीं ठूँसने चाहिए, वहीं हम यह भी स्वीकार करते हैं कि जीवन्त भाषा में नये शब्द आते रहते हैं, नए पद-बन्धों का प्रयोग होता रहता है, नये मुहावरे भी बनते रहते हैं। भाषा कोई स्थिर, निश्चेष्ट, गतिहीन वस्तु नहीं होती। उसमें जीवन होता है, गति होती है, प्रवाह होता है। अँगरेज़ी के सम्पर्क के कारण हमारे अन्दर नये भाव आ रहे हैं जिनके लिए नये शब्द बनाने होंगे और नये पदबन्धों और मुहावरों का प्रयोग भी करना होगा। कुछ उदाहरण लीजिए।

अँगरेज़ी का एक वाक्य है :

डोंट टेक दि ला इंटू योर हैड्स.

इसका शाब्दिक अनुवाद है :

'क़ानून को अपने हाथ में मत लो'।

यह अनुवाद धड़ल्ले से चल रहा है। यह अभिव्यंजना हिन्दी की प्रकृति के अनुकूल नहीं है किन्तु हमें उक्त वाक्य का हिन्दी में अनुवाद करने का कोई और उपाय दिखाई नहीं देता। यदि यह कहें कि : 'कानून की अवहेलना मत करो।'

तो यह भी पर्याप्त नहीं है। मान लीजिए हम यातायात का नियम तोड़ कर अपनी गाड़ी बायें के बदले दायें से ले जाते हैं। हमने क़ानून की अवहेलना तो कर दी। किन्तु यह 'क़ानून' को अपने हाथों में लेना नहीं है।

मान लीजिए कोई चोर हमारे घर आता है। हम उसे पकड़ कर पुलिस में नहीं देते, वरन स्वयं दंड दे देते हैं, तो हमने क़ानून अपने हाथों में ले लिया, अर्थात् जो काम क़ानून को करना चाहिए, वह हम स्वयं कर रहे हैं। इस भाव को व्यक्त करने के लिए हमारे पास और कोई साधन नहीं है, सिवाय इसके कि अँगरेज़ी के वाक्य का शब्दानुवाद कर दें।

अँगरेज़ी का एक पदबन्ध है :

शो-काज नोटिस.

इसका चालू अनुवाद है 'कारण-बताओ नोटिस।' इसका कोई ऐसा अनुवाद हमें नहीं मालूम जो हिन्दी की प्रकृति के अनुकूल बैठे।

मे आइ कम इन?

इसका लोग अनुवाद करते हैं :

क्या मैं अन्दर आ सकता हूँ?

किन्तु यह हिन्दी नहीं है। हिन्दी की प्रकृति के अनुसार कहना होगा : 'क्या मैं अन्दर आऊँ?' अथवा 'क्या मुझे अन्दर आने की अनुज्ञा है?'

मे आइ गो नाऊ?

का अनुवाद 'क्या मैं जा सकता हूँ?' भी अनुपयुक्त है। होना चाहिये—'क्या मैं चलूँ?' अथवा, 'तो मुझे जाने की अनुज्ञा है?'

मान लीजिए कोई अपने से छोटा बैठा है, और उससे नम्रता से कहना है कि अब जाय तो अँगरेज़ी में कहते है :

यू मे गो नाउ.

हिन्दी में इसका ठीक-ठीक समानक हमें नहीं मालूम। कदाचित सबसे समीप होगा :

तो अब आप चलें।

या फिर संकेत-रूप से कहना होगा :

अब आपको और कोई बात तो नहीं कहनी है?

अथवा

और कोई काम?

यदि अपने से बड़ा हो तब तो कहना होगा :

मेरे योग्य और कोई सेवा?

ऐसा नहीं कि हिन्दी ने अँगरेज़ी या अन्य भाषाओं से नये पद-बन्ध और मुहावरे लिये न हों, अथवा पचाये न हों। उर्दू के तो इतने मुहावरे हिन्दी में घुल-मिल गये हैं कि उन्हें गिनाना भी कठिन है। अँगरेज़ी से भी कुछ पद-बन्ध और मुहावरे हिन्दी में घर कर गये हैं। दो एक उदाहरण लीजिये :

वाद विवाद में 'भाग लेना'

समस्या पर 'प्रकाश डालना'

'ज्वलन्त' उदाहरण

किन्तु आज कितने लोगों का इस बात पर ध्यान जाता है कि ये नये मुहावरे अँगरेज़ी की कृपा से आये हैं।

अँगरेज़ी का एक वाक्य लीजिये :

दिस इज़ माइ वीकनेस

किसी विद्यार्थी से कहा जाय कि इसका हिन्दी में अनुवाद करे तो वह तुरन्त कहेगा :

यह मेरी कमज़ोरी है।

किन्तु यह शाब्दिक अनुवाद होगा। हिन्दी की प्रकृति के अनुसार कहना होगा :

मुझमें यह कमज़ोरी है।

यहाँ तक तो ठीक है परन्तु अब इस वाक्य पर विचार कीजिए :

टी इज़ माइ वीकनेस।

इसे हिन्दी में कैसे कहेंगे? हम कह सकते हैं–

चाय मुझे बहुत प्रिय है.

यह ठेठ हिन्दी है। किन्तु क्या इसमें वह भाव आ गया जो अँगरेज़ी के उपर्युक्त वाक्य में है।

'कमज़ोरी' में दो बातों की विवक्षा है :

1. मुझे चाय प्रिय है।
2. मेरी चाय पीने की ऐसी आदत पड़ गई है कि उसके बिना मैं रह नहीं सकता।

हिन्दी के उपर्युक्त वाक्य में पहले भाव का समावेश है, दूसरे का नहीं। दोनों बातों का समावेश इस वाक्य में होगा :

चाय मेरी कमज़ोरी है।

यह वाक्य हिन्दी की प्रकृति के अनुकूल नहीं है, किन्तु हमें विवश होकर इसे अपनाना ही होगा।

18
अँगरेज़ी का प्रभाव : हमारे नाम

आइए, इस बात पर विचार करें कि हमारे देश में किस-किस प्रकार के नाम रखे जाते हैं। 75 प्रतिशत नाम तो ऐसे होते हैं जो या तो किसी अवतार के नाम पर रखे जाते हैं, जैसे—रामलाल, कृष्णचन्द्र, या किसी गुण के द्योतक होते हैं जैसे—तिलकधारी सिंह, रूपचन्द। कुछ नाम नगरों पर भी रखे जाते हैं, जैसे—मथुरा प्रसाद, हरद्वारीलाल, लाहौरीमल, बनारसी दास, कलकत्ता सिंह। कुछ नाम नदियों पर भी रखे जाते हैं, जैसे—गंगाराम, यमुना प्रसाद। यहाँ इन नामों के विषय में मुझे कुछ नहीं कहना है। परन्तु आजकल बड़े-बड़े अद्‌भूत नाम भी सुनने में आते हैं। जैसे हूबलाल, स्टेशन सिंह, और जालमचैंट। यहाँ इसी प्रकार के अद्‌भुत नामों पर विचार करना है।

कुछ लोगों के नामों से तो ऐसा प्रतीत होता है मानो इन लोगों के माता-पिताओं को नामों की कमी पड़ गई थी। इसीलिए ऐसे अद्‌भूत नाम रखने पड़े। एक सज्जन थे। उनसे आगन्तुक ने नाम पूछा। उन्हों कहा—छदम्मी लाल, पिता का नाम बताया दमड़ी मल और पितामह पंचकौड़ी मल। आगन्तुक बोला—'तीन पीढ़ियाँ बीत गयीं। अभी तक एक पैसा न बन पाया।'

एक व्यक्ति थे जिनके चार लड़के थे। उन्होंने उन लड़कों के नाम रक्खे थे—सितम्बर नाथ, अक्तूबर नाथ, नवम्बर नाथ, दिसम्बर नाथ। उस बेचारे को संसार भर के और कोई नाम न जुड़े, जो इस ढंग के नाम रखने पड़े।

कारण क्या

इस प्रकार के नाम रखने का कारण क्या है? एक कारण, जिसका मुझे व्यक्तिगत रूप से अनुभव है, यह है कि इस देश में 99 प्रतिशत निवासियों को सन्तान की अत्यधिक लालसा होती है। जब किसी व्यक्ति के कई बच्चे मर जाते हैं तो वह बहुत ही गन्दे और बेतुके नाम रखता है। कदाचित् निम्नलिखित नामों की उत्पत्ति इसी प्रकार हुई हो :

लपेटे, झपेटे, फेंकू, भगेलू, चिथड़ू, चमारू, सिरकटुआ, घुटरुआ।

कुछ व्यक्तियों को अपने बच्चों को ऐसे वाहियात नाम भी रखते देखा गया है,

जैसे—झक्कन, लोटन, ढैया, पसेरी, ईंटें, पत्थर आदि।

इन लोगों का विश्वास है कि ऐसे बेतुके नाम रखने से बच्चे जीवित रहेंगे। उन्हें काल भी ग्रसने में सकुचाएगा। एक बात याद आयी। आज से 20 वर्ष पहले मैं इंग्लैंड के लिवरपुल नगर में रहता था। वहाँ एक भारतीय सज्जन डाक्टरी पढ़ने के लिए गये थे। उनका नाम था 'कालरा'। वे लिवरपुल के जिस वैद्यक कालेज में पढ़ते थे उसका तार का उपनाम था 'मलेरिया'। एक दिन उक्त सज्जन के पास एक तार पहुँचा, जिस पर पता लिखा था : "कालरा, मलेरिया, लिवरपूल"।

इसी देश के एक कालेज में कुछ अध्यापक सीधे इंग्लैंड से नियुक्त करके बुलाये जाते थे। वे लोग हिन्दी बिल्कुल नहीं जानते थे। विद्यार्थी इनकी अनभिज्ञता से अनुचित लाभ उठाते थे। कक्षाओं में अध्यापकों को गालियाँ दिया करते थे और ये बेचारे अध्यापक समझ नहीं पाते थे। जब यह बात कालेज के उच्चाधिकारियों तक पहुँची तब उन्होंने हिन्दुस्तानी गालियों की एक-एक सूची बनवा कर प्रत्येक अध्यापक को दे दी।

विद्यार्थियों को भी इस बात का पता चल गया। उनहोंने भी गालियों में अनुसंधान किया। एक बार एक अध्यापक भौतिकी (फिज़िक्स) की कक्षा ले रहे थे। पीछे से एक विद्यार्थी बोला—'ओ कुलाउड्डू'। अध्यापक ने तुरन्त अपनी सूची निकाली। देखा 'कुलाउड्डू' नाम की कोई गाली उसमें नहीं है। उसने विद्यार्थी से पूछा—'तुमने अभी क्या कहा?' विद्यार्थी बोला—'मैं बादल (क्लाउड) की गति के विषय में पूछा रहा था।'

एक गणित के अध्यापक गतिकी (डाइनेमिक्स) पर व्याख्यान दे रहे थे तो पीछे से एक विद्यार्थी बोला : 'ओ घनचक्कर'। अध्यापक ने तुरन्त अपनी सूची निकाली। उसमें 'घनचक्कर' नाम की गाली कहीं नहीं थी। विद्यार्थी से पूछा : 'तुम क्या कह रहे थे?' विद्याथी बोला : 'जब घन (क्यूब) चक्कर काटता है तो उसका वेग कितना होता है?'

कुछ व्यक्ति वर्णनात्मक नाम पसन्द करते हैं, जैसे : जंगली प्रसाद, शहरीमल, नुमायशीराम। यह भी एक कारण है कि कुछ अद्भूत नाम देखने को मिलते हैं। एक गाँववाले ने एक नगरनिवासी से उसका नाम पूछा। उसने अपना नाम बताया 'झाऊलाल'। गाँववाला बोला—'वाह लाला वाह, नाम तो खूब छाँटकर रखा है। लाला के लाला और ईंधन के ईंधन।'

एक व्यक्ति ने किसी से नाम पूछा तो उन्होंने पहले तो अपने दोनों कानों पर हाथ रखे। फिर अपना दाहिना हाथ अपने हृदय पर ले गये और अन्त में दोनों हाथ मलने लगे : उनका नाम था 'कांजीमल'।

कुछ लोग बड़े चटोरे होते हैं। वे अपने बच्चों के नाम खाद्य वस्तुओं पर रखते हैं।

मिश्रीलाल, मक्खनलाल जैसे नाम कदाचित् इसी प्रकार उत्पन्न हुए हों। मैंने तो 'गुड़लाल' और 'रोटीलाल' जैसे नाम भी देखे हैं। उपर्युक्त नाम 'कांजीमल' भी इस श्रेणी में आता है क्योंकि काँजी एक खाद्य पदार्थ भी है।

अँगरेज़ों की नकल

पिछले 200 वर्ष से हम लोग अँगरेज़ों के सम्पर्क में आते रहे हैं। इस सम्पर्क का एक परिणाम इधर दृष्टिगोचर हुआ है। यह परिणाम है नामों के पीछे जाति-नाम लिखने की प्रवृत्ति का। जिस ढंग से अँगरेज़ लोग अपने नाम बताते हैं, जैसे—के. ई. एडवर्ड्स, एल.आर. विलियम्स, उसी प्रकार अब हिन्दुस्तानी भी अपने नाम बताते हैं, जैसे—एल. आर. शुक्ला, पी.बी. कपूर, जी.एल. अग्निहोत्री आदि।

पहली बार तो यह है कि ये लोग भूल जाते हैं कि इन लोगों की मातृभाषा हिन्दी है। इस पर तनिक विचार करें कि हिन्दी भाषा में जी.एल., पी.बी. आदि अँगरेजी अक्षरों का कोई अर्थ नहीं है।

मनोवैज्ञानिक दृष्टि से देखा जाय तो इस देश के निवासी, हम लोग, बड़े नक़्क़ाल है। हम लोग दूसरों का अंधानुकरण करना जानते हैं चाहे वह हमारे लिए हितकर हो चाहे अहितकर। अँगरेज़ों से हमने अँगरेज़ी वेष लिया अर्थात् कमीज, कोट, पतलून, लिये, परन्तु टोप नहीं लिया जो इस देश की जलवायु के लिए सबसे अधिक सुविधाजनक वस्तु है। बाजार में निकल जाइए। सैकड़ों व्यक्ति कोट, पतलून पहिने मिलेंगे परन्तु उनमें से बहुत कम होंगे जो टोप लगाये होंगे। अधिकतर नंगे सिर होंगे, शेष टोपी लगाये होंगे।

विचित्र प्रवृत्ति

अँगरेज़ी नामों की नकल करने में हमने हद कर दी है। एक दुकान के मालिक थे 'निगम भाई'। उन्होंने सोचा कि 'निगम' नाम में तो हिन्दुस्तानी झलक है, अँगरेज़ीयत की बू नहीं आती। अतएव उन्होंने अँगरेज़ी अक्षरों के अनुसार 'निगम' को उलट कर 'मेगिन' कर दिया और दुकान का नाम 'मेगिन ब्रदर्स' रख दिया। एक व्यक्ति थे 'देवीदयाल'। उन्होंने अँगरेज़ी में अपना नाम 'डी. डायल' कर दिया। इस ढंग की प्रवृत्ति आपको प्रायः प्रत्येक स्थान पर मिल जाएगी। एक व्यक्ति थे 'रामस्वरूप', उन्होंने सोचा अकेले स्वरूप में तो कोई अँगरेज़ीयत दिखाई नहीं देती। उनके घर का प्राचीन काम था रस्से बटना। उन्होंने सोचा अपना नाम रक्खे 'रामस्वरूप रस्सेबट' परन्तु फिर ध्यान आया कि रस्सेबट नाम में तो हिन्दुस्तानी दृष्टिगोचर होती है। अन्त में नाम से अँगरेज़ीयत लाने के लिए अपना नाम रक्खा 'आर.एस. रस्वायट'।

एक सज्जन थे रामलाल। उन्होंने सोचा कि रामलाल नाम तो बिल्कुल हिन्दुस्तानी है। इसमें कुछ अँगरेज़ीयत लानी चाहिए। उन्हें किसी ने बताया कि लैटिन भाषा में

लाल को 'र्‌यूफ़स' कहते हैं। अतः इन्होंने अपना 'रैम र्‌यूफ़स' नाम रख लिया।

इसी प्रकार के कुछ बिगड़े हुए नाम हैं :

हसन अली	हस्नैले
रस्तोगी	रस्टाउजी
बेरी,	बेर्री

एक सज्जन अपनी नाव किराये पर चलाते थे। वह कहते थे कि यह बात उक्त नाव में अँगरेज़ी में लिख दी जाय। किन्तु नाव के फलक पर इतना ही स्थान था कि उसमें केवल दो अक्षर समा सकें। अतः उन्होंने उस पर अँगरेज़ी के दो अक्षर के.पी. लिखवा दिये जिसका अर्थ हुआ 'किराये पर'।

मेरे एक मित्र पंजाबी सज्जन थे। उनका नाम था 'कूड़ेमल'। वह थोड़ी-बहुत कविता भी किया करते थे। उन्होंने अपना उपनाम रखा 'बीमार'। एक दिन मैंने उनसे कहा कि 'कूड़े' आप हैं, 'मल' आप हैं। क्या इन दोनों वस्तुओं से संतोष नहीं हुआ जो आपने 'बीमार' का उपनाम रख लिया। उन्होंने इस बात पर विचार किया और अपना उपनाम 'आनन्द' रख लिया। भला सोचने की बात है, कूड़े और मल में दुर्गन्ध निकल सकती है, 'आनन्द' किस प्रकार मिल सकता है।

बनारस नगर में एक गाँववाले का मुक़दमा था। वकील ने उससे कहा कि 'यदि तुम अपनी सात पीढ़ियों का नाम ठीक-ठीक बता सको तो मुक़दमा जीत जाओगे।' गाँववाले ने कहा—'मैं अवश्य अपनी सात पीढ़ियों का नाम बतला सकता हूँ।' वकील साहब बोले : 'देखो विपक्ष का वकील बड़ी बुरी तरह जिरह करेगा।' उलट-पलट कर कई बार पूछेगा। यदि तुमने एक बार भी गलत उत्तर दिया तो फँस जाओगे। गाँववाला बोला कि आप बेफ़िक्र रहिए।

जब मुकद्दमा शुरू हुआ तब इस प्रकार के प्रश्नोत्तर हुए :

वकील : तुम्हारा नाम?
मुवक्किल : खइया।
वकील : पिता का नाम?
मुवक्किल : ढइया।
वकील : पितामह का नाम?
मुवक्किल : लइया।
वकील : प्रपितामह का नाम?
मुवक्किल : झइया।
वकील : उनके पिता का नाम?
मुवक्किल : छइया।
वकील : उनके पिता का नाम?

मुवक्किल : तइया।
वकील : उनके पिता का नाम?
मुवक्किल : घइया।

वकील ने न्यायाधीश से कहा : 'यह कहाँ की कहानी गढ़ कर लाया है?' मुवक्किल न्यायाधीश से बोला—'अपने पुरखन के नाम हम जनिहैं कि ई जनिहैं।'

वकील ने कई बार घुमा-फिरा कर पूछा कि चौथी पीढ़ी वाले पितामह का नाम अथवा पाँचवी पीढ़ी वाले पितामह का नाम क्या है? मुवक्किल बिना घबराए, बड़ी शांत मुद्रा में उँगलियों पर पीढ़ियाँ गिन लेता था और ठीक वही नाम बताता था जो उसने पहले बताया था। ज़िला परिषद् के सारे अभिलेख पहले ही नष्ट हो चुके थे। अतः उसके कथन की सत्यता की जाँच हो नहीं सकती थी।

पश्चिम के देशों में किसी व्यक्ति का आदिनाम तो व्यक्तिगत नाम कहलाता है और अल्ह नाम वंशनाम कहलाता है। यदि किसी का नाम 'जोज़ेफ़ राबिन्सन' है तो उसका व्यक्तिगत नाम हुआ 'जोज़ेफ़' और वंशनाम हुआ 'राबिन्सन'। अब इस व्यक्ति को अधिकतर लोग 'राबिन्सन' नाम से पुकारेंगे। और इस प्रकार उन लोगों को कोई असुविधा नहीं होती। कारण यह है कि यूरोप के किसी एक नगर में 'जोज़ेफ़' नाम के व्यक्ति तो होंगे सैकड़ों, परन्तु राबिन्सन नाम के व्यक्ति केवल दस-पाँच ही होगे। अतएव, जोज़ेफ़ नाम से किसी अन्य व्यक्ति का भ्रम हो सकता है। राबिन्सन नाम से भ्रम होने की गुंजाइश बहुत कम है। इस प्रकार उन लोगों का वंशनाम ही इनका विभेदक चिह्न होता है।

परन्तु हमारे देश में बात बिल्कुल उलटी है। मान लीजिए बनारस में किसी व्यक्ति का नाम रामप्रकाश अग्रवाल है, तो बनारस नगर में अग्रवाल तो हज़ारों होंगे, परन्तु रामप्रकाश कठिनाई से दस-पाँच होंगे। अतः यदि उस व्यक्ति को रामप्रकाश नाम से पुकारा जाय तो यह उसका विभेदक चिह्न होगा, और इस नाम से किसी अन्य रामप्रकाश का भ्रम होने की गुंजाइश बहुत कम होगी। परन्तु यदि हम कहें 'अग्रवाल ऐसा कह रहा था', तो जब तक प्रसंग से उस व्यक्ति का व्यक्तित्व बिल्कुल स्पष्ट न हो जाय, 'अग्रवाल' नाम से संशय ही बना रहेगा कि तात्पर्य कौन से अग्रवाल से है। इस प्रकार जातिनाम विभेदक होने के बदले भ्रमोत्पादक चिह्न बन जाते हैं। और नाम रखने का हेतु ही नष्ट हो जाता है।

अनर्थ का कारण

आजकल के नवयुवक इस बात पर कभी ध्यान भी नहीं देते कि जातिनाम लिखने से देश की कितनी हानि हो रही है। हम लोग जातिनाम लिखकर अनजाने में ही जाति-पाँति का महत्व बढ़ाते जा रहे हैं। जब किसी स्थान के लिए विज्ञापन होता है

और प्रार्थियों के नाम पढ़े जाते हैं तब अपनी जाति का नाम आ जाने से अनायास ही कुछ आकर्षण हो जाता है। और किसी ऐसी जाति का नाम आने से, जिससे हमें कोई हानि पहुँचती हो, स्वभावतः विकर्षण हो जाता है। मान लीजिए कोई आवेदक है 'खँडेलवाल' और नियुक्ति आयोग का एक सदस्य भी खँडेलवाल है तो नाम देखते ही उस व्यक्ति की अभिरुचि उस व्यक्ति में बढ़ जाएगी और यदि आयोग का कोई सदस्य ऐसा है, जिसकी किसी खँडेलवाल से शत्रुता हो, तो उसे 'खँडेलवाल' नाम के आवेदक से तुरन्त थोड़ा सा विकर्षण हो जाएगा। बहुत स्थानों पर लिखा जाता है कि नियुक्तियाँ योग्यता पर आश्रित नहीं होतीं वरन जाति-पाँति, घनिष्ठता और सम्बन्ध पर अधिक निर्भर होती हैं। इस स्थिति का कारण यह भी है कि हम लोगों के नाम जातिसूचक बन गये हैं। कदाचित 'जाति-पाँति-तोड़क-मंडल' का प्रस्ताव है कि नामों के आगे जातिनाम न लिखा जाय।

और इन जातियों का कोई अन्त भी है? जाति में उपजाति और उपजाति में उपजाति निकलती चली आती है। पहले कायस्थों को एक जाति समझा जाता था। अब पता चला है कि कायस्थ भी 12 प्रकार के होते हैं। और सबमें परस्पर रोटी-बेटी का व्यवहार नहीं होता। इधर सुनने में आया है कि इन 12 प्रकारों में भी अनेक उपजातियाँ बन गयी हैं। आखिर इतना भेद-भाव बढ़ाने से लाभ क्या है? हिन्दू-मुस्लिम दंगों के ज़माने की एक कथा है कि एक बार एक हिन्दू मुहल्ले में एक मुसलमान पकड़ लिया गया। उसने अपनी जान छुड़ाने के लिए कह दिया कि वह हिन्दू है। चोटी और जनेऊ तो आजकल बहुत से हिन्दू युवक भी नहीं रखते। अतएव इस परीक्षा को तो लोगों ने उपयुक्त न समझा। उससे पूछने लगे : 'तू कौन हिन्दू है?' उसने कहा 'ब्राह्मण'। उसने सोचा था कि ब्राह्मण नाम सुन कर तो ये लोग मेरा आदर-सत्कार करेंगे। परन्तु लोगों ने उससे पूछा : 'कौन ब्राह्मण हो'? उसने कहीं सुन रखा था कि कनौजिया ब्राह्मण होते हैं। अतएव उसने कहा, 'कनौजिया ब्राह्मण हूँ।' पूछने वालों ने फिर पूछा 'कौन कनौजिया'? पहले तो वह सकपकाया परन्तु उसे याद आ गया कि उसके पिताजी के एक मित्र थे जो 'गौर कनौजिया' थे। तो उसने कह दिया कि गौर कनौजिया। उसे विश्वास हो गया कि अब तो मेरा पीछा छूट जाएगा। परन्तु उन लोगों ने फिर पूछा : 'कौन गौर'? अब वह वास्तव में सिटपिटा गया और उसके मुँह से अनायास निकल पड़ा 'या अल्लाह, गौर में भी और!'

इस सम्बन्ध में एक बात और ध्यान देने योग्य है। हम लोग इस प्रवृत्ति के द्वारा सुन्दर नामों को भी असुन्दर और भद्दा बनाते जा रहे हैं। एक विद्यार्थी था अशोक कुमार। पाठक स्वयं सोच लें कि 'अशोक कुमार' कितना सुन्दर नाम है। परन्तु वह विद्यार्थी अपना नाम लिखता था 'ए.के. तलवार'। कहाँ गयी नाम की सुन्दरता? अशोक नाम जितना सुन्दर है, ए.के. तलवार नाम उतना ही असुन्दर है। एक और

उदाहरण लीजिए। एक लड़के का नाम था 'अमृतलाल'। वह अपना नाम लिखता था ए.एल. हूजा। 'पाठक स्वयं विचार करें कि अमृतलाल सुन्दर नाम है या ए.एल हूजा।'

इस प्रवृत्ति के कारण न जाने कितने भद्दे और बेढंगे नाम निकलते चले आ रहे हैं, जैसे—बांट्रा, कक्कड़, खड़ेघाट, खापड़डे, बाल्टीवाला।

मेरे एक मित्र ने मुझसे कहा : 'मैं एक दुकान खोलना चाहता हूँ जिसमें थोड़ा बिसातखाना, थोड़ा परचून, थोड़ी लेखन-सामग्री इत्यादि बहुत प्रकार का सामान रहेगा। दुकान के लिए एक अच्छा सा नाम बतला दीजिए।'

मैंने कहा : 'नाम हो सकता है : 'विविध विक्रेता' या 'विविध वस्तु-विक्रेता'। उन्हें ये नाम नहीं जंचे। वह बहुत थोड़ी अँगरेज़ी जानते थे। एक दिन मेरे साथ बाज़ार जा रहे थे। एक दुकान के नाम-फलक की ओर इंगित कर पूछने लगे कि क्या लिखा है? मैंने कहा—'नंद लाल ऐण्ड संस'। बोले – 'अहा, नाम मिल गया 'नन्द लाल अण्ट सण्ट' अर्थात् इसमें अण्ट सण्ट' वस्तुएँ मिलते होंगी। मैं भी अपनी दुकान का नाम इसी ढंग का रखूँगा।'

हिन्दुस्तानी नामों की सारी सुन्दरता नष्ट होती जा रही है और किसी का इस पर ध्यान नहीं जाता। एक बार मैं अपने एक मित्र के यहाँ ठहरा हुआ था। उन्होंने मुझसे कहा : "देखो आज मेरी एक शिष्या आयेंगी। उनका बड़ा बेतुका नाम है 'श्रीमती दबड़धाव'। मैं तुम्हें पहले ही बताये देता हूँ ताकि जब मैं तुम्हारा उनसे परिचय कराऊँ तो तुम हँस न दो।" मैंने सोचा—इनको तंग करने का अच्छा ढंग निकल आया। मैंने उनसे कहा—'जब तुम मेरा उनसे परिचय कराओगे, मैं तुमसे तुरन्त पूछूँगा कि क्या नाम बताया तुमने—रबर घाव या थप्पड़ घाव? इस प्रकार मैं तुमसे उनका नाम दो तीन बार कहला लूँगा।' वे बेचारे घबराये कि कहीं मैं वास्तव में इस प्रकार का आचरण न कर बैठूँ। उनहोंने भी एक युक्ति निकाल ली। जब वह महिला आयीं तब उन्होंने पहले तो मेरा नाम इत्यादि उन्हें बताया। और फिर उनका परिचय देते हुए बोले – 'यह हैं श्रीमती.......। यह मेरी शिष्या हैं। एम.ए. कक्षा में पढ़ती हैं, इनके पति वकील हैं।' वह उनका नाम अपने मुँह में ही चबा गये।

स्त्रियों के नाम

पहली बात तो यह विचारणीय है कि हमारे देश में प्राचीन समय में जब जाति नाम नहीं लिखा जाता था, स्त्रियों का अपना नाम जीवनभर उनके साथ चलता था। स्त्रियों के नाम का व्यक्तित्व कभी पति के नाम के अन्दर खो नहीं जाता था, जैसा आजकल होता है। मान लीजिए कि एक महिला है 'श्रीमती लीलावती'। तो वे जीवनभर लीलावती ही कहलाती थी। परन्तु आजकल यदि उनके पति का नाम है 'प्रभूनाथ कपूर' तो वह कहलायेगी 'श्रीमती कपूर'। उनका वास्तविक नाम लीलावती तो कपूर की सुगन्ध के साथ ही उड़ जायेगा।

दूसरी बात यह है कि यदि पति का नाम साथ में रखना ही है, तो पति के पहले नाम के साथ जोड़ना चाहिए न कि जातिनाम के साथ। इससे नाम की सुन्दरता पूर्णतया नष्ट नही होने पाएगी। हमारे यहाँ का एक नाम बहुत ही सुन्दर है 'लाजवन्ती', जिसका छोटा रूप 'लाजो' या 'लज्जा' हो सकता है। अब मान लीजिए कि श्रीमती 'लाजवन्ती परमानन्द' कहे तो नाम की सुन्दरता बहुत कुछ बनी रहेगी। किन्तु यदि वह अपने आपको मिसेज 'एल.वी. सौनटकिया' लिखें तो यह नाम नहीं होगा, नाम की हत्या होगी।

उपसंहार

19

हिन्दी की प्रकृति

आजकल हिन्दी के क्षेत्र में बड़ी अराजकता फैली हुई है। हिन्दी के लेखक नागरी अक्षरों में जो चाहे लिख मारते हैं और समझ लेते हैं कि हमने हिन्दी लिखी है। हम यह मानते हैं कि भाषा की प्रकृति भी बदलती रहती है, और प्रत्येक सजीव भाषा के प्रयोगों और मुहावरों में परिवर्तन होना ही चाहिए। किन्तु उक्त परिवर्तन की भी मर्यादा हुआ करती है। ऐसा नहीं होता कि हम जो चाहें सो लिख दें और समझ लें कि हमने अपनी भाषा की प्रकृति बदल दी है।

इंग्लैंड में जब बड़े-बड़े लोगों के घरों में पुरुष मदिरा-पान करते थे तब स्त्रियाँ बगल के कमरे में चली जाती थीं जिसे 'विदड्राइंग रूम' कहते थे। उसी का संक्षिप्त रूप 'ड्राइंग रूम' है जिसका अर्थ आज (बड़े आदमियों का) बैठका हो गया है।

'कालोनी' का अर्थ किसी दिन केवल नई बस्ती था, किन्तु आज यही शब्द एक विशेष प्रकार की शासन व्यवस्था का द्योतक है।

'कर्ड' का मौलिक अर्थ छेना है किन्तु हिन्दुस्तान में यह शब्द दही का समानार्थी हो गया है।

यह तो रही शब्दों और उनके अर्थों की बात। किन्तु हमारे देखते-देखते अँगरेज़ी की प्रकृति भी बदल गयी है और दिन-रात बदलती जा रही है। आज से तीस-चालीस वर्ष पहले अँगरेज़ी का कोई लेखक इन्फिनिटिव के टुकड़े नहीं कर सकता था, किन्तु आज लोग धड़ल्ले से इस प्रकार के पदों का प्रयोग कर रहे हैं :

टु काइंडली गो, टु काइंडली सी,

इस प्रकार की भाषा भी पहले कोई नहीं बोलता था :

इट वाज दैट बिग.

मीट मी सैटर्डे.

इसके अतिरिक्त सकर्मक क्रियाएँ अकर्मक बनती जा रही हैं, अँगरेज़ी में नये शब्दों की भरमार होती जा रही है और नये मुहावरे भी दृष्टिगोचर हो रहे हैं। फिर भी इन परिवर्तनों की एक सीमा है। यदि कोई हिन्दी के पद 'चार-चार आने' का अँगरेज़ी

अनुवाद 'फ़ोर-फ़ोर आनाज ईच' करे तो अँगरेज़ी के विद्वान इसे अंगीकार नहीं करेंगे : इसी प्रकार हम हिन्दी में तो कहते हैं।

वह उल्टे पैरों लौट आया।

किन्तु क्या अँगरेज़ी में भी कह सकेंगे कि

ही रिटर्न्ड विद बैक फीट.

कहने का तात्पर्य यह है कि किसी भाषा में वही नये प्रयोग खप सकते हैं जो भाषा की प्रकृति के सर्वथा प्रतिकूल न बैठें। माना कि जो बात आज किसी भाषा की प्रकृति के प्रतिकूल बैठ रही है, वही कल अनुकूल हो सकती है। किन्तु प्रश्न यह है कि भाषा की जो प्रकृति हमें आज दिखाई पड़ती है, कोई नया प्रयोग उसके अनुकूल बैठ रहा है या नहीं। आइए, इस कसौटी पर हम वर्तमान हिन्दी को कस कर देखें। हम यहाँ इस प्रकार की हिन्दी के कुछ नमूने देते हैं :

1. बहुत से लेखक इस प्रकार के वाक्य लिखते हैं :

मैं जाने की स्थिति में नहीं हूँ।

एक दैनिक पत्र में यह भी पढ़ा था :

इंग्लैंड भारत को इंजीनीयरी सामान देने की स्थिति में नहीं है।

स्पष्ट है कि लेखक ने अँगरेज़ी के वाक्यों का शब्दानुवाद करके रख दिया है। पहला वाक्य इस प्रकार लिख सकते हैं :

मैं जाने योग्य नहीं हूँ।

मैं जाने में असमर्थ हूँ।

मैं ऐसी परिस्थिति में हूँ कि जा नहीं सकूँगा।

मैं जा नहीं सकूँगा।

इसी प्रकार, हम उपरिलिखित दूसरे वाक्य का भी भावानुवाद कर सकते हैं।

2. एक प्रसिद्ध लेखक लिखते हैं :

वह लड़की कमरे में तैर गयी।

क्या कमरे में पानी भरा हुआ था जो लड़की उसमें तैर गयी?

3. तुमने मुझे किसके लिए लिया।

यह अँगरेज़ी के इस वाक्य का अन्धानुवाद है :

हूम डिड यू टेक मी फार?

अथवा

फ़ार हूम डिड यू मिस्टेक मी?

अब प्रश्न यह आता है कि उपर्युक्त वाक्य का हिन्दी में क्या रूप होगा। यदि हम कहें कि

तुमने मुझे क्या समझा था?

तो इसका लगभग वही अर्थ होगा जो इस वाक्य का :

तुमने मुझे समझा क्या था?

और ऊपर दिये हुए अँगरेज़ी के वाक्यों का यह आशय कदापि नहीं है। हमारे विचार में उक्त भाव इस प्रकार व्यक्त करना चाहिये :

मुझे देखकर तुम्हें किसका धोखा हुआ था?

वास्तव में ऐसे वाक्य तभी प्रयोग में आते हैं जब दो व्यक्ति परस्पर बात करते हैं। उचित सन्दर्भ में इस वाक्य से भी वहीं अर्थ निकलेगा :

तुम्हें किसका धोखा हुआ था?

4. एक उपन्यास में पढ़ा था कि एक आगन्तुक किसी कार्यालय के एक फलक (काउंटर) पर पहुँचता है जिस पर एक लड़की (स्वागतक) काम कर रही है। लड़की उससे कहती है :

मैं आपके लिए क्या कर सकती हूँ?

यह वाक्य व्याकरण की दृष्टि से शुद्ध है। किन्तु बिल्कुल बेजान है, क्योंकि हमारी संस्कृति के अनुकूल नहीं है। हमारे देश का शिष्टाचार तो यह है :

मेरे योग्य कोई सेवा?

मैं आपकी क्या सेवा कर सकती हूँ?

कहिए, क्या आज्ञा है?

लेखक महोदय ने, हमारे शिष्टाचार की प्रकृति पर ध्यान दिये बिना, अँगरेजी के इस वाक्य का शब्दानुवाद करके रख दिया :

ह्वाट कैन आई डू फ़ार यू?

हाँ, एक प्रसंग में उपरिलिखित वाक्य बिल्कुल उपयुक्त बैठेगा :

(मैं असमर्थ हूँ, भला) मैं आपके लिए क्या कर सकती हूँ?

5. हमने अँगरेजी की एक कहावत पढ़ी है :

आल दैट ग्लिटर्स इज़ नाट गोल्ड.

इसी के आधार पर एक लेखक महोदय ने एक पात्र के मुँह से यह वाक्य कहला दिया है :

हरेक चीज़ जो चमकती है, सोना नहीं होती।

यदि बिल्कुल वही नहीं, तो इससे मिलता-जुलता भाव हिन्दी की इस कहावत से व्यक्त होता है—

हाथी के दाँत, खाने के और, दिखाने के और।

पाठक स्वयं विचार करें कि हिन्दी का यह वाक्य अधिक जानदार है या अँगरेज़ी का उपरिलिखित शब्दानुवाद।

यदि अनुवाद ही करना हो तो क्या यों नहीं कह सकते :

हर चमकीली वस्तु सोना ही हो, ऐसी बात नहीं।

अथवा

हर चमकीली वस्तु सोना नहीं हुआ करती।

6. एक विज्ञापन पढ़ा था :

यह फ़िल्म अपार भीड़ ले रही है।

क्या इसे भी हिन्दी कहेंगे? 'ड्राइंग ह्यूज क्राउड्स' का शब्दानुवाद करके रख दिया है।

हम कह सकते है : हम फिल्म में बड़ी भीड़ रहती है। अथवा, इस फिल्म को देखने के लिए (दर्शकों के) रेले के रेले चले आते हैं।

7. मेरी परिस्थितियाँ आज्ञा नहीं देतीं कि मैं जाऊँ।

स्पष्ट है कि यह अँगरेज़ी का शब्दानुवाद है। उक्त भाव को हम कई प्रकार से व्यक्त कर सकते हैं—'जाना तो चाहता हूँ किन्तु परिस्थितियों से विवश हूँ' अथवा 'परिस्थितियाँ जाने देतीं तो अवश्य चला जाता' अथवा 'परिस्थितियाँ अनुकूल नहीं हैं, नहीं तो जाता अवश्य।'

8. उन्होंने मुझे समझा कि मैं किसलिए हूँ, और मैंने उन्हें समझा कि वह किसलिए हैं।

बलिहारी है इस हिन्दी की।

9. एक समाचार-पत्र का उद्धरण :

ख़बरों का कहना है कि.....

क्या ख़बरें भी कहा करती है? यह अँगरेज़ी के इस प्रकार के वाक्य का अनुवाद हैं :

दि न्यूज हैज़ इट दैट.....

इससे कहीं अच्छा हो यदि हम इस प्रकार लिखें—'खबर है कि......' अथवा, 'सुनने में आया है कि......' अथवा 'लोग कहते हैं कि..... ।'

10. इंग्लैड में यह सामान्य शिष्टाचार है कि जब किसी अपरिचित को सम्बोधित करते हैं तो 'क्षमा कीजिए' से आरम्भ करते हैं। मान लीजिये आपको एक टिकट चाहिये, तो आप कहेंगे :

एक्सक्यूज मी, आइ वांट ए टिकिट.

कुछ लोग इसी को देखादेखी हिन्दी में भी कहते हैं :

क्षमा कीजिए, एक टिकट चाहिए।

लोग यह भूल जाते हैं कि अँगरेज़ी 'एक्सक्यूज़ मी' केवल शिष्टाचार का एक ढंग है। अतः इसका शब्दानुवाद नहीं करना चाहिए। हमारे देश के शिष्टाचार के अनुसार इतना कहना पर्याप्त है—'कृपया एक टिकट दीजिएगा।'

इतना ही नहीं, हमने तो इंग्लैंड से लौटे हुए कुछ लोगों को इस प्रकार के वाक्यों

का भी प्रयोग करते देखा है :

क्षमा कीजिए, आज मौसम तो बढ़िया है।

क्षमा कीजिए, दाल तो अच्छी बनी है।

क्षमा कीजिए, लड़का घर चला गया।

कोई इनसे पूछे कि अपराध कौनसा किया है जो क्षमा माँगी जा रही है।

अँगरेज़ी की कृपा से एक और भद्दी शैली हिन्दी में घर कर रही है :

'तुम' राम ने जाते-जाते कहा, 'कब आये'

हम अपनी भाषा में नये प्रयोग लेने के विरोधी नहीं हैं। हम नये मुहावरे भी ले सकते हैं, नयी शैली भी। किन्तु वे ऐसे होने चाहिए जिनसे भाषा भद्दी और भौंडी न हो जाय।

उपरलिखित बात के कहने का सीधा-साधा ढंग यह होगा :

राम ने जाते-जाते कहा, 'तुम कब आये'?

यों भी कह सकते हैं :

'तुम कब आये', राम ने जाते-जाते पूछा।

इस प्रकार वाक्य को तोड़कर दो टुकड़ों में रखना हिन्दी की प्रकृति के अनुकूल नहीं बैठता।

कभी-कभी तो ऐसा वाक्य भी देखने को मिलता है :

सुरेश, जो अभी छोटा है, पर इतना बोझ आ पड़ा है।

इस वाक्य को कहने का पुराना ढंग तो यह है :

सुरेश अभी छोटा है, फिर भी उस पर इतना बोझ आ पड़ा है।

किन्तु यदि तोड़ना ही है तो इस प्रकार लिखिये :

सुरेश पर, जो अभी छोटा है, इतना बोझ आ पड़ा है।

सन्दर्भ ग्रन्थ सूची

1. अमृतलाल नागर : 'ये कोठेवालियाँ', राजकमल प्रकाशन, दिल्ली, प्रथम संस्करण (1961)
2. अर्जुनदास केशरी : 'हिन्दी कल्पतरु', भाग 1, हिन्दी प्रचारक संस्थान, वाराणसी, तृतीय संस्करण (1973)
3. इन्द्रनाथ मदान : 'प्रेमचन्द की श्रेष्ठ कहानियाँ', हिन्द पाकेट बुक्स (प्रा.) लि., दिल्ली (1965)
4. ईश्वरीप्रसाद तिवारी : 'हिन्दी व्याकरण विमर्श और आधुनिक रचना', हिन्दी प्रचारक संस्थान, वाराणसी, प्रथम संस्करण (1971)
5. कमलिनी महता और बब्बन त्रिपाठी : 'आधुनिक हिन्दी निबन्ध', अध्यापक प्रकाशन संस्थान, लखनऊ, प्रथम संस्करण (1973)
6. करुणापति त्रिपाठी : 'गद्यसंकलन', गंगासरन ऐंड सन्स, वाराणसी (1973)
7. कामता प्रसाद गुरु : 'हिन्दी व्याकरण', नागरी प्रचारिणी सभा, काशी, दसवाँ पुनर्मुद्रण (सं. 2029)
8. किशोरीदास वाजपेयी : 'अच्छी हिन्दी', हिमालय एजेंसी, कनखल (उत्तर प्रदेश) (1952)
9. किशोरीदास वाजपेयी : 'अच्छी हिन्दी का नमूना', जनवाणी प्रेस ऐंड पब्लिकेशन लि., कलकत्ता, प्रथम संस्करण (1948)
10. किशोरीदास वाजपेयी : 'ब्रजभाषा का व्याकरण', रामनारायण लाल, इलाहाबाद, संशोधित संस्करण (1948)
11. किशोरीदास वाजपेयी : 'भारतीय भाषाविज्ञान', चौखम्बा विद्याभवन, वाराणसी, (सं. वि. 2016)
12. किशोरीदास वाजपेयी : 'लेखन कला', रामनारायण लाल, इलाहाबाद, पंचम संस्करण (सं. 2006)
13. किशोरीदास वाजपेयी : 'हिन्दी की वर्तनी तथा शब्द-विश्लेषण', राजधानी

ग्रन्थागार, नयी-दिल्ली, प्रथम संस्करण (1968)
14. किशोरीदास वाजपेयी : 'हिन्दी शब्द-मीमांसा', हिमालय एजेंसी, कनखल (उत्तर प्रदेश), प्रथम संस्करण (1958)
15. किशोरीदास वाजपेयी : 'हिन्दी शब्दानुशासन', नागरी प्रचारिणी सभा, वाराणसी, द्वितीय संस्करण (सं. 2023)
16. केन्द्रीय हिन्दी संस्थान, आगरा : 'ललित निबन्ध', विश्वविद्यालय प्रकाशन, वाराणसी, द्वितीय संस्करण (1974)
17. केशवप्रसाद सिंह और वासुदेव सिंह : 'निबन्ध निचय', विश्वविद्यालय प्रकाशन, वाराणसी, प्रथम संस्करण (1975)
18. देवकीनन्दन खत्री : 'चन्द्रकान्ता सन्तति', लहरी बुक डिपो, वाराणसी।
19. देवेन्द्रनाथ शर्मा : 'राष्ट्रभाषा हिन्दी : समस्याएँ और समाधान', राजकमल प्रकाशन, दिल्ली, द्वितीय संस्करण (1966)
20. नवरत्न कपूर : 'कहानी कुंज', पंजाबी प्रकाशन, पटियाला।
21. निगमानन्द परमहंस : 'मेरा चिन्तन', साधुबेला आश्रम, फलौली, पो. नसीरपुर (पटियाला)
22. निगमानन्द परमहंस : 'राष्ट्रभाषा का शुद्ध रूप', शब्दलोक प्रकाशन, वाराणसी (1967)
23. निगमानन्द परमहंस : 'हिन्दी का मौलिक व्याकरण', कन्हैयालाल कृष्ण बलदेव अग्रवाल, पटियाला, प्रथम संस्करण (1970)
24. बदरीनाथ कपूर : 'लोक भारती मुहावरा कोश', लोक भारती प्रकाशन, इलाहाबाद, प्रथम संस्करण (1975)
25. बदरीनाथ कपूर : 'हिन्दी पर्यायों का भाषागत अध्ययन', हिन्दी-साहित्य सम्मेलन, प्रयाग, प्रथम संस्करण (1965)
26. बालमुकुन्द गुप्त : 'निबन्धमाला', प्रथम भाग, गुप्त-स्मारक ग्रन्थ प्रकाशन समिति, कलकत्ता, प्रथम संस्करण (सं. 2007)
27. बिहार राष्ट्रभाषा-परिषद पटना : 'राष्ट्रभाषा हिन्दी : समस्याएँ और समाधान', (1962)
28. भोलानाथ तिवारी : 'हिन्दी मुहावरा कोश', किताब महल, इलाहाबाद, संशोधित संस्करण (1964)
29. महावीरप्रसाद द्विवेदी : 'विचार विमर्श', भारती भंडार, काशी (1988 सं.)
30. महेन्द्र कुमार : 'गल्प एकादशी', सरस्वती मन्दिर, दिल्ली।
31. रमापति शुक्ल : 'हिन्दी का व्यावहारिक व्याकरण और रचना', विद्या

मन्दिर, वाराणसी, प्रथम संस्करण (1971)

32. राकेश गुप्त : 'गल्प भारती', नन्द किशोर ऐंड ब्रदर्स, वाराणसी, चतुर्थ संस्करण (1970)

33. रामचन्द्र वर्मा : 'अच्छी हिन्दी', लोक भारती प्रकाशन, इलाहाबाद, पन्द्रहवाँ संस्करण (1970)

34. रामचन्द्र वर्मा : 'शब्दार्थ दर्शन', रचना प्रकाशन, इलाहाबाद, प्रथम संस्करण (1968)

35. रामेश्वर लाल खंडेलवाल : 'गद्य-पद्य', नेशनल पब्लिशिंग हाउस, दिल्ली, छठा संस्करण (1967)

36. वासुदेवनन्दन प्रसाद : 'आधुनिक हिन्दी व्याकरण और रचना', भारती भवन, पटना, एकादश संस्करण (1973)

37. शम्भुनाथ सिंह और वासुदेव सिंह : 'निबन्धालोक', लोक भारती प्रकाशन, इलाहाबाद, द्वितीय संस्करण (1972)

38. शिवप्रसाद सिंह : 'हिन्दी निबन्ध', हिन्दी प्रचारक संस्थान, वाराणसी, दूसरा संस्करण (1973)

39. शिवानी : 'कैंजा', हिन्द पाकेट बुक्स (प्रा.) लि. दिल्ली (1973)

40. शिवानी : 'रति विलाप', हिन्द पाकेट बुक्स (प्रा.) लि., दिल्ली (1975)

41. श्रीकृष्ण लाल : 'हिन्दी कहानियाँ', साहित्य भवन (प्रा.) लि., इलाहाबाद, उन्नीसवाँ संस्करण (सं. 2028)

42. सीताराम चतुर्वेदी : 'कालिदास ग्रन्थावली', अखिल भारतीय विक्रम परिषद्, काशी (सं. 2001)

43. सुदर्शन : 'सुदर्शन सुमन', राजपाल ऐंड संस, दिल्ली।

44. सेठ गोविन्ददास : 'महापुरुषों के साथ', हिन्द पाकेट बुक्स (प्रा.) लि. दिल्ली।

45. हरदेव बाहरी : 'व्यावहारिक हिन्दी व्याकरण', लोक भारती प्रकाशन, इलाहाबाद, प्रथम संस्करण (1972)।